图书在版编目(CIP)数据

水煮重庆.下册/司马青衫著.—增订本.—重庆:重庆出版社,2020.6(2023.5重印)
ISBN 978-7-229-14947-5

Ⅰ.①水… Ⅱ.①司… Ⅲ.①文化史—重庆 Ⅳ.①K297.19

中国版本图书馆CIP数据核字(2020)第046845号

水煮重庆(增订版·下册)
SHUIZHU CHONGQING(ZENGDINGBAN·XIACE)
司马青衫 著

责任编辑:王 娟
责任校对:刘 艳
装帧设计:何海林
书名题字:曾学斌
封面插图:珠子酱
内页插图:士 伏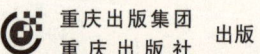

重庆出版集团 出版
重庆出版社

重庆市南岸区南滨路162号1幢 邮政编码:400061 http://www.cqph.com
重庆一印包装印务有限公司印刷
重庆出版集团图书发行有限公司发行
E-MAIL:fxchu@cqph.com 邮购电话:023-61520646
全国新华书店经销

开本:787mm×1092mm 1/16 印张:21.25 字数:302千
2020年6月第1版 2023年5月第2次印刷
ISBN 978-7-229-14947-5

定价:78.00元

如有印装质量问题,请向本集团图书发行有限公司调换:023-61520678

版权所有 侵权必究

目录 CONTENTS

第四部分 文化与方言 /1

老重庆的老茶馆:消逝的城市公共空间 /3

老重庆的私塾、义学和书院 /13

老重庆,是这样过年的 /23

简直想不到,老重庆的中秋这样过! /32

炮耳朵皇帝和重庆的由来 /41

重庆话和成都话,区别到底有多大? /47

快失传了:这些清末、民初的老言子儿 /52

《金瓶梅》里面的重庆话 /66

重庆话,曾经被拦腰斩断? /71

重庆话里面的袍哥黑话 /78

十二首描写重庆的诗词 /85

第五部分 打望老重庆 /97

解放碑的三个名字 /99

弹子石王家沱日租界的兴废 /105

海棠溪义渡,才是重庆最大的义渡 /117

铜元局简史 /124

重庆的三个垫江县 /131

清朝的重庆长什么样 /137

十位古代重庆的一把手 /149

聊聊重庆历史上的两个状元　　/ 168

真没想到,我大重庆居然出过这么多进士!　　/ 174

晚清第一将——曾国藩旗下的重庆崽儿　　/ 184

重庆第一所中学——重庆府中学堂轶事　　/ 191

谁是重庆的第一位百万富翁?　　/ 197

并非灵异——民国初年,重庆曾经消失整整8年!　　/ 205

民国重庆的市长们(一)——首任市长潘文华　　/ 211

民国重庆的市长们(二)——从刘湘系到中央系　　/ 217

民国重庆的市长们(三)——杨森那些事儿　　/ 225

美国总统致重庆人民亲笔信　　/ 236

抗战时期的苏援、德援和英援　　/ 244

老重庆青楼往事　　/ 250

第六部分　这才是袍哥　　/ 259

袍哥人家规矩多　　/ 261

红黑十条　　/ 270

老重庆的袍哥公口　　/ 281

唐廉江:才情卓绝的重庆袍哥一把手　　/ 291

重庆老炮儿——老袍哥的三个大腕　　/ 299

范绍增:把袍哥嗨到大上海　　/ 309

重庆的洋袍哥和乞丐袍哥　　/ 319

女袍哥:那些彪悍的姊妹伙　　/ 324

后记:我为什么要写《水煮重庆》　　/ 331

第四部分
文化与方言

重庆话 带起馆塾灯圆子
摆扎茶院
拉稀 老私书龙汤求秋
东川烧偷月
拜偷瓜摸

老龍門陣打伙摆半天

老重庆的老茶馆：消逝的城市公共空间

老重庆有"三多"：城门多、庙子多、茶馆多。城门有"九开八闭十七座"，庙子据说有"三观九宫十八寺"。茶馆更多，目前很多文章采用1947年《新民报》的说法，称主城区（现渝中区从朝天门经通远门到上清寺、曾家岩一带）有2659家茶馆——这是什么概念，当时重庆主城有316条大小街巷，平均每条街巷有8家茶馆！对比一下成都——1938年的《成都导游》一书，称成都城有800多条街，平均两条街一个茶馆。

对2659家茶馆的说法，我表示严重怀疑。

据《市中区志》（重庆出版社1997年版）记载，1950年，"区内茶水业1094户，其中老虎灶两家"，到1956年，在此基础上重新组合成340户茶馆。

不可能短短3年，这块不大的地盘上，就消失了1500多家茶馆吧。

茶馆同样多如牛毛的成都（老成都也有三多：闲人多、茶馆多、厕所多）。1941年该市政府的统计数据是614家，从业人数就已经占到成都工商业的第五位了。1949年，成都茶业公会的数据是598个茶馆——不可能成都的茶馆比重庆少2000多个吧。

所以，我觉得，1092个茶馆（扣除两家老虎灶），是比较靠谱的数据。但就这个数据看，重庆的茶馆也比成都多了近一倍。

◎ 老茶馆的茶

老重庆的老茶馆，里面的茶不多，一般只有四种：沱茶、香片（花茶）、菊花和玻璃（白开水）。

老重庆人，喝沱茶的品牌忠诚度很高，只喝大理永昌祥的下关沱茶，这个传统一直延续到二十世纪八九十年代。

花茶，是成都人的最爱，重庆人喝得不多，觉得茶味不够。

茶馆里面，多是八仙桌，配四条长凳。小茶馆则大多是矮桌，配几把竹椅子，可坐可躺。

张恨水就专门写了一篇叫《茶肆卧饮之趣》的短文，文中谈到在重庆的偏僻小茶馆，搬一把竹躺椅，喝酽沱茶的无上乐趣。

重庆盖碗茶，在过去，除了茶碗和茶盖是瓷器，茶托则是用紫铜或者锡制。现在则一套三件，全部瓷器了。

老重庆人喝茶，讲究用"鲜开水"，就是刚刚煮开的水。所以，很多茶馆，为了标榜自己是"鲜开水"，往往把煮开水的大鼎锅亮出来，让茶客们都看到，自家的开水一直"翻翻涨"。

当年没有自来水，也没有一桶一桶的纯净水，几乎都是挑水工从长江挑上来的江水。但是，这个江水，也大有考究。讲究的茶馆，一律要用太平门磨滩外的江水，然后用大缸沉淀，以沙石过滤。用江水的茶馆，很多会打上"河水香茶"的招牌，以别于用井水的茶馆。重庆主城区，井水的品质并不那么好，偏涩，不适于泡茶。

在茶馆用开水很方便，所以，不少茶客干脆晚上在茶馆把脸、脚洗了才回家，这是当年老茶馆的一大特色。

重庆的老茶客，每天要喝两次茶。张恨水说："渝人上茶馆则有特嗜，晨昏两次，大小茶馆，皆满坑满谷。"

老茶馆有个很人性化的老规矩：穷人没有钱，又想喝茶，啷个办？就去茶楼，找离去的茶客喝剩的茶碗，接着喝——在重庆，这叫喝"过路茶"，成都叫喝"下班茶"。喝"过路茶"也有规矩，不能端起茶碗喝，必须用盖碗的盖子，去茶碗里舀着喝。

在老茶馆喝茶还可以挣钱。如果你老人家人缘好，不妨经常去茶馆坐坐。坐着坐着，就会有熟人来开茶钱。一般是直接喊一声："某大爷，茶钱我开了哈"，然后去柜上结账。人缘特别好的袍哥大爷、商界大款、官场大员，每次喝茶都会遇到一堆要结账的朋友。没关系，都可以去结账，柜上账房一律都帮你收下，等你优哉游哉喝完茶，起身回家时，柜上会把帮你收的多余茶钱，全部退给你。

◎ 不是袍哥不做馆

"不是袍哥不做馆"，这是句重庆老话。意思就是，如果不是袍哥兄弟，最好不要涉足茶馆行业，里面关系很复杂，水深得很。

袍哥有开茶馆的历史。袍哥大爷所在的袍哥公口（即袍哥基层组织，往往叫什么公、什么社），也就是我们说的袍哥码头，基本上都设在茶馆里面。外地袍哥来到某处，必须去当地茶馆找组织，这叫"拜码头"。

重庆袍哥有"仁、义、礼、智、信"五堂，各有各的专属茶馆。

仁字袍哥：二十世纪三四十年代，曾经参加过辛亥革命的田德胜，是重庆仁字袍哥中辈分最高的大爷，他的正伦社茶馆（一说五伦社，疑是印刷错误）在和平路上；以帮军阀邓国璋顶吗啡案闻名的仁字大爷，号称仁字"一杆旗"和"老太爷班子"的三省公唐绍武，他的茶馆叫三民茶馆，设在龙王庙章华大戏院（现民族路）二楼；袍哥中的"官二代"，陆军上将石青阳的三儿子石孝先，他的袍哥组织叫"三合公"，先设在弹子石，后改名"蓝社"，设在罗汉寺旁边，后迁往保安路（现八一路）。

义字袍哥：义字袍哥人数最多，势力也最大，但是组织却不像仁字那么多。义字总社的社长冯什竹开的茶馆"二二俱乐部"，在凯旋路口，很新潮的感觉，里面也确实有各种西式装修；义字袍哥另一个老大李祝三（他在大渡口马桑溪的老家大院，现在还在），他的茶馆叫"三多茶馆"，开在大阳沟，同时还是重庆花鸟、信鸽行业的行帮茶馆。

礼字袍哥：总社叫礼渝社，茶馆也叫"礼渝茶社"，设在江家巷（现国泰艺术中心旁），老大何占云，是一个看上去文质彬彬、礼貌谦逊的老文青。

智字袍哥：智字袍哥老大、市参议员钟古熙，把茶馆"智松堂"，开在药王庙（小什字筷子街旁边）。

信字袍哥：几乎全部由社会最底层（乞丐、纤夫等）组成的信字袍哥，其茶馆"信廉堂茶社"，开在朝天门码头。

除了男袍哥，重庆还有上万彪悍的女袍哥。男袍哥有公口茶馆，女袍哥一样有。

女袍哥的茶馆有：和平路上的"四维茶社"，江家巷的"八德茶社"，南纪门的"淑云茶社""坤道茶社""贤良茶社"等，连偏远的丰都县也有个女袍哥组织"平权社"，办公室设在县府门口的熊瀛山茶馆。

女袍哥的茶馆，最有名的当属"四维茶社"，这里不但是女袍哥组织"四维社"的发起之地，还是著名女袍哥王履冰的出殡之地。

女袍哥王履冰是国民党立法委员、重庆市党部妇女主任，1949年春天去世（一说上吊自杀）。她死后，灵堂就设在四维茶社。包括市长杨森在内的党政要员，送的花圈、祭幛挂满茶社内外，其中以当时重庆最著名的交际花卢三这副最是特别：上联是"王大姐呜呼"，下联是"卢三妹哀哉"。这个卢三，来头也不小，她的父兄都是重庆著名大袍哥，而她本人，则选择了一个少见的职业——夜夜换新郎的交际花，丢尽了她老爸和老哥的脸，闹得她老哥要登报和她脱离兄妹关系。

王履冰的出殡，阵仗非常大。打头的，是女袍哥蓝文彬师长的姨太太欧阳致钧，骑一匹桃花马，手持哭丧棒；然后是28个童男童女，再然后是川剧戏班子……最后是数千名重庆女袍哥组成的送葬队伍，在重庆警备司令部的手枪连全程护送下，一路招摇到墓地。

◎ 作为商业空间的老茶馆

老重庆的茶馆，和现在的茶馆，完全属于两个不同的星球。

老茶馆，本质上就是一个重庆市民的公共空间，包括商业、娱乐甚至民事纠纷调解，很多公共事务，都是在茶馆处理。

尤其是商务。那时，没有各种商品交易市场，几乎所有的商品交易，都是在茶馆完成。这类商业活动，最早是在行帮公所里面进行，随着重庆商业地位的提升，贸易量越来越大，这些行帮公所的地盘就不够用了，于是向茶馆转移。二十世纪三十年代，重庆有140多个大小行业，各有各的行帮商务茶馆。

油市街，在现在的中华路上，即国贸大厦到花市路口之间这段路。因为这里有个油帮茶馆（抗战后转到民权路鸿园茶社），因之得名油市街，后和桂花街、三教堂街、杨柳街一起，并入中华路。

银钱业的同业茶馆在陕西街、机器五金业的"洁园茶馆"在邹容路、苏货帮（百货业）的茶馆在大梁子（现新华路）、米粮帮在米亭子（现得意广场中国工商银行大楼对面）、鞋帮在望龙门的县城隍庙茶馆……餐饮业餐馆，在大阳沟的雷祖庙，茶客多带菜刀、白围腰，表示马上可以跟你走。

除了商帮，一些同乡会也有自己的茶馆，如"叙永帮"在陕西路开有"叙永乐茶馆"，湖北帮在江家巷开有"武汉茶社"，都是拥有几十上百张桌子的大茶馆。

还有些茶馆，是综合类市场。比如民权路关庙（原址在现解放碑的英利大厦）的"鸿园茶社"，上午是面粉业来喝茶做生意，中午就换成土布业，下午是油帮和化工原料帮。

那时，行帮商人谈生意，外人根本听不懂，用的都是业内暗语。甚至不同的行业，使用的数字暗语都完全不同。同是"1、2、3、4、5、6、7、8、9"，一个行帮读"幺、坐、立、歪、甩、捞、桥、拉、欠"，另一个行帮读"高、明、韩、苏、大、雍、草、梅、弯"……就是当你面谈生意，你也一个字都听不懂。

二十世纪三十年代的重庆，还有个很特别的茶馆——"同庆公"茶社。这家茶馆，除了正常营业外，还外接包办茶席。大户人家，如有婚、丧、寿等，往往要在这类大型宴会前，办茶席招待来宾。同庆公专门接手这类茶席。主人会把宴请的客人名单开给同庆公，茶楼派"茶催"专员，拿着请帖和客人名单上门催请。如果客人答应来，就亲笔在名单的自己名字下面，写个"知"字，如果不来，写个"谢"字。办席当天，茶社派茶催带着全套茶具上门服务，除了斟茶外，还担任宴会接待和司仪主持。

◎ 重庆市民的娱乐空间

过去没有电影院，更没有"纯K"，要娱乐也只有去茶馆，听评书、看戏都是茶馆，甚至最开始放电影也在茶馆。

几乎所有的茶馆，一到晚上，摇身一变，成了重庆的娱乐场所。

较场口鼎新街（国府迁渝前叫荒货街，位置在现在的得意广场，已被拆除）的"上三元"茶馆，位于全市著名的"土希市场"内，是重庆最大的商务型茶馆之一。三间大门面，共有84张桌子，每天上午，全市的布匹商人集中过来谈生意，每张桌子上，摆满了布匹。下午，大家喝要茶，晚上，这里又成了重庆著名的评书茶馆。

不同的茶馆，有不同的娱乐项目。

较场坝的"黄桷居"茶馆，是四川清音的阵地。二十世纪二十年代初，著名清音演员文三、文四两姐妹是这里的驻唱歌手。成都作家刘师亮到重庆，写了一堆竹枝词，其中一首还专门写到这对姊妹花：

　　　　茶楼清唱说文家，
　　　　文四文三莫浪夸。
　　　　余韵绕梁归去后，
　　　　可人还在月西斜。

民国路（现五一路）上的"友仁茶馆"，因老板是李三娘，又叫李三娘茶馆。这个茶馆有300多个座位，白天就要卖1000多碗茶。晚上则变成以竹琴为主的曲艺茶馆。竹琴，原为道琴，是道教的乐器，后来在民间流行。四川竹琴分为两派，成都贾树三（贾瞎子）的"扬琴调"，还有重庆的"综合调"。重庆唱竹琴的茶馆，除了李三娘茶馆，还有"米粮帮茶馆""油帮茶馆"以及灯笼巷（在现在的八一路）上的"灯笼茶馆"等。

◎ 老茶馆的社会功能

能喝茶，还能当交易市场，还可以当娱乐场所，此外，重庆老茶馆还有个外号，叫"理信铺子"——就是排解民间纠纷的地方。

这又该袍哥大爷出场了。以前，民间小纠纷，一般不去法院，而是去茶馆"吃讲茶"。找个袍哥大爷，或者保长、甲长（这些人一般都是袍哥大爷）当主持，双方邀约亲朋好友，在茶馆讲道理，由袍哥大爷判决对错输赢。输了的朋友，就帮在座所有茶客掏茶钱。

有时候，一方对判决不服，发生争执，甚至大打出手。茶馆老板反而高兴惨了。打完之后，茶馆一片狼藉，老板急忙把各地搜罗回来的破碗烂盏，全部摆出来索赔。

重庆还有类奇特的茶馆，可以命名为"勾兑型茶馆"。这类茶馆，都开在权力部门大门口。比如镇台衙门（储奇门老重庆日报大院）、道台衙门（道门口）、巴县衙门（现解放东路）、地方审判厅（现中兴路渝中区法院）等处，无不茶馆林立。

要勾兑关系、打探消息，甚至写诉状、找路子，都必须去这些茶馆。

当时有名的"勾兑茶馆"有两个，一个是刘湘21军军部（新华路旧重庆警备区大院）门前的"爽园茶楼"，一个是南纪门的"华莩茶楼"。

前者是政客、官员聚集的地方，在这里或听候差遣，或钻营关系，所以这个茶馆又叫"候差茶馆"。抗战后，刘湘带兵出川抗日，病逝在武汉，这个茶馆才逐渐冷清下来。

后者在老重庆名气更大。不少名噪一时的大案，都是在这里通过各种勾兑，大事化小小事化了。1948年，已判死刑的毒贩马季堂，花了40两黄金买通看守所长，成功越狱——就是事前在这里勾兑的；著名的女毒贩莫仙瑶的保释，也是通过市参议员任伯鹏，在这里把20两黄金交给茶馆老板，再转交给法院院长，才得以顺利成交。

老茶馆，显然是当年重庆市民社会的生活中心，具有城市公共空间的显著特征。而现在的茶馆，则退化成单一喝茶聊天的私人场合——这种从公共空间，变化为私人空间的过程，我们不知道是进化还是退化。

不过，作为老重庆人，我们还是希望有机会看到，在当今重庆，也能出现老重庆的那种无比接地气的老茶馆。这种茶馆，不是更好玩更有趣吗？

老重庆的私塾、义学和书院

老重庆的私塾、义学大约相当于初级教育阶段，书院相当于中级教育阶段。老重庆的读书人，当然也是这个体系培养出来的。

那么，这三者到底是什么关系？老重庆的私塾、义学和书院又是什么状态呢？

◎ 私塾

目前发现重庆最早的私塾记录，是在东汉的南川。儒士尹珍（贵州牂牁人，其老师是《说文解字》的作者许慎）曾到南川云济桥（现龙济桥）设馆教学。

南宋初年的文人叶梦得（1077—1148年），在他的《避暑录话》

一书中，记录了重庆一位塾师（私塾老师）的故事：

"乐君，达州人，生巴峡间，不甚与中州人士相接，状极质野，而博学纯至。先君少师甚重爱之，故遣吾听读。今吾尚能略记《六经》，皆乐君口授也……每旦起，分授群儿经，口诵数百过不倦。"

叶梦得的老爸叶助，曾经在达州当官，叶梦得从小就跟他爸到处走，也在达州待过一段时间。这位乐老师，显然是一位私塾老师，"生巴峡间"，应该是生于三峡奉节一带，算是重庆人。那时的私塾老师，生存状态似乎不太好，这位很有学问的塾师，"聚徒城西，草庐三间"。两间做教室，一间做家人的起居室。这位乐老师，是个耙耳朵，家里穷，经常揭不开锅，老婆当然脾气就不会好，乐老师则总是笑嘻嘻的，逆来顺受。一天，过了中午，家里没有米了，老婆一气之下，冲到教室，拿起教鞭，抓住乐老师衣服，给了乐老师几下狠的，乐老师急忙挣扎开，刚刚跑出教室，就摔倒在地，孩儿们一边大笑一边扶老师起来——叶梦得这家伙不地道，把乐老师的笑话写进了他的书里。

宋朝是中国历史上，教育开始普及的一个时代。陆游有首诗《秋日郊居》有"儿童冬学闹比邻，据案愚儒却自珍。授罢村书闭门睡，终年不著面看人"句，自注云："农家十月，乃遣子入学，谓之冬学。所读《杂字》《百家姓》之类，谓之村书。"这首诗，写的是一个农村冬学老师（俗称冬烘先生那种），教的熊孩子们，一天到晚闹麻了，这位傻乎乎的教书先生（据案愚儒）却非常护犊子。

明清时期，私塾发展最为迅猛。

《大足县教育志》对这时期的重庆私塾，有个大致描述：重庆私塾分为两个大类，散馆和专馆。散馆，就是塾师在自己家里设馆，四周小朋友到塾师家里求学。专馆则是请的家庭教师，既可以是有钱人请个老师来家里，专教自己的孩子，也有可能是以祠堂、会馆、村庄为单位，大家集资请一个老师来教大家的孩子。

磁器口鲤氏学舍（办学于乾隆年间，旧址在现磁器口大门不远处的翰林院茶馆）就是其中比较有名的一个族塾。族塾，就是一个家族办的私塾。鲤氏学舍，为清初磁器口孙氏家族的族塾，很多孙家以外的人来附读（附读是要交钱的）。这家私塾以考取了两位翰林（黄钟音、段大章）而闻名遐迩。

私塾只有一个老师，也不分年级，几岁的和十几岁混在一起，也没有什么时候毕业一说，要么考起秀才去读县学府学，要么认得字就可以回家了，反正只要按年交学费，你可以读到地老天荒。不过，一般来说，从启蒙识字开始，到会写像样八股文和应试诗，差不多要十年时间，所以叫"十年寒窗"。

教私塾挺辛苦的，这么多不同年龄、不同基础的孩子凑一堆儿，连教材都不一样。小明开始学《三字经》了，小勇可能还在认"人口手"，有的小朋友刚开始对对联，有的就已经背完《论语》了。

私塾基本上就是一个完成启蒙的地方。厉害一点的塾师，可以教到同学们写八股文，参加科举考试，但是绝大多数塾师，自己也不过是一个落第的童生（没有考中秀才的就叫童生），所以最多也就能完成蒙学而已。

那时私塾教育的内容，主要是四门功课：写字、读书、作文、珠算。其中，写字、读书、作文三科是重点。

古人重毛笔字，字写得不好，基本上不要想有上升空间。所以古时候读书人的毛笔字都是幼儿学，随便拉一个出来，都比现在大多数中国书法家协会会员写得好。

私塾教读书，重读不重讲，也就是一个"死记硬背"。估计老师都没有学通，所以只好用笨办法，背下来再说。每天一个重要的学习内容，就是反复背之前背过的，这叫"温书"。每月初一十五，要集中把以前背过的全部拉通再背一遍，这叫"温长书"。

写作文是重头，学童把该背的"三百千"（《三字经》《百家姓》

《千字文》等）、声韵各书都背熟了，就开笔。一般要学三年才有资格开笔，开笔从对字、联句开始，然后写一句两句作文，陆续开始学习写诗，这些叫"窗课"。

每年正月十五大年后，各私塾塾师就要在自家门口和十字路口，张贴写在红纸上的开学通知（即招生广告），内容是："某（塾师的姓）馆择吉于某月某日上学大吉"。家长们见通知，就去私塾和老师面议"束脩"（即学费）。根据有钱无钱、学童年龄大小、已经学到什么程度……价格都可以商量。

每个私塾装修都差不多，必须供有"大成至圣先师孔子"神位，开学时，要对孔子像焚香三跪九叩，然后再跪拜老师。塾师的讲台上，必须有批红（批改作业）用的红色墨水，还有砚台一个、戒方（类似惊堂木的东西）一块、篾板（竹制，长约两尺，用于打手板）一根、签筒一个（有点像算命用的抽签的那个竹筒，里面装满竹签，上面写着学童名字，用于记录上下学、抽背书的轮次），最后还有一根签板（上厕所就去领一根，没有还回来之前，其他人不得上厕所）。

老重庆的私塾，束脩按年计算。根据老师的水平和知名度，以及学生家里贫富程度，一般一年从三五斗谷子到三五石不等。学费可以一次交，也可以两次（端午、中秋）、三次（端午、中秋、春节）交。开学时间多在正月中下旬，一直上到次年正月初一才放春节长假，这期间只有三天休息（端午、中秋和圣人节，即农历八月二十七日孔子诞辰）。

每天教学时间，上午8—12点，下午2—6点，中间不休息，不许离开座位，撒泡尿都要先拿签板，一有不对，就板子伺候——哪像现在的老师，根本不敢碰孩子一根指头，那时候，打手板是家常便饭，严重的还要打屁股。

通常是上午识字，下午背书。从逐句背、逐段背，到背熟一本，这叫"包书"，读完若干本后，还要一起通背，有时候要求一口气背十几本。

从清末到民初，政府开始推行私塾改良运动。江津是重庆地区最早推行私塾改良的地区，1909年就成立了私塾改良会，第二年，清政府学部（类似现教育部）颁行"私塾改良章程"，要求各私塾先教政府规定的教科书，然后才准教"四书五经"。但是这项工作，一直到民国时期，都没有完成。从綦江的数据看，到1936年7月，全县268所私塾，无一所完成改良，到1939年，綦江还有220所私塾，其中完成改良的只有40所。

1949年后，重庆还有大量私塾存在。

据《重庆教育志》记载，1949年，铜梁县有私塾161所，学生3252人；1950年，璧山全县有私塾170所，学生2907人，潼南也还有100所。到1953年，江津白沙一个镇，就有私塾38所，塾师51人，学生870人。

直到二十世纪六十年代初，重庆私塾才全部停办。

◎ 义学

义学，就是慈善办学，为那些没有钱的穷孩子准备的学校。出钱办义学的，多是当地士绅、商人（商会）或者官员。在古时候，全国各地都有很多义学，重庆好人多，当然义学也多。

义学是汉朝的四川什邡县令为自己的部属所创，此后大兴于全国各地。

义学的经费来源，一般是善人捐赠现银、土地（收租付给老师工资），还有人捐赠铺面、企业股份（民国初年，江津人古玉辉就把自己创办的郎酒公司部分股份捐赠给古蔺县的一所中学，作办学之用。

真希望现在郎酒公司的股东里面，还有这所中学的名字）。

重庆这地方，办义学比较晚，而且基本上都是官员（主要是各地知县）兴办。目前的记录，最早的义学是康熙初年（可能是1662年），永川知县沈镛在璧山来凤驿东街首创，然后康熙二十二年（1683年），万县知县张永辉捐献义学一所。此后，大足、合州、巴县等地，也陆续兴办义学。

重庆创办义学的最高峰，出现在道光年间。道光六年（1826年），巴县知县刘衡奉四川总督令，要求各乡镇捐资创办义学。道光年间，巴县一口气建了至少15所义学，而原重庆府境内建了89所义学。刘衡是一个很值得怀念的巴县县令，此人对读书人非常好，建义学是他一直以来的夙愿。道光三年（1823年），还在垫江当县令的刘衡，就在垫江率先大规模建立义学。他命令垫江县的东、南、北里（里，为过去的县辖行政单位，类似于县辖区）捐赠银两，在全县设立义学21所，后来又把县里的庙产、没收的盗匪财产等充做学田。他不但建义学，还经常自掏腰包补助巴县的读书人。

秀山县建立义学的时间也比较早。乾隆元年（1736年）秀山才建县，上级领导认为秀山这地方人才不多，不出读书人，不同意在秀山办官学。当时秀山的学生，都只能去附近的酉阳附读。于是秀山县令夏景馥不服气，自己掏腰包，在县城办了一所义学，专门招县城内外的贫困孩子读书。

从乾隆到光绪年间，江北厅（大约相当于现在的江北区、渝北区）境内建了38所义学，1902年后，这些义学全部改为初等小学堂。

乡学也是义学的一种，设在农村各个乡，一乡一所。南川第一所乡学始建于乾隆二十四年（1759年），所有学生全部免费读书。道光五年（1825年），时南川知县彭履坦捐银400两，募钱6000多贯，设东南西北四路，分设乡学22处，每处每年有10石谷子的费用，不足费用由当地乡绅补足。

整个清朝，原重庆府辖区内（大约相当于未直辖前的重庆市），共建义学166所（缺江津、潼南数据）：

江北厅	39所
合川	33所
大足	21所
铜梁	20所
巴县	17所
长寿	12所
荣昌	9所
綦江	6所
璧山	6所
永川	3所

巴县一位叫金煐的乡绅，把自己的全部财产捐出来，在栋青场谭家湾办了一所敦本义学。他把这些充作校产的财产（有20多间房屋、年租36石的田土，以及山林等），委托给南岸老君洞代管，由老君洞的一代代住持负责放佃、收租、聘请老师。

巴县乡绅廖春瀛，不但捐献上万两开办海棠溪义渡，还把自己家里的余房捐出来办义学，自己经常亲自给学童上课（他本人是贡生。秀才中成绩比较好的会选送进京城国子监读书，称为贡生）。曾经在磁器口鲤氏学舍读过书的进士黄钟音［道光十三年（1833年）进士，入翰林院，后任广西按察使。太平军时守梧州，被俘，不屈而死］，也在他的义学求过学。

让人吃惊的是，重庆最偏远的城口县，居然由乡绅士民捐款，整个清朝期间共捐修义学27所，让很多经济发达县份都自愧不如。

◎ 书院

书院就和私塾、义学这类草台班子不同了，有点像现在的中文类专科学院，不但有教育功能，还有研究功能，很多书院还时不时请人来讲学、办辩论大会，很有档次的样子。书院有官办，也有民办。

唐以前，重庆一地的书院情况不详。唐朝有巴州儒学、开县儒学，这是政府所办的早期书院，但缺乏详细的资料。重庆可考的书院，自宋朝始。

重庆主城的第一个书院，在宋绍兴元年（1131年）与府文庙、县文庙同时建立。重庆府文庙，旧址在现在的29中，巴县文庙，在下半城原26中旧址。府文庙很大，其旧址包括现29中、国贸中心直到新世界百货后面402路车站。府、县文庙就是以前的官学。

但是就大重庆范围而言，早在宋仁宗景祐年间（1034—1038年），合州就有儒学了。夔州（治所在现奉节县）儒学建于宋庆历年间（1041—1048年），江津县学始建于1064年，忠州县学始建于1096年——这些官办书院都比重庆主城早。

我国民间书院，也是宋朝盛行。在重庆辖区内，最早的两所民间书院都是大中祥符年间（1008—1012年）在江津所办，一是江津县知县冯忠创办的五举书院，二是南山经院。此后，还有夔州的静晖书院、莲峰书院、竹林书院、少陵书院（建于杜甫夔州草堂旧址）；合州的濂溪书院；涪州的北岩书院（原程颢的钩深堂）；忠州的宏文书院；铜梁的龙门书院；巫溪的凤山书院等等。

重庆府辖区内，历来共办各种书院89所（不包括官学）。如果按重庆直辖市算，稍微有点名气的书院有152所。

重庆主城最大的书院东川书院，其源头已不可考。早期是缙云书院，不知道何时设立，乾隆三年（1738年）重建，旧址在巴县县学右边，大约在现在的道门口附近。乾隆十五年（1750年）被并入设在治平寺（现罗汉寺）藏经阁的渝州书院内，乾隆二十三年（1758年），渝州书院搬到炮台街洪崖坊（现洪崖洞景区对面，原市政协旧址），改名川东道所辖的东川书院，一直到民国时期，更名重庆联中，后来再更名重庆七中——算是重庆折腾得最久的书院了。

东川书院还分了一个理科班出去——光绪十九年（1893年），东川书院增设经学课程，4年后，经学板块独立出来，从书院划了一个小院子，成立"致用书院"。1900年，致用书院增设数学专业（那时叫算学），数学专业的师生们闹着独立，就又裂变一个小书院出来，这个小书院叫"算学书院"，是重庆地区第一个数理专业学院，不过好像学生极少，不到现在一个班的规模。东川书院也是最有钱的书院。成立伊始，乾隆二十四年（1759年），书院年收入（学田收租折算）430多两银子。到了乾隆五十九年（1794年），每年除了收租343石，还有各地地租、房租收入865两9钱银子。到清末，东川书院就阔了，名下拥有田地、门面价值七八万两，年收入几千两银子。当初，来读书的同学们没有补助（膏火钱），老师收入也低，校长（当时叫山长）一年束脩仅120两。到了清末，校长年薪高达1000两，同学们也有奖学金了，每个月小考的优等生都有数两银子的奖励，考中乡试第一名（举人）的，奖银50两。

那时，有政府背景的东川书院办得很轻松，乡下自筹资金办书院，还是很难的。

巴县迎龙（在现在南岸区茶园那边）当年曾办了个鹏云书院，筹资就花了37年。从嘉庆五年（1800年）开始，乡民刘庆广四处化缘，最终劝得乡里26人，一个人捐银一两。就用这区区26两银子，成立了一个教育基金，以此生息。刘庆广把这笔银子交给老乡刘庆梅、张怀远管理运营，直到道光十七年（1837年），距离当初募集26两银子已经37年过去了，这笔钱终于被滚到了可以成立书院的额度，这时，由刘家后人刘灿黎出面，用这笔来之不易的银子，创办了鹏云书院——我们必须向这些为了办学，坚持37年之久的前辈致敬！也向运营这笔银子37年而不贪分文的前辈致敬！

重庆书院课程，一般有经学（"四书五经"）、史学（《资治通鉴》等书）、声韵（诗词声律）、书法等。书院课不多，每月只初一、十五两天讲书，每次只讲两页。逢一、六和三、八之日，老师仿科举考试出题（"四书"题、试帖诗各一道），做好后交山长亲自批改。山长必须三天内批改完，然后召集同学们讲解。每天同学们有严格的自学课程安排。完不成要遭打板子。

书院有定期考试，称为考课。考课成绩优秀的，有奖金，称为"膏火钱"，有些成绩好的贫寒子弟，靠这个膏火钱就可以维持生活了。由官府出钱开支奖金的，叫官课，书院自己所筹经费支出奖金的，叫私课。书院考课比较密，每月至少两三次，多的时候五六次。

书院学生分两种，已经是秀才的，叫内学，其参加的考课叫内学考课，没有考上秀才的童生，当然就是外学了。

书院除了科举应试教育，还会经常邀请名师来讲座。一些书院甚至有自己的学术特色。比如武隆的白云书院，就以传授王阳明的"心学"为自己的特色。

老重庆，是这样过年的

又要过年了。

时易代迁。现在，除了"过年"两个字没变，其余都变完了。

且让鄙人带大家回去看看，100多年前的重庆老祖宗们，他们是啷个过年的。

◎ 过年从好久开始

春节、端午和中秋，是中国人最重要的三个节日。春节排第一。

春节从来都不是一天。唐宋时期，春节也是7天长假，大家一窝蜂耍黄金周。而且，那时的春节长假，设置非常合理，以初一为中心，前后各三天，这才是正儿八经过春节的架势嘛。哪像现在，一放假，就急匆匆进入大年三十了，连个前奏都没有，太没有美感了。为之一叹。

大清朝，什么都不好，只有一点好，春节放假时间超长，达一个月之久。中国人民集体耍寒假，多么欢乐呀，巴扎嘿！

本人强烈呼吁，复兴中国优秀传统文化，从春节放假开始：恢复春节放假一个月的旧制，然后工资发双份——拥护的朋友请举手，谢谢。

春节这么重要，那么，每年春节，从什么时候开始，算是过节呢？

正确答案是腊月二十三。

腊月二十三，民间称为过小年。从这一天直到正月十五，都是春节。（起码，也参考这个时间段放春节长假嘛，你们说是不是？）

腊月二十三（有的地方是二十四），祭灶神。灶神又叫灶王爷、灶神菩萨，在各路神仙中，专职分管打小报告。这位神仙，化身万千，平时埋伏在灶台之上，偷窥每家人的一举一动。一到腊月二十三，这位就打道回天庭，向老大玉皇大帝提交年度工作报告。为了这个报告好看一点，不要把俺家那些见不得神仙的事情汇报上去，每家每户都要焚香、献茶、供糖（以前的饴糖很黏牙齿，据说神仙吃了，牙齿被黏住，就说不出话了），以贿赂这位神仙"上天言好事，回府报平安"。

说来奇怪，这种大规模的、公开的集体"行贿"，千百年来，天庭有关部门也不管一管，实在要不得。

腊月二十六，全家大扫除。不晓得全国其他地方是不是这样，反正重庆当年，家里一年只做两次大扫除，一次是这天，另一次就是端午节。这次大扫除，又叫"除扬尘"（注意，这个尘字读轻声），就是把一年来积下来的灰尘，全部打扫干净，从屋顶到地板、从室内到室外，包括猪圈牛舍，每个角落，无不扫得干干净净，以迎接新年。

从腊月二十三到过年，这期间就是到处吃年饭。家里团圆、单位团年，都在这期间。

大年三十以前，家里一定要备齐年货。初一是不得买东西的，这叫"初一不出财"。这天，把口袋捂得梆紧，这一年，才不会散财。

◎ 过年前的老规矩

以前不说拜年，而是说"辞岁"。去别人家走动，叫"走人户儿"，不能空手，一般是提块腊肉，或者香肠、杂包儿——杂包儿的来源，是以前吃筵席，吃剩下的菜，大家分了的，一人一个包，提回家去。后来，把各种杂糖、糕点，用牛皮纸包成一个礼包，也叫杂包儿。

"走人户儿"，不说拜年。"拜年"，是后来从北方传到重庆的说法，老重庆不这么说。老重庆，大家"走人户儿"，进门要说"向你辞年了"，表示一起辞别旧岁。

在外面遇到，相互拱手，一人说"你哥子发财""你哥子过发财年哦"，另一人客气，说"客气客气，在你哥子府上"——意思是财运在你哥子的府上。

春节前，有个重要规矩。这一年内，不管什么原因——大多数是因病、因各种困难——在庙里，或者自己心里许过愿的，就要还愿。

还愿的方式不是去庙里大撒币，而是找到善堂（传统慈善机构，一般是寺庙、教会、商会、同乡会所办），或者保甲（相当于现在的街道办、居委会之类基层政府机构），委托他们，向穷人、乞丐、孤老、病残人士，施舍米、药、棉衣等，也有的施舍棺材。

很多善堂，会发放"凭票领取棉衣一领""凭票领取米若干"的票据，其经费由各种善心人士提供。

当然，这些善心人士也不全是还愿，也有提前行善，以此为自己或家人积福报的。

春节前，俺们大重庆，还有个非常有人情味的风俗，就是要债和躲债。

先说要债。

旧时规矩，买东西可以赊账，大家都很讲信用，一般是三节（春节、端午和中秋）结账。其中，难免有各种欠账堆到春节。

茶馆、餐馆、社区杂货铺等对外营业的门店，往往会把欠账者的名字和金额，贴在店内墙上，上书"年关在迩，请销台账"字样，销一个勾一个。不还账的，就一直贴那里，欠账者的个人信用记录，就会被毁了，再也没有人敢赊销东西给他。

大一点的机构，或者地主乡绅，平时借钱给佃户，到了春节，也该还钱了。

除夕前几天，还有欠账不还的，怎么办？上门催收。老板请账房先生，也就是现在的会计出纳们，带上账本、算盘，背上口袋（装钱用。那时多是铜钱、银子、大洋）。还有两样必带之物，一是长长的叶子烟杆，主要用途是打狗（农村养狗很多）；二是灯笼，晚上上门催账用。

有催账的，必然就有欠账的。

能够还钱的，不去说他，单说还不起钱怎么办？

不知道读者朋友看过著名的《白毛女》没有，杨白劳欠债不还，除夕还在外面躲债，黄世仁带账房先生催账，最后催得杨白劳自杀、小美女喜儿逃进深山。

其实，这个故事，至少在重庆不太容易发生。因为，重庆有个很讲道理的民俗，就是催债到除夕夜子时为止。我怀疑，这个风俗，在很多地方都有，应该是千年以来，国人的约定俗成。

以杨白劳为例。如果杨白劳在重庆欠了黄老板钱,合同约定,应该在春节前还钱。而杨白劳欠钱不还,黄老板派老穆上门催债。穷得心慌的杨大叔,听说老穆上门催账,干脆跑出去躲债——重庆的穷人,也有躲债一说。

在重庆,只要你成功躲过除夕子时,也就是现在的半夜12点。你就不必再躲了,回家吧,这一个年关,你算是成功躲过了。

除夕一过,旧债自动再延续到端午——这就是我们老重庆的老规矩。

哪怕是除夕刚过三分钟,见到催债的债主,杨白劳大叔也大可不必自杀,完全可以大大方方走到债主黄世仁老兄面前,拱手辞岁,道一声"新年了,恭喜发财"。一过子时就是新年,在新年里,是不能再提隔年旧债的。倒霉催的黄世仁,只好一边苦笑,一边恭喜,然后打道回府,等待端午的下一次催债。

◎ 过年了

老重庆,过年不叫春节,叫元旦。旧历元月初一,正是一元复始,万象更新,当然是元旦。

新年从大年初一开始。

初一早上,吃汤圆,称为吃元宝。再穷,也要吃这个元宝,哪怕是包谷汤圆也行。没有糖做汤圆心子,咸菜、酸菜都可以做心子。现在,长寿洪湖有农家,还会做酸菜馅的包谷汤圆,应该就是这种习俗的遗留。

吃完汤圆,要"开财门,出天方"。按照老历书记录的喜神方位,设香案。女主人回避,男主人穿新衣服跪拜。然后放鞭炮,开财门。

初一的主题就是"发财"。乞丐们绝对不会放过这一天，他们一个个装扮成财神模样：头戴纸冠、脸抹墨水、右手把打狗棍做成"金鞭"，左手托一木盘，盘中用纸糊一元宝，挨家挨户送财神。

乞丐的套路很多。比如，挑一小挑柴（财），挨家送财，收到柴（财）的家里，一定会打赏；再比如，手持小扫把，去每家上门"扫财"，一定要向家里扫，叫扫进不扫出，寓意财源滚滚入户，一边扫，还要一边念顺口溜："财门大大开，招财童子送宝来……"等等。

说到乞丐，春节是乞丐做业务的旺季。

不只是重庆本地乞丐，外地乞丐也纷纷拥进重庆。丐帮自有规矩，哪个县住哪个桥洞、哪个沙坝，都有计划安排的，同样，白天，不同县份的外来乞丐，也有固定的乞讨地盘。重庆主城最好的地盘，是罗汉寺、长安寺等寺、观所在，这些地盘都是洪崖洞重庆丐帮总舵的。而南岸涂山寺、老君洞沿线，是南岸丐帮的固有地盘——以上肥得流油的地盘，外地丐帮不许进入，只能在其他地方划地要钱。

新年期间，丐帮乞讨也是有纪律的。比如只能坐地文讨，不准"开红山"武讨——开红山，就是在身上伪造流血、残疾等，太恐怖，严重不利于社会稳定。此外，还不准围着市民强讨硬要，不准偷盗，不准拐卖儿童等等，总之，不能坏了俺们重庆丐帮的形象。

初一不出门。初二到初五，亲友开始上门。初一以前叫辞年，初一以后才叫拜年。

这几天，亲友往来，入门必请吃汤圆，叫"请吃元宝，请纳财"，客人接过来，要客气道一声"留财留财"。留客吃饭，多是腌腊制品，和干豇豆、干萝卜、干笋等干菜。特别有趣的是，为了讨口彩，这些菜多以红萝卜垫底，所以重庆民间谚语有"缺了红萝卜不成席"一句。

这几天，重庆人要干的事情太多：上门去亲友家拜年，在家等亲友来拜年，两口子要回娘家拜年……

老重庆春节，也有舞龙、舞狮，以舞龙为主。

舞龙这些，一般都是袍哥公口承办。初一在自己的码头内部预习一下，初二开始，到各个码头、商会舞龙讨赏。袍哥的舞龙队伍，前由红旗管事（大五哥）先行，拿着老大的帖子、身边有小老幺，提着印有本公口名称的灯笼，去其他袍哥码头、商会、同乡会先打个前站，对方会大放鞭炮，客客气气迎进去。

整个重庆城，这几天但见一堆龙舞过去，又一群龙舞过来。热闹非凡。

除了舞龙，还有车灯、蚌精等耍事。车灯，又叫车幺妹，一个美女坐在彩船里面，另一美女手舞扇子，在船的前后舞来舞去，边舞边唱，两边观众哄闹着帮腔。蚌精形式和车灯差不多。

车灯唱词，大多非常三俗。

舞龙和车灯的区别，舞龙以到处拜码头为主，演员基本都是袍哥兄弟；车灯则不拜码头，多在各个老百姓的院坝演出，演员多是年轻乞丐客串。

◎ 春节结束

到正月初五，春节基本结束。这一天，重庆又叫"破五"。破五之后，不再互道拜年，不再走人户儿、不再请客吃饭，官府发布公告"破五已过，禁止赌博"——之前，春节期间，官府大开赌禁，不再抓赌，直到破五。

初五这一天，还是财神爷生日。重庆有民谚：火烧门前纸，大的做生意，小的捡狗屎。意思是，大家也耍得差不多了，该各忙各的了。于是，各大小单位拜完财神爷，开始上班，做生意的做生意，捡狗屎的捡狗屎。

不过,民间很多地方,是要到正月十五过完大年,才算彻底过完春节。

大年,是春节期间最后的热闹。

大年这天,是道教的天官生日。道教有天、地、水三官,天官分管吉凶祸福、地官分管生死循环、水官分管消灾解难。这三位神仙,生日分别是正月十五、七月十五和十月十五,也就是上元节、中元节和下元节。不过,重庆人比较现实,对上元节和中元节比较重视,下元节几乎无人问津。

天官赐福的上元节,以玩灯蔚为大观。有资料说,以前的巴渝十二景中,有"字水宵灯"一景,指的就是上元节重庆的元宵灯市,映照于江中,辉煌亮丽,所以叫宵灯。

重庆过大年的民俗,有烧龙灯、偷汤圆值得一说。

龙灯舞一过春节,最后的节目就是烧龙灯。所有舞龙队员,头缠红布,全身仅穿一条窑裤(短裤),精赤上身。来到最后的主人家,舞上最后一次龙,然后全部猛然静止,全场肃然。数条精壮大汉,手持龙灯立于当场。

这边,将熬化了的一炉铁水,端到现场。但见一人,走将上前,一言不发,舀起一大勺红彤彤的铁水,朝静立的裸身大汉劈头浇去,旁边一人,手持木棒拦腰向空中的铁水击去。铁水在空中瞬间化为万点红星,落在默然静立的舞龙汉子身上——我忍不住想,这一棒要是没有击中铁水,会是什么后果呢?

不管怎样,铁水终究化成红星,漫天飞舞,飘落在人身上和龙灯身上。铁水从汉子们身上滑落,汉子们没有事,落在龙身上的铁水,却引燃了龙身。

龙身熊熊焚尽。

春节舞龙季,就此结束。

偷汤圆，则是非常有趣的一件事。

大年晚上，老重庆人每家每户，都要在门外设香烛花灯，再供上一碗汤圆，招待赐福的天官。据说，如果你能从天官神仙嘴里，偷走这碗汤圆，就会生儿子。一帮想生儿子的家伙，晚上就集体出动，满街偷人家招待神仙的汤圆，还必须连碗一起偷走。

于是，偷汤圆和反偷汤圆，就成了元宵晚上重庆人的娱乐节目。

偷走的人扬扬得意，生儿子有希望了；被偷走的人，也满不在乎，大不了再端出来一碗。

不过，偷汤圆的朋友，一定要记住是从哪一家偷的，如愿生了儿子，必须要装一碗彩礼，给主人家送回去，不然，这儿子可不一定保得住。所以，被偷的朋友，还得帮那混小子祈祷，但愿他娃如愿得子，老子也好一碗汤圆换一碗铜钱，也是赚了。

勒斗是老重庆，过春节的故事。

简直想不到，老重庆的中秋这样过！

一剪梅　中秋

（南宋）李曾伯

人生能有几中秋
人自多愁
月又何愁
老娥今夜为谁羞
云意悠悠
雨意悠悠

自怜踪迹等萍浮
去岁荆州
今岁渝州

可人谁与共斯楼

归去休休

睡去休休

这是一首写重庆中秋的宋词。

作者南宋李曾伯，抗元名将，曾任四川宣抚使，驻扎重庆指挥全川抗元。这首词百分百是他在重庆的时候写的。

中秋节，是一个家人团圆的节日。这位李将军（其实是个文人），一个人在重庆，"去岁渝州，今岁渝州"，没有小姐姐陪他登楼赏月吃月饼（宋朝已经有月饼了），好像很凄凉的样子，只好早点回去闷头睡大觉。

中秋节，据说诞生于唐朝。最早关于中秋节的历史记录，就在唐朝。但是，中秋节被全中国人民广泛接受，还是在宋朝。宋朝很多大大小小的诗人，都写过与中秋有关的诗词。但是，写重庆中秋节的，只有这一首。

其实，我很为李曾伯先生遗憾，睡得太早，没能感受到原汁原味的重庆中秋节。

◎ 中秋是女孩子的节日

老重庆，流传这样一句话：男不拜月，女不祭灶——拜月是女孩子的事情，男人不能去，而春节前的祭灶神，则是男人的活儿。

为什么拜月是女孩子的事情呢？明明月亮上面有个小姐姐嫦娥，据说无论多少岁，都一直花容月貌，从来没有做过下巴、没有隆过鼻子、没有打过玻尿酸，依然千年美颜如斯，多少男人为之口水滴答呀？

　　实际上，拜月和古代女孩子的终身大事有关。

　　在那个封建礼教的时代，女孩子婚前是不能见未婚夫的，即所谓盲婚哑嫁。运气好嫁个王思聪还罢了，要是嫁个歪瓜裂枣，这辈子可就毁了。而凑巧的是，月亮上除了住着个嫦娥小姐姐，还有个叫月老的老公公，他的日常工作，就是帮天下旷男怨女牵红线——据说，月老随身总是带着很多红颜色的丝线，看某一对男女顺眼了，就把丝线的两头分别系在两位脚上，这样一来，这两位无论相隔天涯，也终会在某一天莫名其妙地相视一笑而情愫暗生，最后成为幸福的一对人儿。

　　所以中秋这天，所有未婚女孩子，都要在后花园设个案桌，对空拜祭一轮明月。其实她们拜的不是嫦娥，而是月老。

　　而已婚的女孩子，也要拜月。不过，她们就不敢拜月老了，嫁鸡随鸡嫁狗随狗，嫁根扁担抱起走——这就是古代女孩子婚姻生活的真实写照。她们拜月，是为了求子。说实话，我就有点不明白了，拜月老求良配，这个说得过去，拜月求子，又是几个意思？嫦娥自己都是孤老太婆，和萌宠小白兔相依为命，日子过得似乎也不怎么样嘛。

　　不管怎么样，反正古时候重庆已婚的小姐姐们，就有拜月求子的习惯。没有生儿子的，求赐一个儿子吧；已经有了儿子的，求再赐给我一个儿子吧、再赐一个吧……

　　所以，过去重庆每家每户，一到中秋，住豪宅的就在后花园、住一室两室的小老百姓就在大门口，设一个案桌，对空遥拜，一个个念念有词，祈祷来年可以心想事成。

◎ 橙子香和中秋舞龙

拜月的案桌上很有意思，插的不是一般的三炷香，而是一个橙子香。

橙子，重庆特产，比橘柑大、比柚子小。橙子在老重庆的中秋节，地位非常特殊。

首先，在拜月的案桌上，放着橙子香。以橙子为插香的基座，把很多支香，密密麻麻地插在橙子上，称为橙子香。很多橙子香，还会用木棍做一个手柄，插入橙子香的另一面，或用于手持，或用于插在什么地方，一些心诚的女孩子，会做很多个橙子香，在小院里、拜月的案桌上到处都插满。

橙子，谐音成子，成功生子！中国人崇尚谐音，比如新婚的床上要撒枣、花生、桂圆、瓜子（栗子），谐音早生贵子。橙子因为有着一个了不起的谐音，得到所有女孩子的青睐，无论是否结婚，拜月的时候，都放上这个橙子香，反正早晚都要求子，先求几天总是好的，礼多人不怪，想必神仙也不会怪吧。

除了做成橙子香，老重庆的中秋还要舞龙——用橙子做的龙。

找七个大一点的橙子，把竹子剖成细竹丝，扭在一起，从橙子的脐部插过去，逐一把七个橙子穿在一起。七个橙子之间，隔上一米左右——这就是龙身，然后把竹丝的前面，弯扭成龙头的模样，一个橙子龙就做成功了。

舞龙的，一定要是七位十一二岁的小男孩——七子，寓意祈子，祈求得子。这里又用上了谐音大法。

这七位小男孩，舞着龙满街飞舞。其实，这帮熊孩子不会乱跑，他们一定会舞着龙，走进一户户没有儿子的家庭。看着舞龙的孩子们走进自家院子，男女主人会笑得合不拢嘴，把早就准备好的赏钱扔给孩子们。孩子们喜笑颜开，嬉闹着，把龙舞向下一家。

◎ 偷瓜摸秋

女孩子们拜完月又干什么呢？不会这么早就睡了吧？当然不会，好玩着呢！

据乾隆《巴县志》记载：

中秋，妇女相率入园圃探瓜，以得为弄璋兆，曰摸秋。

这是什么意思？弄璋，是指生男孩子。生女孩子叫弄瓦。

中秋节，重庆的女孩子们，三五成群地跑到瓜地里偷瓜，偷到了的，接下来就很可能要生儿子。这个有益身心的活动，叫作"摸秋"。

从这个典故可以看出，重庆女孩子历来就胆子大。全国其他地方的女孩子，已经被圈养起来三从四德了，重庆女孩子居然还敢满世界偷瓜。

小脚，估计是偷不了瓜的，偷了你都跑不动嘛。所以，我猜，那个时候重庆满城的女孩子，应该还是天足为多。毕竟乾隆时期，正是湖广填四川的移民高峰期。到重庆的移民，基本上都是各地的穷光蛋。小脚女人，不可能一步一步，挪动着，翻越大山大河来到重庆。

这些见过大场面的女人，你以为胆子能小到哪里去？偷个瓜算什么呀。

所以，重庆女人的彪悍，是有深厚的历史传统的。

到了晚清时候，习俗为之一变。经济发达了，重庆人也有了几个钱了，女孩子们就不能抛头露面了，也就不好再亲自出来偷瓜了。而且，这个时候的重庆女孩子，估计好多都开始染上缠脚的恶习了。于是，改成由重庆的小哥哥们，去偷瓜或买瓜了，涂上五颜六色，敲锣打鼓，给膝下无子的夫妻送去。

这个习俗，统称为"偷瓜送子"。是一个很热闹的节目。

其实，中国很多地方，都有偷瓜送子的习俗。有的还要把偷来的瓜，穿上小孩的衣服送给人家。重庆习俗则只是涂上五颜六色，象征穿了件衣服就行。

那么，为什么是偷瓜呢？因为瓜内多籽，这就象征多子多福。偷的又是什么瓜呢？有些地方，是偷南瓜。南，谐音男，南瓜，就是男瓜。中国有个坏习惯，历来重男轻女。所以不少地方偷南瓜，借此祝福多生男孩子。其实呀，平时多吃南瓜也是可以的嘛。难怪，现在还有很多重庆女孩子，烫火锅的时候，喜欢吃老南瓜，是不是也有这个意思呢？嗯，回头遇到吃南瓜的女孩子，得问问。

也有的地方偷冬瓜，冬瓜也多籽，寓意差不多。

中国这类求子的习俗贯穿数千年。比如汉朝皇帝用花椒涂满后妃的宫室，称为椒房。就因为花椒子多，花椒树上，都是一束一束地结满花椒，一束花椒怕不有上千粒。所以，花椒就成了多子的图腾。

那么，在房间里涂满了花椒，就可以像花椒一样，一生一大串吧——多么美好的愿望呀。

《诗经》云：椒聊蕃衍，瓜瓞绵绵。就用花椒和瓜，来形容子孙繁衍绵延，还因此诞生了一句不常用的成语：椒衍瓜绵。所以，这种偷瓜的习俗，其背后，有着很深的文化成因。

这种中秋偷瓜的习俗，不只是重庆有，川渝两地很多地方都有。我查资料，发现一个有趣现象，四川就不说了，很多地方都有这个习俗，在贵州，这个风俗也很普遍。近到遵义，远到都匀，大部分贵州州县，都有中秋偷瓜的风俗。举个小例：民国十四年（1925年）《都匀县志稿》记载：

（八月）十五夜，陈果饼祀月。少年窃瓜送艰嗣者。

在贵州各地的县志、府志中，这方面的记录非常多。但是，在一墙之隔的云南，这个习俗似乎就消失了。我顺手查了云南的十几部旧县志，都没有"偷瓜"习俗的记载。这可真是奇了怪也。

◎ 吃大月饼

聊了这么久，还没有聊到现在我们过中秋的主题：吃月饼。

从前面的文章看，似乎重庆小姐姐一到中秋就忙着拜月，求老公的求老公，求子嗣的求子嗣，谁有那闲工夫吃月饼呀。才不是呢，人家重庆的小姐姐小妹妹，不但喜欢吃月饼，而且吃月饼的方式，也很有个性。

咱们吃的是大月饼。一个月饼起码一斤（直径二十多厘米），多的两三斤。当然不是一个人吃独食，那不是重庆人的作风。重庆的习俗，中秋节拜完月，一定要一家人围在一起吃月饼——一起吃这个庞大的月饼。

由主妇主刀，把大月饼按照家里人头数均等切分。这里要注意，每个人都要分一块，一个都不能少，连孕妇肚子里面的胎儿也要分一块，由他未来的妈妈代他吃。在外面出差的家人，不能回家过节，也必须给他分一块，由这位游子的父母代吃。

这才是吃月饼的仪式感呀。哪里像现在，一盒小月饼放一边，谁谁谁想起了就可以吃一个,根本不管家人。

大月饼,更像一个圆圆的满月,寓意阖家团圆。每位家人分一块,围坐一起细嚼慢咽,顺便聊聊东家长西家短,多么温馨的画面。

这种月饼,没有现在那么多馅料的考究。不一定多值钱,普通家里,多是去糕点铺,根据家里人数多少定制一个。重庆的老月饼,统称龙凤饼,在不同的场合,名字有所不同。中秋叫月饼,过生日叫寿饼,结婚时端出来,就成了喜饼。馅料都差不多,只是外形因采用不同的模具,而有所不同。

馅料并不复杂,更不豪华。主要就是芝麻、冬瓜条、橘饼、桂花、桃仁等。饼皮有红白两色,过节一般用全蛋液刷制饼皮,烤出来就是金黄色,如果不刷蛋液,就是白色——饼皮中间,会用红色食用颜料盖上几个字的印章,很漂亮。也有在饼子外面撒满芝麻再烤,这其实就是大麻饼了。

不管怎么做,一定要大个儿,才有过节的气势。

老重庆的中秋节,是不是和想象的不一样?好玩吧!

掏耳朵　外面說話了老婆武處的人破見　章人冬四

㞎耳朵皇帝和重庆的由来

在1189年以前,重庆不叫重庆,叫过一堆诸如江州、巴郡、渝州、恭州等等比较传统的名字。

更名为重庆,和一个著名的㞎耳朵皇帝宋光宗赵惇(读dūn,三国时曹操有个大将叫夏侯惇)有关。

◎ 三代禅让的南宋皇帝

北宋灭亡后,书法家康王赵构南渡,组建南宋,是为宋高宗。关于宋高宗,后世多骂他昏庸,重用秦桧,冤杀岳飞,是著名的坏蛋皇帝。不过也有不同看法,有人认为赵构亲身两赴金营当使节,面对金军将领侃侃而谈面不改色,后率领一千多残兵败将南渡,一手打造南宋朝廷，延宋祚152年，是一个相当有魄力有能力的皇帝。赵构能文能武，文能写一手漂亮的毛笔字，武能挽两石强弓，比南明那帮皇帝强得太多了，至于秦桧、岳飞一事，似乎别有隐情，其间是是非非夹缠不清，需要开专文详说。高宗当了36年皇帝，据他自己说是当累了（"倦勤"），就禅位于儿子赵昚（读shèn），自己当太上皇，写写字、赏赏花，从此过上了让人眼红的腐败日子，这家伙当了20年太上皇才驾崩，死时81岁，得善终。

高宗没有儿子，据说身体某个部件在长期逃跑生涯中出了问题。孝宗是高宗侄儿，过继过来准备接位的。孝宗和高宗相反，是个主战派，不过这个主战派好像一场仗都没有打赢。此君是南宋诸帝中口碑最好的一个，他在位期间，被称为"乾淳之治"。可惜，和他前任相反，他的晚年生活可不怎么样，郁郁而终，原因就在他选了个实在荒唐的接班人。

这个接班人，就是重庆的命名者赵惇。

赵惇也是禅让的。他老爸在高宗死后，痛不欲生，称要足足守孝满三年（之前皇帝守孝都是以日代月），守了两年后，干脆把皇帝这个职位直接扔给儿子，自己专心守孝。

之前，赵惇在1171年就被立为太子，那时高宗都还没死。赵惇当太子，一口气当了18年，怕是头发都熬白了，直到1189年才受禅继位。更悲催的是，好不容易当上皇帝，也只过了5年皇帝瘾，由于精神有问题、不孝、老婆脾气暴躁等原因，在他老爸去世当年，就被大臣逼迫退位，禅位于太子赵扩。

◎ 第一个被老婆逼疯的皇帝

　　1189年，赵惇成功升职，担任了皇帝这一大有前途的职位，成为南宋朝廷第三任董事长。按照惯例，皇帝当年的封地要跟着一起升级，以前，恭州在南宋的行政体系中，只是一个县级市，这回终于升为地级市了，由州变为府，更名为重庆府（宋的地方行政体系是路、州、县三级，府在路之下州之上，类似于现在的地级市）。

　　从此，重庆的辖区倒是时大时小、变来换去，但名字却再没有换过，一叫就是800多年。

　　当了皇帝后的赵惇，最后却以不孝和悍妻得以"流芳百世"。尤其是怕老婆，给咱们重庆男人开了个极其不好的头。

　　赵惇的老婆叫李凤娘，武将之后，是当年宋高宗包办的婚姻。武将的女儿，估计继承了老爸的威风，对自己的皇帝老公也呼来喝去。

　　史载两个故事，说明了李后之彪悍。

　　故事一：一次，光宗洗手时，旁边有一位美女伺候。这光宗也不老实，看人家美女纤纤玉手，就忍不住色眯眯地摸摸妹妹的手，说上几句"妹妹手真白"之类的混话。没想到几天后，老婆李凤娘笑嘻嘻地送上一个食盒，说老公饿了吗，给你准备了点新鲜食品。光宗打开食盒，里面就是那双被斩下来的白生生的玉手。

　　故事二：光宗还是太子时，娶了个小老婆黄氏，当皇帝后，小老婆也升级为贵妃娘娘。估计光宗太喜欢这个小老婆了，夜夜寻欢，惹怒了老婆李凤娘。一次，趁光宗出宫祭祀，李凤娘虐杀了黄贵妃，然后派人轻描淡写地去报告光宗"暴毙"。据说光宗听闻此事，痛哭不已，加上第二天祭祀的时候出现了一些小状况，光宗从此精神崩溃，

"心疾"发作。

《宋史》编著者脱脱对光宗的评价是"宫闱妒悍，内不能制，惊扰至疾。自是政治日昏，孝养日怠，而乾淳之业衰矣"。

作为中国历史上唯一一个被恶婆娘吓出精神病的皇帝，赵惇也真是奇葩。

这个故事告诉我们，娶个好老婆是多么的重要，不然，哪怕是皇帝，也要遭逼疯，尤其是以耙耳朵闻名的重庆人，可要引以为前车之鉴。

◎ 双重喜庆的公案

重庆这个名字，经常被解释成"双重喜庆"。理由是：赵惇被封了恭王不久，就升职为皇帝，所以，为了纪念双重喜庆，特把恭州命名为双重喜庆。很多文章还特别注明，赵惇是1月封的恭王，2月就当皇帝。

我比较纳闷，写这些文章的朋友们，为什么不去翻一下《宋史·光宗纪》，这里记载得很清楚："孝宗即位，拜镇洮军节度使，开府仪同三司，封恭王。"查他老爸宋孝宗是1162年即位的，这时光宗才16岁（他出生于1147年9月30日），而他当皇帝是26年后的1189年。这年8月甲午日，已经当了皇帝半年的宋光宗，把恭州改名重庆，并由州升府。如果非要把26年前封恭王和26年后当皇帝扯在一起，叫做双重喜庆，这喜庆来得是不是也太晚了一点？

何况，在封恭王和登基之前，还有个当太子的皇帝预备期。赵惇1171年荣登太子宝座，也就是封恭王9年后，才当太子。当太子后，又熬了18年，都是42岁的大叔了，才升级当了皇上。

而且，赵惇当太子前，太子另有其人，即他的大哥、宋孝宗的大儿子赵愭（音 qí）。太子赵愭在1171年病逝，按道理应该由老二庆王赵恺接任，不过老爸宋孝宗不喜欢老二，决定把皇位传给老三赵惇，赵老三这才当上了太子。

在光宗一朝，叫"重"什么的比较多。他老爸孝宗禅让退休后，居住的地方叫"重华宫"，光宗自己的生日是九月四日，命名为"重明节"——大诗人陆游还专门为此拍了皇帝老儿一次马屁，他执笔的"丞相率文武百僚请建重明节表"中说："臣等不胜大愿，请以九月四日为重明节"。

所以，我觉得，重庆的命名，估计和这个"重"字开头的习惯有关。

而重庆的"庆"字，则是一个系列命名的开始。1189年8月，恭州更名重庆府；1227年（宋理宗宝庆三年），果州升为顺庆府；1228年（宋理宗绍定元年），黔州升为绍庆府。顺庆府，就是现在的南充，绍庆府，则是现在的彭水县。

而且，有宋一朝，很多皇帝在登基后，都把自己曾经的封地更名为"×庆府"：宋太宗升兖州为袭庆府、宋高宗升康州为德庆府、宋宁宗升舒州为安庆府、宋徽宗升端州为兴庆府（后又改名肇庆府）。可见，宋光宗升恭州为重庆府，循例而已。

不过，重庆这两个字，仅从字面意义上看，倒是也有"双重喜庆""多重喜庆"的意思，只是和宋光宗登基扯不上多大关系。

在现在的重庆辖区，除了恭州是皇帝的封地，还有个地方也是宋朝皇帝的封地。此地和重庆一样，皇帝登基后，地方更名，由州升级为府。这个地方叫忠州，即现在的忠县；这个皇帝就是征逐酒色，最后葬送大宋江山的宋度宗赵禥（音 qí）。

度宗当年封地在忠州，曾被封为忠王，1264年登基，次年改元咸淳，8月，升忠州为咸淳府。迁府治于皇华洲。皇华洲，又名皇华城，是长江第三大岛，面积三平方公里，现在上面还有很多宋、明、清时期的文化遗址。

度宗也是个很可怜的孩子。据说，他是吃了打胎药后没有打下来，而被迫生的孩子，7岁才会说话，智力低下，但是，他在某方面的能力却超越凡人。

《续资治通鉴》记载，按照宋宫旧制，皇帝宠幸嫔妃后，第二天这个妃子要去合门谢恩（"嫔妃进御，晨诣合门谢恩"。合门，宫殿的侧门）。某日，来合门谢恩的嫔妃多达30余人！度宗荒唐到什么程度？他宠幸的四位妃子，号称春夏秋冬四夫人，他连公文都尽数交给这四位美女批复。

摊到这样的皇帝，也是大宋之大不幸。

度宗之后，还有三个小皇帝，被称为宋末三帝。这三个小皇帝，都是度宗的儿子。分别是次子恭宗赵㬎(读音 xiǎn)、庶长子端宗赵昰(读音 shì)、三子末帝赵昺（读音 bǐng)。

这三个孩子真可怜，不幸生在帝王家。赵㬎于1274年登基，时年4岁，两年后在临安由谢太后抱着投降元军。当年赵宋得天下于孤儿寡母之手，现在又由孤儿寡母之手而失去天下。所以，赵㬎投降后，有人写诗挖苦赵家：当日陈桥驿里时，欺他孤儿与寡母。谁知三百余年后，孤儿寡母亦被欺。赵㬎投降后，他哥哥赵昰同年继位，时年7岁。赵昰两年后病死于逃亡路上；末帝赵昺，就是那个在崖山被陆秀夫背着投江的小皇帝，死时才9岁。

这三个孩子中，赵㬎活得最久。投降元军后，19岁跑到西藏出家，法号"合尊"。54岁死于河西，在西藏等地生活了35年。

重庆话和成都话，区别到底有多大？

先讲个给成都人长面子的小故事。

很少有人知道，成都话只差一票，就能取代北京话成为普通话的基础方言（想想如果中央电视台用软绵绵的成都话报道新闻联播，该是多么欢乐的事情）。

1955年，在北京召开了第一次全国语言文字会议，会上，确定了要搞一个普通话出来。但是，以哪个地方的方言为这个普通话的基础，会上顿时热闹起来，各地代表打死也不相让。江浙说：当年孙中山定的"国音"就是以南京话为基础的吴方言；广东说：我们的方言里面，古音保留非常多，按照传统应该是我们；北京说：我们的语音结构最简单，你们那些方言，动不动就七八个声调、十几个声调，全国人民很难学会……

争来争去，相持不下。最后决定投票，从15种基础方言中，选一个做普通话的基础方言。投票结果如下：

以北京话为标准音的北京官话获得52票，居首位；

以成都话为标准音的西南官话获得51票，以一票之差居次位；

以苏州或者上海话为标准音的吴语，获得46票，排名第三；

以广州话为标准音的粤语，获得25票，名列第四。

不得不为成都话惋惜，一票之差呀一票之差。

◎ 先说说西南官话

　　重庆话和成都话，同属于西南官话区的成渝片，这是西南官话区里面人口最多的一个方言区。

　　中国人多嘴杂，方言就多。一般分为七个方言区：官话方言区（也叫北方方言区）、吴方言区、客家方言区、粤方言区、闽方言区、赣方言区、湘方言区。

　　其中，最大的是官话方言区。而西南官话区又是官话方言区中最大的一个子方言区。地球上说西南官话的人，超过2亿，比说日语和德语的人都多，连前段时间闹腾得很厉害的缅甸果敢地区，官方语言都是西南官话。

　　很多方言区，由于内部语音区别很大，就设有标准音以统一发音，比如粤方言区的标准音就是广州话。

　　但西南官话区，事实上则没有标准音，因为咱们这个方言区的人，无论打情骂俏还是讨价还价，基本都能够自如交流，语音差别没有那么大。

　　那为什么在前面说"以成都话为标准音的西南官话获得51票"呢？这是当时的一种假设。如果西南官话成为中国的普通话，总要有个标准音吧，西南官话内部虽然区别不大，但是重庆话和成都话、贵阳话、昆明话等等，还是有明显的区别，总不能中央电视台新闻联播今天说成都话，明天说重庆话，后天说贵阳话吧……要知道，西南官话共有12个下属方言区（也有说6个、7个、9个、11个的）。

西南官话落选普通话，成都话也就十分遗憾地与标准音失之交臂。

◎ 成渝方言，语音有区别

每一个成都人和重庆人都知道，成渝两地方言有差别，但差别不大，至少两地男女谈恋爱不需要人翻译。

有专家根据《汉语方言词汇》一书中收录的903个词汇，将重庆话中对应的903个词语，与普通话和18个不同方言点进行比较，发现重庆话和成都话的相同之处，高达92.5%，只有7.5%的词汇不同。

重庆话和其他方言的词汇，相同度超过50%的有：昆明（58.6%）、长沙（56.6%）、扬州（53.5%）、合肥（52.6%）、西安（52.4%）、济南（50.3%）、南昌（50.2%）。而同为北方方言的重庆话和北京话，相似度居然只有48%。这个分析，颠覆了我们通常认为的重庆话更近于北方话的认知，重庆话的血缘，居然和吴方言、赣方言更近！

这与当年的湖广填四川大移民有关。有句俗话：湖广填四川，江西填湖广。其实，很多江西、江浙人当年也通过湖广移民到四川、重庆，而由于重庆是这些移民到川的第一站，所以重庆的湖广、江西、江浙移民数量大于成都，重庆话里面，这些地方的口音痕迹也就比成都话要重得多。

回到正题。那么，重庆话和成都话，到底有哪些地方不同呢？这个话题，可以展开整一篇论文了，限于文章篇幅，所以在下就简而言之了。

先说语音。成都人说话，在一些特定韵母中，如有 an 的字中，an 发英语里面的梅花音 æ，成都话还要比重庆话多一个舌面音声母，所以一些成都话的舌面展得比较开，语音比较绵长，音调也比较低缓，代表的字音如三、安、短、全、版、饭、年、严……重庆话则短促有力，读这几个音，要比成都话快一倍以上。

语气助词不同。成都话和重庆话，在一句话结束时使用的语气助词大多一样，比如：啥、嚯、迈、哈……大致相同，但是有一个字——哇，重庆人基本不用，成都人随时在用。比如成都人问："你吃了哇？"重庆人问："你吃了迈？"或"你吃没得"。以前听过一个笑话：成都妈妈给叫小青的女儿打电话：你是小青哇？小青答：是嚯。你是母亲哇？

还有一些两地不通用的方言读音：比如"药、欲"，重庆话读音不一样，读"yó"和"yú"，成都话则读音完全一样，都是"yǒ"。

◎ "老妞儿"和"老婆"

除了语音、语气助词的区别，成渝两地一些词汇或俗语，由于历史、地点、文化习俗的不同，在成渝两地方言中也有明显的区别：

成都人把玉米叫玉麦，重庆则无；

成都人把老婆叫老妞儿，重庆人就老老实实喊老婆；

扣子扣错了，重庆话叫"请错客"，成都话叫"打错亲家"；

重庆言子：老太婆吃腊肉——撕皮，成都言子：老娘儿吃腊肉——横起扯；

重庆言子：白市驿的板鸭——干绷，成都没有白市驿，这句言子就成了：椒盐板鸭——干绷；

重庆言子：吃跑堂，成都言子：吃混堂锅盔；

同样是"打广子"，两地意思完全不同。重庆话的意思是思想开小差，成都话则有三个意思：一、到处闲逛；二、结交朋友；三、沾光得好处；

"龅牙巴咬虱子"的下一句，成都话是"碰端了"，重庆人不"端"，所以重庆话是"碰到了"；

成都话说"端端走"，重庆人直接说"对直走"；

成都还说"港火"（我怀疑是从二十世纪八九十年代的"港货"转过来的）：看他水下喝啤酒，港火！（《成都商报》2006年8月11日新闻标题）；如果是重庆人取标题，就不会用"港火"，而是说"猫煞"。

对比成渝两地方言，是一件非常找乐子的事情。

语言反映了一个地方的风俗、历史、文化，甚至城市或区域的独特性格。成都人绵软幽默，说话做事比较间接，讲究文雅而留有余地；重庆人爽快粗犷，直截了当，喜欢三下五除二。这些性格，在两地的语言中都有体现。

快失传了：这些清末、民初的老言子儿

这是个很糟糕的现象：我们的言子儿正在失传。

我发现，现在的年轻人，他们几乎丧失了使用言子儿的能力。和这几个群体的人沟通，极少发现他们在日常话语中使用四川、重庆的传统言子儿，而在00后当中，言子儿几乎消失了。

言子儿，是包括重庆人在内的西南方言区很多地方的人，对方言中的谚语、歇后语、隐语、俗语等的一个统称。

历史自有其必然性，我们不奢谈复兴言子儿。但是，我们有必要告诉大家，在我们的文化中，曾经有个叫"言子儿"的东西，里面藏着家乡的古老民俗和一代代先辈的音容笑貌。

◎ 老外搜集的言子儿

言子儿，其实不是什么稀罕物。从有语言以来，陆续出现了大量的歇后语、隐语、谚语等，这些语言范式，在不同区域又有不同的特点。川渝两地的言子儿，就是充满了川渝特色的民间话语文本。不过，这些言子儿，长期在民间流传。清朝以前，从来没有人把川渝的民间言子儿收录下来，以文字记载并传诸后世。

说来有意思，最早记录川渝两地言子儿的书，是一个老外写的四川方言教程《西蜀方言》。这个老外叫 Adam Grainger（？—1921年），英国传教士。他有个很土的中国名字"钟秀芝"。老钟1889年到中国，不知何时跑到成都，长期住在成都金马街17号传教，1904年创办圣经学堂。

明代开始，很多传教士来到中国。为了方便，这帮人开始编纂各种中外词典。早期的这些私人版的中外词典，里面杂夹着很多各地方言，大约某位传教士住在哪个地方，其编纂的词典里面，就有当地的大量方言词汇。甚至连西班牙传教士万济国（1627—1687年）编纂的，明明叫作《华语官话语法》的书里面，也有很多福建方言。到十九世纪中叶，他们干脆大量编辑出版了各种方言词典，如《上海方言词汇集》（1869年）、《英粤字典》（1891年）、《宁波方言字语汇解》（1896年）等等，其中就有这本四川话方言字典《西蜀方言》。

从钟秀芝的序言中，可以看出此书于1900年出版于上海。这本书之前，汉朝扬雄有《方言》一书，明代李实有《蜀语》一书，但是这两本书里面，都没有记录民间的言子儿。反而是这位老外，在书中记录了很多当时的成都言子儿——现在看来，这些成都言子儿，其实很

多流传于包括重庆在内的全川。有些言子儿,到现在我们还一天到晚挂在嘴边,比如:

好事不出门,恶事传千里(现在多说"坏事传千里")
少是夫妻老是伴
打冒烟儿(两个人打架,打冒烟儿了)
又要马儿跑得好,又要马儿不吃草
要吃得亏,才到得堆(现在多说成"吃得亏,打得拢堆")
鸡公叫,鸭公叫,各人找到各人要
命中只有八角米,走遍天下不满升(小时候听大人经常说这个言子儿,那时听成"命中只有八颗米,走遍天下不满升"。一直搞不明白,为什么命中只有八颗米?过去一升米分十合。合,读"各"音,钟秀芝把"八合米",听成了"八角米"。"角",在四川话中的一个发音就是"各")
跟到人家打和声(和读三声。即人云亦云,没有主见)

还有些言子儿,现在不怎么说了,但是读上去颇有境味:

今夜脱了鞋和袜,不知明日穿不穿
光棍不怕出身低,只要长大有气力
低头便是理
猫儿不吃死老鼠——假慈悲
冷茶冷饭都吃得,冷言冷语受不得
挣钱犹如针上削铁
一根树剥得到几成皮
屠夫割肉,提刀看人
酒肉朋友,柴米夫妻

叫花子掉了棍——受狗的欺

弯刀斗木把，句句都是老实话

狗咬人有药医，人咬人没药医

他的脑壳啃不动（形容人顽固，怎么都说不动）

吃雷的胆子

垫话的人都有，垫钱的人没得

嫌妻无好妻，嫌夫无好夫

不是娘夸女，根本女儿乖

在烟雾缭绕的老茶馆里面，那些穿着长衫、马褂的老川民，慢悠悠啜着沱茶，摆着空龙门阵，有一句无一句地"展"着"言子儿"。这些言子儿，一定是配搭着我们的老龙门阵，用地道的成都话、重庆话慢慢摆，才有那种独特的韵味儿。

◎ 清末民初的老言子儿

最早提到"言子儿"一词的，是宣统元年（1909年）出版的《成都通览》这本书。

《成都通览》搜集了大量成都各种类型的方言土话，分别冠以"成都之普通应酬话""成都之口前话"（民间谚语、俗语）、"成都之歇后语""成都之土语方言""成都之谜语言子"等。

这里的"谜语言子"，其实就是我们现在说的歇后语（也是言子儿的一种）。姑举几例：

三张纸画个人头——好大的面子

抱鸡婆的脑壳——松的

婆媳两人双守寡——没工夫（即没公、夫）

江西人钉碗——自顾自（谐音，锯碗的时候发出"自顾自"的声音）

两姑嫂屙尿——双流

耗子带夹棒——起了逮猫心肠

又吃鸦片烟又在擤鼻子——两头都捉倒（现在改为"屙尿擤鼻子——两头都捉倒"）

土地菩萨吃汤圆——神不能吞

娃娃屙尿——摆起

王八中解元——规矩（乌龟中解元，就是乌龟中举，即龟举）

十个铜钱少一个——久闻（九文）

罗汉请观音，客少主人多

吴三贯，包整烂（这是成都言子儿，之前听成都朋友无意中说过）

而书中的"歇后语"，反而是指的一种隐语。这种隐语，一般是一句成语只说前面三个字，最后一个字留着不说，借其谐音，隐指某物某人某事。如说到"鸡"，偏不说"鸡"，而说"太子登"，例句：今天晚上我请你哥子吃太子登。这里用"太子登基"的"基"，借代"鸡"。

除了"太子登"，还有很多：

话不投（机）、时迁偷（鸡）、劳其筋（骨）、大年初（一）、挤眉眨（眼）、一刀两（断）等等。

这种奇怪的说话方式，目前在成渝两地基本消失了，但是，在云南、贵州个别偏僻地方,却小规模地存在着。

云南的大理永平县曲硐村和贵州遵义的务川县涪洋镇、贵州安顺的屯堡,三地都有这种隐语言子儿。曲硐村就叫"展言子",涪洋镇把它叫作"涪洋言子",屯堡人则称为"言子话"。

在曲硐村,经常"展言子"的,主要是当地的回族村民。他们在日常生活中,随时使用这种在清朝成都被称为"歇后语"的隐语。"偷",被称为"黄毛丫",因黄毛丫头的"头"谐音"偷",例句:张三怎么被抓进派出所了?因为他黄毛丫。——偷了东西。此外,以"七上八"指"下",以"四舍五"指代"肉"(肉读音"rú")等等。

在贵州涪洋镇的涪洋言子,也基本如此:"年年有"(鱼)、"腊月寒"(冬)、"接二连"(三)、"一心为"(公)等等。

在安顺的屯堡人中间流行的言子话,其外延广一些,除了这种藏尾的隐语外(如"哑口无"指盐、"羊羔美"指酒),还有和川渝两地近似的言子儿用法,即把歇后语、谚语等也算作言子儿。甚至这里的言子儿,和川渝两地的言子儿很多相同。如"两个哑巴睡一头——没得话说""瞎子打老婆——松不开手""扁担挑缸钵——两头滑脱"等,在《蜀籁》《言子选辑》里面都有类似甚至完全一样的言子儿。

顺便说一下,除了我们大西南有"言子儿",西北也有"言子儿"。山西晋南就有一种被称为"言话""言子话"的方言范式。不过这种言子儿,更像行业内的特殊隐语,即完全不同于川渝乃至西南地区的藏尾式隐语,而是类似黑话的"行话"。如晋南夏县东浒的"言话",以"行"指"家""房子";以"齿"指"人",其余诸如:速——马、宝成——脚、哨来子——喝水、流金——狗……不是当地人,简直会听得你张口结舌。

这类言子话,在川渝两地也有,不过现在基本上消失了。在重庆,当年一些行业,为了谈生意时不被外人探知,也经常使用这种黑话,据说现在重庆古董界都还有这样的话在流传。

《成都通览》一书，最早提到"言子儿"一词。说明至少在清末，言子儿这个词，已经进入成都的寻常口语。但是，这个时候的言子儿，其词义外延尚较为狭小，仅仅指现在的歇后语，而现在的言子儿一词，外延大为扩展，《成都通览》书中的"成都之口前话"，也被包含进言子儿里面。

"口前话"，书中解释为"即戏书所谓常言道也，即古书所谓谚有之也"，就是我们说的谚语：

抱膀子不嫌注大（意思是在旁边看打牌的人图热闹，生怕事情搞不大，不会嫌赌注太大。例句：你是抱膀子不嫌注大，硬是与你无关嗦？）

久赌神仙输

扯根眉毛下来比你腰杆粗

在你头上屙屎，还嫌你脑壳不平

一麻不硬手（实际应该是"一抹不隐手"，隐读音ěn，指有物凸出碍手。"麻"应为"抹"。"抹"，四川话读作"麻"音）

说话莫详，吃屎莫尝（说话不要太详细。有些人逻辑能力很差，说话时，喜欢把每个无关紧要的细节都啰里啰唆地讲一遍）

砍竹子遇节巴（形容人倒霉）

吃人酒饭，与人担担（拿人家钱、吃人家饭，就要给人家干活）

狗揽三堆屎，一堆吃不完（比喻贪心太大）

四川是个回水沱（这句，作者小时候听人说过，意思是山不转水转，四川是个回水沱，早晚总会见面，躲得过初一躲不过十五）

端人碗，服人管

骑马遇不着亲家，骑驴遇着亲家（偏偏倒霉的时候遇到最不该遇到的人，偏偏让别人看到自己的狼狈）

一口砂糖一口屎（和"一手大棒，一手胡萝卜"意思差不多）

经忧马也要落一把马屎（"经忧"，四川话服侍的意思。意指干了活，总要多少有点收益）

扯一根毛也痛，扯一撮毛也痛

手拿与你你不吃，脚夹与你你才吃（指不识抬举）

进入民国后，又出现了两本与言子儿有关的书。一本叫《蜀籁》，一本书名很直接，叫《言子选辑》。《蜀籁》是四川遂宁人唐枢（林皋）所著，民国十九年（1930年）石印出版，记录了大量的遂宁口语言子儿，实际上也就是当时的四川方言大全，包括了常用的字词和言子儿。《言子选辑》一书，初版于1942年夏季的重庆，再版于次年，作者乐山人杨世才。该书很薄，只有52个页码，共收集615条言子儿，但是给这书作序的两位，却是大家。题写书名并作序的这位，叫郭沫若；再版作序的这位，则是著名的语言学家黎锦熙院士（1890—1978年）。

这两本书，前后相差12年，体例体量也大不一样。尤其是《蜀籁》一书，收录了方言词语和言子儿5000多条，全书达26万多字，随便翻一下，让人忍俊不禁的言子儿随手可拾：

一口蜂糖一口屎（这句在《成都通览》里面，"蜂糖"为"砂糖"）

一河水养一批鱼

一张人脸一张狗脸

一来趁早二来趁饱

一年主客十年人情

一很二很气力为本

一尺不补扯到尺五

一输一赢太太平平

一日无钱父子无义

一身焦黄冒充内行

一树果子有酸有甜

一根骨头哄两条狗

一条狗服一个人牵

一个人都嫌影子多了（意指某人很不喜欢和人打交道，连自己的影子都嫌多了）

一杯酒醉不死一个人，一把草胀不死一条牛

一身的劲都在嘴巴上

一时心想起，要吃九斗米

一个牛尾巴遮一个牛屁股

一代亲二代表，三代四代认不到

一碗米闹饥荒，一斗米也闹饥荒

一年嫁十二个老公，还找不到一个老公过年

一人说话百人听，百人说话无人听

一把米吃不饱，一件衣服穿不老

一个鼎锅一个盖，各人婆娘各人爱

一时想南京去买马，一时想北京去配鞍

一时间甜得蜜罐罐，一时间打得稀巴烂

三十年的寡妇，好守得

三十晚上看黄历，没得日子了

三千银子买地，八百银子买邻

三个钱掉了一个钱，有两个钱的人

上床夫妻，下床朋友

不怕慢，只怕站

不怕天干，只要地润（这句话作者也听说过，意思是不怕老公年

纪大，只要老婆年轻，就生得出孩子）

　　不会说话，脑壳朝下

　　不是恭维人，是恭维钱

　　不怕生坏命，就怕走坏运

　　不怕家中无钱，只怕手上无艺

　　不做媒不担保，一生没烦恼

　　不补是个洞洞，补起又是个疤疤

　　不怕要账的英雄，只怕欠账的真穷

　　不提去年赊米吊命，只说今年要账无情

　　不怕鸽子满天飞，打三个旋旋，还是要回屋

　　不要命的人好打整，不要脸的人不好打整

　　世间唯有变人难

　　世上无难事，只怕有钱人

　　世上若要人情好，你有银子我有钱

　　丢碗不丢筷子

　　主不吃客不饮

　　久赌神仙都要输

　　之乎者也矣焉哉，安得恰当是秀才

　　干起裂的田，霏霏雨哪个浸得透

　　事事都有个诀窍

　　享年轻福，背老来时

　　人强不如货硬

　　人不要钱，鬼都害怕

　　人世道要变人，鬼世道要变鬼

　　人知羞不知足，畜生知足不知羞（这句叫人和畜生的区别，作者曾听老年人讲过）

　　仆倒跟仰起，还不是一样

他养你小，你养他老

他有千斤的力，我有倒山的法

仰取不如俯求

这是作者随便从《蜀籁》里面摘取的极少部分言子儿。从这些言子儿可以看出，其语言风格和《西蜀方言》《成都通览》如出一辙，足证从清末到民初，四川言子儿已经完全进入成熟期。

抗战时期重庆出版的《言子选辑》，虽然有名家作序，但是其质量远不如前面三本书。仔细翻阅《言子选辑》，我们发现里面大量的全国性通用俗语，如"哑子吃黄连——有苦说不出""看三国流泪——替古人担忧"，四川、重庆的本地特色略有不足。作者也坦承，书中不少内容摘自《中华谚海》《蜀籁》等书。不过，书中也有一些作者收集的四川言子儿，虽然不多，也饶有趣味。姑录数句：

叫花子请长年——大家挨饿（长年，即长工）

叫花子打手铳（原文为左边提手，右边一"重"字，疑误，应为"铳"）——穷做乐（打手铳，即打手枪，指手淫。这个词，在明朝就有了）

小娃儿看见糖罗汉——哭也要吃，笑也要吃

两个麻雀打架——争一颗米

裤腰上挂死耗子——冒充打猎匠（此语现在也流行，改为"裤腰带别个死耗子——冒充打猎人"）

大路旁边打草鞋——有的说长，有的说短

狗吃牛屎——图多（此句在《成都通览》里也有类似的）

苏州大锣——包打不响（这里借用了当时的一个四川民俗。此句后面有该书作者自注：在四川昔年有乞儿装财神，沿门求乞。手提纸锣，自云此苏州大锣，包打不响）

瞎子打婆娘——丢不得手

豆腐放醋，正做不做（此语现在还在用）

吃曹操的饭，做刘备的事

麻布洗脸——粗相会（谐音"初相会"）

毛厮坎上栽青菜——将就屎（谐音"将就使"，将就着用的意思。毛厮坎，指厕所）

窑姐儿开会——无鸡之谈（谐音无稽之谈）

刷把栽筋斗——签翻（谐音千翻，即很调皮）

嫂嫂的肚皮——哥爬（爬音巴，谐音"锅巴"）

汤圆洒水——滚！（原注：川南一带汤圆做法，先以糖做心子，在畚箕中晒水滚皮子，故云。作者按：这种做汤圆的方法，现在川渝两地已经很少了，惟北方较多。其做法是先做好汤圆心子，然后在汤圆心子上面洒水，放在汤圆面里面滚，使其粘上汤圆面，成为汤圆。因涉及民俗，故录于此）

言子儿有个特点，源自民间，特俗气！现在叫特别接地气。里面既有封建迷信的东西（这部分因为涉及的民间神祇现在大多不存，所以我们都没有摘录），也有黄色下流的东西，我们这些正人君子，必须对其狠狠批判。

绝大部分言子儿，更多的是体现了民间老百姓的生活智慧。从晚清到民国，这些言子儿的生成范式大致相同，主要来自市井百姓的日常所见所闻，以细节进行比喻性延伸，使原本的语义指向发生巧妙的转折——现在有个词形容得非常到位，叫"神转折"。很多言子儿，都有一次"神转折"，每次"神转折"，都幽默得让人恨不能记在小本本上。

还有一类谚语、俗话类言子儿，如"不补是个洞洞，补起又是个疤疤""吴三贯，包整烂""输齐唐家沱"等，纯粹是自带幽默感的民

63

间俗话，在很多场合，用于比喻、强调，也很常见。

言子儿的价值，不仅仅体现在方言学上面，还记载有很多民俗遗存。如"汤圆洒水——滚"这个言子儿，对于研究川渝饮食史的朋友，就很有用处。

一说到言子儿，很多重庆人就自豪得不得了，张口闭口我们"重庆言子儿"，这里要纠个正，如上所述，这些被称为"重庆言子儿"的东西，绝大部分是川渝两地通用的，并非重庆独有。最早的"言子"一词，还是在隔壁四川省的旧书《成都通览》里面出现的。而记录言子儿最多的书，却又是遂宁人写的《蜀籁》（这本书里面有"坚钢言子"一词，指比喻得非常到位的经典言子儿）。

言子儿，是包括重庆话在内的四川话的精髓。离开了言子儿的重庆话，就像被抽掉了筋骨，重庆话的灵动幽默荡然无存。

遗憾的是，现在的90后、00后，基本上不会"展言子儿"了。重庆话正在加速丧失自己的传统元素——我是该惋惜呢，还是该惋惜呢？

展言子
壬午仲夏写於沪

《金瓶梅》里面的重庆话

有意思吧，奇书《金瓶梅》里面，居然冒了一堆重庆话出来！

《金瓶梅》，成书于明朝隆庆、万历之间。是中国历史上第一部由文人独立创作的长篇小说，通篇采用方言撰写。关于《金瓶梅》究竟是何种方言所写，学术界一直争论不休。有说是吴方言的、山东方言的，其余更是七嘴八舌，有说山西方言的、有说河南方言的、有说湖北方言的，居然有人论证《金瓶梅》用的是内蒙古方言，就从来没有人说是重庆方言，你们还讲不讲道理！《金瓶梅》里面，明明白白摆着这么多地地道道的重庆话！

且看我一一拈来。

◎ 《金瓶梅》里面真有重庆话

　　我举三个字为例。这三个字，在其他地方已经很少有人说了，只有在重庆话（以及四川话）里面才有，而且是高频率出现。

　　跶，读音dá，摔倒的意思，在重庆话里面经常听到。如重庆人把摔一跤叫作跶一扑爬。摔倒，也叫跶倒。例句：你跶倒没得？跶痛没得？其他地方，基本上没有这个字了。苦命的是，我在《金瓶梅》里面邂逅了这个字。《金瓶梅》第61回：(李瓶儿)起来穿裙子，忽然一阵旋晕的，向前一头跶倒在地——看到没有，"(李瓶儿)跶倒在地"。要是西门庆也是重庆人，就会急忙上前问候：哎呀，幺儿你啷个恁个不小心嘞，跶痛没得？

　　这个还不算。还有个字，更不得了。这个字，左边偏旁是提手旁，右边是"刍"，挏（普通话音chōu，重庆话音cōu）。意思是搀扶、撑住，例句1：这板凳要倒了，快点挏倒起。例句2：我遭跶伤了，爬不起来了，快点把我挏起来。《金瓶梅》里面也有这个标准的重庆音。《金瓶梅》第21回：我挏你去，倒把我一脚踩在雪里。还不止出现一次，《金瓶梅》第26回：缠得西门庆急了，叫来安儿挏他起来，劝他回房去了。

　　第三个非常重庆话的字是剢（音duó），这个字，很多人不会写，于是在微信聊天时用"夺"来替代，意思是刺过去。比如经常有人在微信里面威胁我：你娃过分了哈，惹毛了老子，你信不信我剢（夺）你两刀！《金瓶梅》里面当然也有这个字。《金瓶梅》第75回：再不头上剁两针。——这里使用剁这个音，和剢、夺一个音，意思也是一样。

第四部分　文化与方言

67

除了字，《金瓶梅》还有不少重庆话里面的方言词汇。也同样举三个例子。

风风儿　重庆话里面是指传出来的消息。例句：不要听到点风风儿，就到处乱说，码死了再说嘛。《金瓶梅》里面这个词叫"风缝儿"，读上去和"风风儿"一个音。《金瓶梅》第80回：我只叫来爵儿密密打听，但有嫁人的风缝儿，凭我甜言美语打动春心。

打平火　这个大家都懂，AA制的意思。《金梅瓶》里面也有打平火，不过写作"打平和"，读音、意思都一模一样。《金瓶梅》第77回：西门庆家中这些大官儿，常在他屋里坐的，打平和儿吃酒。

毛司　重庆人把厕所叫作毛司，西门庆也把厕所叫作毛司。《金瓶梅》第28回：等我把淫妇剁着几节子，掠到毛司里去。事实上，古语中"茅厕"的"厕"，读音为"sī"。《金瓶梅》里读"毛司"，是谐音而已。

怎么样，《金瓶梅》里面是不是有非常标准的重庆话？而且还远不止这么几句。

囿于篇幅，就不展开了，大家可以自己买套《金瓶梅》，在研读精彩内容之余，不妨找找里面的重庆话，保证是很有趣的一件事。

◎ 其他元明小说里面的重庆话

不但《金瓶梅》，我发现，元明清三朝，很多著名或者非著名白话小说、戏剧里面，都有不少重庆话。

看着这些我们经常挂在嘴边的重庆话，在几百年前的古人笔下出现，我们不觉得亲切而玄妙吗？

继续举例。

刮毒 这个刮毒，不是关公刮毒疗伤那个刮毒，而是重庆话狠毒的意思。例句：这人太刮毒。《西游记》第85回：大王吃了他不打紧，猪八戒也做得人情，沙和尚也做得人情，但恐孙行者那主子刮毒。

哈 重庆话里傻的意思。例句：这个家伙哈得很，尽说哈话。《西游记》第20回：行者道：老儿，莫说哈话，我们出家人不走回头路。

这们那们 重庆话里这么那么的意思，以"们"代替"么"，这是元明古音。《西游记》第86回：可怜啊，那们个师父进去，弄做这们个师父出来也。

齐崭崭 重庆话整整齐齐的意思。明凌濛初《虬髯翁》第三出：明晃晃列队伍，齐崭崭排战船。

逮 重庆话里拉的意思。例句：莫让他跑了，把他逮到起。《西游记》里面，这个字写作"歹"，音相同意思也相同。《西游记》第72回：退步泛肩妆，钩儿只一歹。

点醒 重庆话是提醒的意思。《东周列国志》第11回：其母虽则无心之言，却点醒了祭氏有心之听。

短 重庆话里堵住、拦住的意思。例句：不要让他跑了，你去那边短到起。明徐柏株《贫富兴衰记》第2折：看他穿的袄子布衫靴子帽，则怕有短路的。

发梦冲 重庆话指梦里恍惚。例句：大白天的，你发啥子梦冲！明代有"梦铳"，音同意同。此词本字似应为"梦愡（音còng）"，愡，恍惚的意思。《牡丹亭·闹殇》：不提防你后花园闲梦铳。

翻梢 重庆话指挽回局面，翻身、翻本的意思。《儿女英雄传》第30回：你只看公公正在精神强健的时候，忽然的急流勇退。安知不是一心指望你来翻梢。

◎ 重庆话里面埋藏的语言化石

举了一堆有趣的例子,聪明的朋友一定会得出这样的结论:原来那么多名著都是重庆人写的!不然他们为什么对重庆话这么精通?

谜底当然不是这样。

因为这些重庆话,在几百年前并不是重庆话。

有些是其他地方的方言,有些干脆就是当时中国大陆的通用语言,也就是那个时候的普通话。比如打平火这个词,不但《金瓶梅》里面有,《拍案惊奇》里面也有。《二刻拍案惊奇》卷22:公子不肯,众人又说不好独难为他一个,我们大家凑些钱,打个平火。

有些字出现的时间更早。如"跶"。宋朝就有"跶倒"的说法,《五灯会元》卷五:(马)祖问:"从甚处来?"师曰:"石头。"祖曰:"石头路滑,还跶倒汝么?"师曰:"若跶倒即不来也。"

每种方言,在流传过程中,都会不经意地保留下一些久远的字词句,这些字词句,就是文化的化石。

重庆话自不例外。随着各地移民一批一批地迁移到重庆,他们的方言也传到重庆。这些语言,也随着血脉一代代传了下来,一些方言的字、词,在当地可能已经失传,但是却在重庆话里面保留了下来。

这就是《金瓶梅》等名著里面出现重庆话的谜底。

同样,这也是《金瓶梅》等名著里面出现河南话、山西话、内蒙古话、北京话等等地方话的原因。

重庆话，曾经被拦腰斩断？

和全国各地的很多方言一样，重庆话里面保留了不少古音古字。鄙人在《〈金瓶梅〉里的重庆话》一文中，举了很多例子，证明重庆话里面，保留了大量元明清三代的语言。

其实，重庆话里面保留的古音古字远远不止元明清三代。不少重庆话，甚至可以在《左传》以及东汉时期成书的《说文解字》里面找到。再往后，南北朝的《玉篇》、宋朝的《集韵》、明朝的《字汇》和清朝的《字汇补》，都找得到俺们重庆话的本字……重庆话，实在太有文化了。

◎ 为重庆话找出处

重庆人一直在奇怪一个事情，为什么这么多重庆话能读不能写（用同音字注音不算会写）？——很多方言都有同样的困惑。有时候听到人解释，说重庆话里面的一些土话方言，在中国汉字里面找不到对应的字，只有音没有字。

那你可真小瞧了咱们中国汉字了。

从中国第一部字典《尔雅》开始，到《新华字典》为止，其间几千年漫长的中国历史中，辞书字典无数，收罗了你想不到的无数多的中国方块字——包括很多地方的方言，重庆话自不例外。

除了极个别字外，重庆方言里面，那些所谓会说不会写的字，不少在古辞书里面找得到对应的字。这些字，在当年，或者当年的当年……往往都是通用语，至少不那么生僻。但是，岁月可以改变一切，当然也包括我们的语言。

由于这些曾经的通用语，已经从现在的书面语中渐次消失，人们大都不会写了。很多古老的字、词，甚至在大部分方言中都消失无踪，但是却又在个别方言的口语系统中保存了下来。这就产生了很奇怪的变异：某地口语中经常使用的字，在书面语中却生僻无比，生僻到打字输入法都找不到。

但生僻，不等于没有。我们略举数例，看看这些重庆话，是多么的悠远而古雅：

䰽（读音 bèn）　蘸的意思。例句：这是䰽豆花的佐料。这个字的历史就悠久，《说文解字》里面就有，原作"坌"。《说文解字》的解释是"坌，尘也"，原意是碾细的粉末，在段玉裁的注释里面，这个字已经动词化了，和重庆话里面的"坌"是同一个意思。唐朝诗人元稹《说剑》诗里面，有"君今困泥滓，我亦坌尘垢"一句，这个"坌"，就是"沾染上"的意思，和"坌豆花"用法一样。

斗 有两个意思，一是指把两个不同的东西接拢在一起。例句：这块木头刚刚斗得进去；这个地方有点松了，斗紧点。二是指恰好遇到了。例句：这两个事情还巧也，斗到一块儿了。原字是"鬪"。《说文》里面解释"鬪，遇也"。

㨘（读音 biǎn） 捶人的意思。例句：信不信我㨘你一顿？《说文》："㨘，搏也。"《玉篇》"㨘，搏也，击也"，都是打人的意思。

垍垍（读音 jiájiá） 身上的脏东西。例句：你娃身上好多垍垍哦，还不去洗澡。垍，三国时期的《广雅》一书解释："垍，垢也。"垢就是脏东西。重庆人连读为垍垍，标准的古音古字。

敹（读音 liáo） 意思是补一下衣服的线缝。例句：你这件衣服绽线了，拿去让你老婆敹一下。这个字更古老，在《尚书》里面就有，"善敹乃甲胄"，原意是军人甲胄上面，连接不同甲片的线断了，去接续一下。意思、读音和现在重庆话差不多。

隐（不读 yǐn，读 ěn） 和北京话里面的"硌人"意思比较近，是指硬物把自己身体某个部位顶着不舒服。例句：这床上有啥子东西哦，把我背隐到了。明李实《蜀语》："有所碍曰隐〇隐，恩上声。"早在《黄帝内经·素问》里面，就有这个字："坐而膝痛如物隐者，治其关。"

好了，这样的字，还有很多，毕竟本文不是字典，就不一一列举了。

这些证据告诉我们，很多你以为只有音没有字、土得掉渣的重庆方言，却可能都是古字，有着典雅悠久的历史。

◎ 你会说宋朝的重庆话吗？

重庆话里面有这么多古音古字，是不是可以拍起胸口说，重庆话，就是重庆这地方绵延千年的居住者，一代代传下来的呢？

似乎不能这么说。

我在一些文章、书籍里面看到，一些作者据此认为，重庆话的历史可以上溯到秦汉时期，因为现在重庆话里面的一些方言，不但保留了古字，还有历朝历代的古音，他们经常举的例子就是重庆一些地方入声的保留。

重庆话属于西南官话的成渝片，但是其中的綦江、江津话，又属于灌赤片。这是什么意思呢？有人把四川话，分为湖广话和南路话（灌赤片就属于南路话）。南路话，即大约沿岷江以南的地区，入声字保留很多，这些研究者认为，这是唐宋古音的遗留，而其余地区的湖广话，则多是明清移民带过来的。

最近读到一本书，刘晓南写的厚厚的一本《宋代四川语音研究》。书中提出了一个"宋元四川方言历史断层说"。简而言之，这位大胆的作者，认为现在的重庆话，和宋朝的重庆话已经是两个完全不同的语言系统。

他收集了几乎所有宋朝文献资料上保留的当时的四川话，梳理出语音，然后和现在的四川话（包括重庆一些地方的方言）进行对比，得出这个结论。

按照这个研究结果，俺们重庆人，几乎不可能会说宋朝的重庆话，因为宋朝重庆话，已经不再是"活着的语言"了。现在的重庆话，基本都是明清两朝的移民，从外地带来的，包括那些南路话、灌赤片的入声，也和宋朝四川人说的入声不一样。所以，现在重庆话里面的古音古字，都是这些明清的移民先祖，从他们的原住地带来的。

刘晓南把宋代四川方言的读音，和现在四川话（包括重庆话）进行对比后，发现宋朝四川话中的23个语音特点，只有两个和现在有零散的对应（这种对应，也有可能是后代移民带过来），而他同时研究了福建的宋代方言读音，发现其9大语音特点，几乎全部可以在现代的闽方言中找到对应，所以他认为，现代的福建话，和唐宋如出一脉，而四川话，则在宋末元初被拦腰斩断。

为什么会出现这种情况？

宋末元初，四川、重庆一带确实是宋、元的主要战场之一，蒙古唯一一个死在战场上的大汗蒙哥，就是死在重庆战场，可见战争之惨烈。

但是，和明末清初的情况不一样，宋元之交的四川、重庆战场，并没有灭绝似的大面积屠杀记录，而且战场也主要在重庆和川南一带，其余地方，战祸远不如重庆激烈，所以把这个方言中断的原因归结为战争，似乎理由不够充分。

本书作者另一个有趣的意外发现是"闽蜀同风"。在宋人的记录中，他发现当时人对"闽蜀同风"有着高度共识，而且语言也能证明：在他梳理的23个宋代四川方音特征中，福建话与之雷同的高达19个（比排第二的江浙、江西多出8条），可以说那个时代的四川和福建人，完全可以自如交流。奇怪的是，只有在宋朝，才出现"闽蜀同风"这一奇特现象。无论是宋之前还是宋之后，"闽蜀同风"这种说法，都是踪迹全无。宋朝之前，两地完全不同；宋朝之后，四川和福建，又渐行渐远。现在两地老百姓见面，不使用普通话，那就是典型的鸡同鸭讲。

但是，另一些事情，却又仿佛证明宋朝的四川话并没有消失，而是保存完好。

第四部分 文化与方言

75

郭沫若1962年去海南，在儋州这个地方，居然可以用乐山话（也是南路话，郭自称是"西蜀之话"）和当地导游畅谈。儋州，就是当年苏东坡被流放的地方，此地一直说"东坡话"——就是四川南路话。如果属实，那就证明宋朝的四川话依然存在，不然，乐山人郭沫若，怎么可能和操一口宋朝四川话的儋州朋友愉快交流呢？

那么，重庆话（还有四川话），到底有没有被拦腰斩断？这个结论，估计还得花些时间。让我们一起等待专家的研究结果吧。

矮小伙高妞恋爱

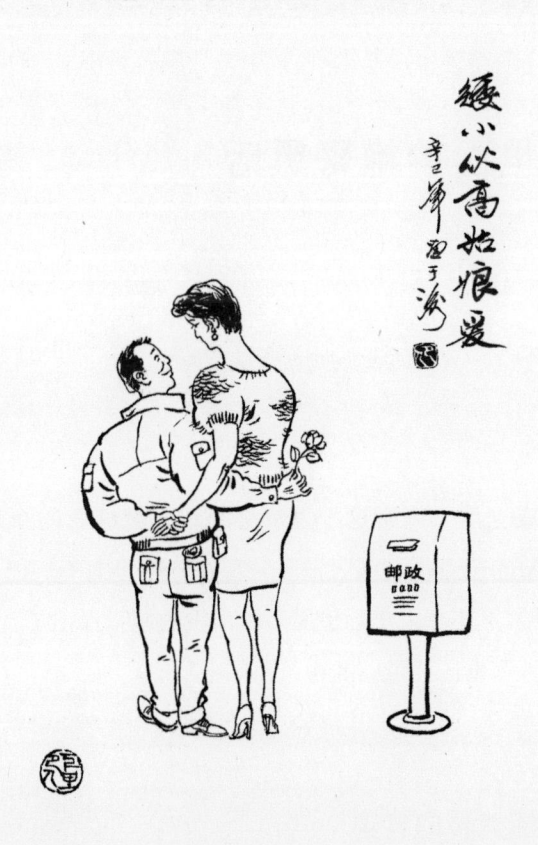

重庆话里面的袍哥黑话

新中国成立后,袍哥这个黑社会组织,被红色的新政府一扫而光,风光无限的袍哥们烟消云散。到现在,袍哥大爷们留下的"宝贵遗产",就只剩下还在重庆话里面经常出没的袍哥黑话了。

给大家聊聊重庆话里面的袍哥黑话吧!

◎ 袍哥黑话流传的背景

在清朝的时候,袍哥还是被严厉打击的黑社会组织。

全世界的黑社会等地下组织,都无一例外有着严密的组织、严苛的纪律和外人听上去一头雾水的黑话,袍哥自不例外。

上百年的历史积淀,使袍哥形成了一套和自己的组织、纪律、行为方式相对应的黑话系统。袍哥黑话广泛进入百姓日常语言，与辛亥革命关系很大。革命前，民党（当时同盟会等这类反清政治组织的统称）一直非常依赖袍哥等地下势力。1905年，同盟会在东京成立，不久，经四川籍同盟会员牵线搭桥，泸州义字号袍哥大爷佘英、重庆仁字号袍哥大爷张树三等人专程去东京，和孙中山见面，从此，袍哥们算是搭上了孙中山这艘大船。川渝两地的革命，袍哥参与力度非常大。这么说吧，如果没有袍哥参与，辛亥革命能不能成功，还在两说之间。

辛亥革命成功，论功行赏，袍哥走出地下，以革命功臣自居。成都重庆，袍哥们喜气洋洋扬眉吐气——俺们黑社会也有翻身当主人这一天，于是，到处公开设堂口，招兵买马。到1949年，据统计，当时四川（含现在的重庆），职业或半职业的袍哥，总人数多达1700万人，成渝两地就有1500多个袍哥堂口。

随着袍哥势力的公开和膨胀，袍哥黑话这种长期不见天日的底层语言系统，也随之堂而皇之进入老百姓的语言系统，一直流传至今。

◎ 袍哥的海底和切口

海底，是一套关于袍哥组织架构、规章制度、行为规范、黑话隐语的总称。据刘师亮《汉留史》吹嘘，嘉庆年间一个厦门渔民运气来登了，恰巧在海底捞起铁盒一个，里面有《金台山实录》一本、"延平郡王招讨大将军印"一枚。这书，记载的是郑成功当年在金台山会聚天下英豪反清复明时，拟定的种种章程、暗号、黑话等。话说运气继续来登了的，是四川永宁人郭永昌，这家伙恰巧跑到厦门去，恰巧路过这个渔民家门口，恰巧看到这个渔民在秀他的宝贝，于是重金购之，加以删减。因为此书是从海底捞出来的，所以就叫《海底》，又叫《金不换》——这两个书名不知道谁取的，真没文化。

回到四川后，郭大爷按照《海底》一书的规定，在永宁开荩忠山，现场报名踊跃，达4000多人。这是史上有记录的第一次袍哥大聚会，所以有人说四川袍哥发源地其实是永宁。永宁，就是现在的泸州市叙永县。

切口，是从海底发展出来更系统的黑话，比如"天王盖地虎""宝塔镇河妖"之类。这些黑话，以前保密得很，江湖人称"宁给十吊钱，不把艺来传。宁给一锭金，不给一句春"，春，就是黑话。

袍哥见面，先要互相盘海底，要是答不上来，就是"冒皮皮"——袍哥自称皮。如果到其他袍哥大爷的码头办事，也要被外码头执事"清下脚"（"清下脚"，指盘问，对黑话。京剧《智取威虎山》座山雕盘杨子荣那场戏，写得很清楚），对答不上，就是"穿黑袍的"（假冒伪劣），很可能被"黑传"（暗杀）。

◎ 袍哥话自成体系

袍哥在有些固定场景下，必须使用配套的特定语言。在举行不同仪式——如一年三会（正月团年会、五月十三单刀会、七月十五中元会）、内部执法的时候，相关职位的各级领导，会面目严肃地朗诵着一些半文不白的五七言诗篇，配上对应的动作，一丝不苟走完整个流程。

在袍哥拜码头的时候——这叫"行客拜坐客，英雄拜豪杰"，也会有固定的相互吹捧的辞令：

我兄弟来得鲁莽，望你哥子高抬一膀。我闻你哥子有仁有义，有能有志，在此拈旗挂旌，招聚天下英雄豪杰。栽下桃李树，结下万年红，特来与你哥子随班护卫。初到贵码头，理当用草字单片（类似名片，不过是自己原本所在堂口的老大、三爷等人的名片，也有点像近代的介绍信），来龙虎宝帐请安投到、禀安挂号……

还有一个版本。如果袍哥公开拜码头，要先去这个袍哥公口的茶馆正式报到，红旗五爷接客。客人见到红旗五爷，要拿一段固定格式的言语：

我兄弟姓×，草字××，来自×××小码头。久闻贵龙码头山清水秀、地美人杰，我兄弟带一单张草片，请候贵码头一缘哥弟。犹恐款式不合、掉红掉黑、卷边折角；言语不清、口齿不明；礼节不周、请候不到，万望仁兄多多赐教。我兄弟多在山岗，少在书房，只知江湖贵重，不熟江湖礼节，一切不周不到处，万望大五哥高抬龙袖，晾个膀子。龙凤旗、日月旗，给我兄弟打个好字旗。

除了这类固定模式辞令外，袍哥对很多人、事、物，都有固定的隐语称谓，如男人叫天牌、女人叫地牌，上壳子是丈夫、底板子是老婆，亮果是美女、尖果是小美女；姓氏也有隐语：老花是姓谢、老焦是姓胡；顺水是姓刘、震耳是姓雷……林林总总，不一而足。这些称谓，部分在重庆话里面留了下来，但是大部分都散失掉了。

如果两个袍哥在一起，完全用袍哥话对白，旁边的"空子"（没有参加袍哥的普通百姓），那是一头雾水，半句也听不懂，保密效果非常好。

第四部分 文化与方言

81

◎ 重庆话里现存的袍哥黑话

重庆是袍哥重镇，受袍哥影响非常深。其实，所谓码头文化，并不是像很多人误以为的那样，是停船的那个码头上的文化。这个码头，是袍哥码头，码头文化，就是袍哥文化，就是黑社会文化。

码头，也是袍哥黑话之一，指各个袍哥堂口汇聚之地，不是指的朝天门四码头、五码头那个码头。拜码头，不是说跑到朝天门码头对着来往船只磕头，而是指到袍哥的堂口拜舵把子，表示服从贵码头管理，绝对不是来惹事的。

袍哥黑话非常多，不能一一尽表。

我把重庆话中现在还在用的部分主要的袍哥黑话，给各位看官介绍一下。

拿言语 过去指向兄弟们通知一下注意事项。现在是指说好话、说软话，去解释一番，避免误会。例句：你娃过切拿个言语，这事就算了。

说聊斋 过去的意思是指浑水袍哥（土匪）绑架之前，探明对方家底再要钱。现在是指要好好解释一下，说清楚。例句：这件事情，不能就恁个了，要喊他过来说哈聊斋。

下矮桩 过去也叫矮起说。袍哥的内部处罚措施之一，就是跪着交代问题，后转义为把姿态放低点，对兄弟伙说点好话认个错。例句：你娃回去下个矮桩，老婆肯定会饶了你。

关火 过去和现在的意思差不多，就是说话算数。例句：只有老大说话才关火。

绷劲仗 过去的意思是冒充好汉，现在很少这样说了，但是

"绷"字还大量用，意思是超过自己的能力，也要把面子撑起。例句：你绷啥子嘛绷，屎钱没得，还买个LV绷起。

嗨皮 这句话很关键。袍哥自称皮，嗨袍哥，就是嗨皮。金带皮，是有钱人嗨袍哥，绅夹皮是绅士嗨袍哥。现在的人们经常说的嗨皮，是英语快乐的音译，借了这个袍哥的经典语言。

以前说有皮，是指这个家伙在袍哥里面混，现在是指这家伙有钱。臊皮，以前是指欺负袍哥，不给面子，现在就是泛指欺负人。

乌棒 以前叫浑水乌棒，是指那些浑水袍哥的成员，参与抢劫杀人的家伙。现在通指不明事理，乱搞一通的鲁莽家伙。例句：这家伙是根乌棒，尽是乱搞。

光棍 这是当年袍哥人家的自称。《汉留史》解释：一尘不染谓之光，直而不屈谓之棍。现在指单身汉。

舵爷 舵把子大爷的简称，就是袍哥堂口坐头排的大爷。现在用于形容一个人很厉害。例句：行了嚯，你是舵爷，听你的嘛。

镇堂子 以前指有威信，在堂口上镇得住兄弟伙，能服众。现在意思差不多，也是指能服众。例句：当领导的，必须镇得住堂子。

拉稀 以前专指不负责任，遇到危险就中途逃脱（也有说是招供的意思）。

摆带 以前指说话不算数，欺骗兄弟伙。现在，拉稀摆带被合在一起，统称不讲义气。例句：兄弟伙，不要拉稀摆带哈。

办交割 以前指把堂口上的琐碎事情，向下一任办理交接。现在意思也差不多，指办理工作交接。

献宝 过去，袍哥人家行走江湖，往往要找自己堂口（甚至更高级别）的舵把子准备一张名片似的东西，叫作"公片宝札"。到了新码头，要拿出来拜码头，表示自己有大哥扎起的，这就是献宝。有句话叫"有宝献宝，无宝受考"，没有宝札，就要被盘海底。有些拿到宝札的家伙，自以为不得了，满街炫耀，慢慢地，"献宝"就成了贬义。现在一般指傻乎乎、不懂事乱说话的行为。例句：爬远点，不要在这点献宝了。

点水　指遭人揭发了，现在意思没有变。例句：今天李三没有来上班，遭王二娃点水了。

依教　以前指按规矩办事。现在指讲理、同意。例句：你要恁个乱说，我不得依教哈。

落教　以前也指按规矩办事。现在则指讲义气。例句：你娃不落教哈，看到美女斗一个人上了，都不喊兄弟一声。

搭白　以前指托人说项。现在指搭话。搭飞白，则是和不认识的人搭话。例句1：大人说话，小娃儿少搭白。例句2：看到别个女娃儿漂亮，就跑上去搭飞白。

结梁子、结孽子　现在意思也没有变，闹矛盾、结仇家的意思。

毛了　以前袍哥把杀人称作毛了，现在则是两个意思：一是生气了，惹毛了；二是别人的东西顺手拿起走。

扎起　这个词一直被广泛使用，意思也没有变，大约是指撑腰、帮忙的意思。我怀疑，这个词的成因，和"公片宝札"有关联。有舵把子大爷提供的宝札撑腰，出去可以横起走，按照四川话的构词法，这叫札起，然后演变成口头语，被写成扎起。

打响片　以前指在袍哥堂口内部提前公布事项，预告一下。现在意思是向大家自我介绍一下、打个招呼。例句：大家都认不到你，还是过来打个响片撒。

除了前面所说，还有很多隐语。

十二首描写重庆的诗词

前些日子，突然接到一媒体朋友来电，请我帮忙推荐一首直接描写重庆的好诗，当然是要旧体诗——这下把我难住了。有直接写重庆的好诗吗？一说到关于重庆的诗词，大多数人只想得起一首李商隐的《巴山夜雨》，然后就是李白那首"思君不见下渝州"，杜甫待在奉节写三峡那些诗，似乎也没有直接说咱们重庆如何如何。我只好说抱歉，想不起来。

下来一想，我们那些能诗善词的老祖宗，不可能放过重庆呀，于是使劲搜罗，花了好些日子，终于搜罗了下面这些自认为还将就、比较有特色、难以找到的诗词——以方便读者们在需要的时候直接使用。

关于重庆的诗词，大致分两类。

一类是直接写重庆的，比如汪元量的《重庆府》，赵熙的那几首《重庆》，另一类是没有直写重庆，但是涉及咱们重庆，这是大部分。

下面，我们从直接写重庆的开始。

◎ 写重庆最多的诗人：赵熙

赵熙，荣县人，清末民初的四川著名诗人。他也是写重庆最多的诗人，据不完全统计，他描写重庆的诗词不下于100首（包括写重庆下属区县的）。

赵熙在25岁就高中进士，后在北京当官。保路运动期间，此人多次向川人通风报信。后和前清状元骆成骧等人一起，被誉为四川的"五老七贤"之一。五老七贤中，赵熙的威望、成就最大。他的诗、词、书、画、戏并称五绝，尤其是他的词作，号称"清末第一人"，他的字，被称为"荣县赵字"，以至于有"家有赵翁书，斯人才不俗"的谚语。

重庆
（三首）

其一

自古西南镇，沧江日夜东。
水围巴子国，山压禹王宫。
鼓角人声外，华夷市气中。
石城非广武，何处问庞雄。

其二

万家灯火气如虹，水势西回复折东。
重镇天开巴子国，大城山压禹王宫。
楼台市气笙歌外，朝暮江声鼓角中。

自古全川财富地，津亭红烛醉春风。

其三

西望长歌入汉关，大江东去客西还。

樱桃红了芭蕉绿，且认渝州作蒋山。

这三首诗的标题都是《重庆》，第二首尤为有名。

第一首《重庆》，前面都是描写重庆的地势和闹市（"华夷市气中"一句，是说重庆本地人、老外都在大街上往来游荡。那个时候，重庆开埠已多年，重庆的老外也不少）。最后一句有用典。广武，是河南荥阳一个地方，以前的楚汉古战场，庞雄是黄花岗72烈士之一，这句的意思是：重庆这座石头城（南宋彭大雅用石头在重庆筑城，以抵抗蒙军），现在并不是战场，大家都忙着做生意，把牺牲的烈士都搞忘了。

第二首《重庆》，整篇都描写重庆的繁华——"自古全川财富地"，是说重庆一直是全川对外贸易的窗口，尤其是1891年对外开埠以后，更是财富聚集之处，重庆人的日子安逸得很，笙歌鼓角，红烛春风。

第三首《重庆》，应该是作于抗战期间。蒋山，是南京的紫金山，此处指代南京：时间过去这么久，红了樱桃绿了芭蕉，你们是不是就干脆把重庆当作南京了？这句诗套用的是"直把杭州作汴州"的句式和意思。

1906年，赵熙还写了一首以《渝州》为题的诗，也不错。

路长知水性，山转见渝州。

雨意频看月，江声渐入秋。

巴歌云外峡，夷火树边楼。

出入停三日，中年始识愁。

诗中的这"夷火",指的电灯。重庆是1904年才有电灯(1904年,凯旋路的李耀庭公馆第一次在重庆发电用电灯),赵老先生把电灯称作"夷火",估计那时候还没有电灯这个词。

除了直接写重庆的诗,赵熙还有一些描写重庆区县的诗,也顺便录两首:

万县

布帆一转见钟楼,落日青山古万州。
老去三巴惊岁晚,客中无雁识乡愁。
绿苔滩石安鼋背,红叶霜风到马头。
往事江声流不尽,苦吟南浦廿三秋。

云阳二首
（录其一）

明月随人送远寒,幸无杜宇哭云安。
中宵忽领英雄气,知泊桓侯庙下滩。

◎ 宋代琴师写的《重庆府》

这位琴师叫汪元量。

汪元量,字大有,号水云子。南宋人,著名琴师,诗词也写得非常漂亮。因为琴弹得好,成为了供奉内廷的琴师。宋亡后,元世祖忽必烈把宋皇宫的工作人员都迁到大都,汪元量也随行,亲自参与、目睹了宋亡的整个过程,可以说是宋亡的直接目击者。他的诗词,被称为"宋亡之诗史"。

在大都,他曾经探望过关在监狱里面的文天祥,"且勉丞相必以忠孝白天下",他的《妾薄命呈文山道人(即文天祥)》一诗中,最后四句是:"君当立高节,杀身以为忠。岂无春秋笔,为君纪其功。"文天祥也为他集杜甫诗句,成《胡笳十八拍》,并为汪元量的作品写序。

在大都,汪元量因为琴弹得好,受到元世祖的青睐。作为宋皇宫的前工作人员,汪元量在大都也得以继续侍奉宋宗室瀛国公赵㬎、赵㬎的妈妈全太后等妃嫔。后来,18岁的赵㬎去吐蕃学佛、全太后出家为尼,心灰意冷的汪元量上表请求南归入道。1288年,汪元量被元世祖放回江南,在钱塘修了幢小别墅,开始修道。

后来,汪元量以道士身份云游四海,其间到过四川。这首《重庆府》,就是他离开成都,路过重庆时所写。

重庆府

铁作篙师铁作舟,风撞浪涌可无忧。
林间麋鹿遥相望,峡里蛟龙横不休。
目断吊桥空悄悄,头昏伏枕自悠悠。
锦城秋色追随尽,好处山川更一游。

汪元量这首诗,大意是说,重庆这个地方呀,风大浪大,看来得用铁来做篙、铁来做舟,否则危险大大的呀。你看重庆府,山高林密,麋鹿出没,峡里面这么大的波浪,一定是有蛟龙在捣蛋。看着江上空空的吊桥,脑壳都被江里的波浪晃昏了,还是睡一觉吧。成都那些漂亮的秋色,一路已经看得差不多了,接下来,把精神养好一点,重庆的大好河山更值得一游!

其实，这首诗在汪元量的诗作中，不算上等，不过也展现了他的功力。

再录汪元量诗两首，可见他的风格：

醉歌

伯颜丞相吕将军，收了江南不杀人。
昨日太皇请茶饭，满朝朱紫尽降臣。

杭州杂诗和林石田

休休休休休，干戈尽白头。
诸公云北去，万事水东流。
春雨不知止，晚山相对愁。
呼童携斗酒，我欲一登楼。

◎ 白居易《涂山寺独游》辩误

必须提及这首诗，因为白居易的名气实在大。

这首诗，据说是白居易于819年被贬到忠州当刺史（相当于现在的忠县县长）时，路过重庆，登南岸涂山寺（现在这个庙依然在）后写的：

涂山寺独游

野径行无伴，僧房宿有期。
涂山来去熟，唯是马蹄知。

但是，有个绕不过去的问题：白居易他老兄到过重庆吗？

查一下白居易的行踪，他这一辈子，只有当忠州刺史这两年（819—820年）在忠县待过，而且其上任的路径是：江西九江（江州）—三峡—忠县，根本就没有路过重庆，好吧，再查他离开重庆的路径，依然是忠县—三峡—商洛（白居易笔下的商山）—西安，也没有路过重庆。

那么，他笔下的涂山寺是哪里呢？

正确答案是：长安南边的橘河再南边的涂山寺。橘河，就是"八水绕长安"中的一条，又叫橘水。白居易喜欢游山玩水，经常跑这个涂山寺玩，于是写了这首诗。这个涂山寺，宋代犹存——此考证，是《白居易年谱》的作者朱金城先生完成的。

这首诗一直被误认为白居易在重庆写的，谬误流传很广，特此将朱先生的考证记录下来，以避免今后再被误传。

◎ 日本和尚写重庆

下面这首《送僧归重庆》，是一个日本和尚写的，这也是唯一一首日本人写重庆的古诗。

这个日本和尚叫天祥，是明朝初年来到南京的"东瀛十僧"之一，不小心掺和进丞相胡惟庸谋反案。这十个倒霉的和尚，统统被坏脾气的朱元璋发配到云南大理，交给当地一个有着奇怪名字的和尚监督改造——这个著名和尚的名字叫雀巢，不知道他是喜欢咖啡还是奶粉。

这个诗僧天祥，留下来的诗不多，这首诗是他写给一个和尚兄弟的，这位和尚兄弟大约在大理双廊或者洱海玩尽兴了，准备打道回重庆府，日本人天祥就写了这首诗送行。

　　这首诗，真心讲，还是不错的，中规中矩，没有什么可以挑的毛病，也没有特别好的地方，日本人能够写到这个样子，非常不错了——如果你读过其他日本人写的半通不通的汉诗，就绝对会对这个日本和尚竖大拇指。

　　　　东西千万里，来去一身轻。
　　　　碧凤山前别，黄梅雨里行。
　　　　江长巴子国，地入夜郎城。
　　　　昔我经过处，因君动远情。

　　这首诗整体很浅显，意境一般，不过，最后一句的写作角度有点意思：大意是说，重庆这地方，是老衲我以前路过了的，现在，因为你要回去，又勾起了我对重庆的思念。

　　据说，这个日本和尚和下台的建文帝还有勾结。

　　话说建文帝被他的叔叔朱棣弄翻后，不知道怎么就跑到大理——好像到处都有关于建文帝的遗迹，重庆也有。这个下野皇帝一天雅兴不低嘛，满世界旅游。在大理，建文帝和这个日本和尚成为好朋友，二人还联袂去了一趟遥远的峨眉山。天祥和尚回到大理后，在龙尾关风雨阁写了一首七律：

　　　　僧是龙种龙是僧，几度梅花几度非。
　　　　景阳钟催断云雨，秦淮泪洒湿玉阶。
　　　　王孙迷途觅前径，尘缘断根识梵音。
　　　　纵然灵山路遥远，削发落得一身轻。

　　这诗，我怀疑是后人假托，写得真不怎么样，一股乡村塾师味儿。

◎ 一首描写重庆酷热的宋词

这首词很有即视感。

凡是在重庆过过夏天的朋友,都会对这首词感叹再三:没想到宋朝的重庆也这么热!

李曾伯,宋末名臣,宋史有传。

李老先生,不算有名,但是这首词值得重庆人记住。

水调歌头·今岁渝州热

今岁渝州热,过似岭南州。火流石铄如傲,尤更炽于秋。竟日襟常沾汗,中夕箑无停手,几至欲蕉头。世岂乏凉境,老向此山囚。

赖苍灵,怜赤子,起龙秋。刹那顷耳,天瓢倾下足西畴。荡涤两间炎酷,苏醒一番枯槁,民瘼庶其瘳。清入诗脾里,一笑解吾忧。

1254年,李老先生任四川宣抚使,负责四川抗蒙战事。这期间驻扎重庆,一定是对重庆的酷热气候深有印象。

简单翻译一下。第一段的大意是说,重庆这鬼地方热死人,比广东还热。空气中像有火在烤石头。每天都汗津津的,哪怕半夜(中夕),扇子都不能离手,为什么没有空调?哪怕有个风扇也好呀!热得老夫我头都焦麻了!

第二段就是良好祝愿,真希望天降大雨,驱散酷暑,那就安逸得惨了哦!

李曾伯还有一首词,中间也提到渝州。

一剪梅

人生能有几中秋。人自多愁。月又何愁。老娥今夜为谁羞。云意悠悠。雨意悠悠。

自怜踪迹等萍浮。去岁荆州。今岁渝州。可人谁与共斯楼。归去休休。睡去休休。

◎ 最小清新的一首词

就我个人的审美趣味而言,我认为,在与重庆有关的诗词中,这是写得最小清新的一首。

作者左辅,清朝人,乾隆嘉庆道光的三朝元老。乾隆末年,以进士授官安徽知县,之后长期在安徽起起落落,最后在海南岛、湖南等地当官。奇怪的是,从此君履历看,从来没有到过重庆,怎么会写出这一首如此美丽的词?

从小序分析,写这首词的地点应该是涪江上一个叫曹溪驿的地方。涪江,可不是重庆涪陵旁边的长江,而是嘉陵江的一条支流。这条支流,发源于岷山,因为流经绵阳,而绵阳在汉朝初年就叫涪县,所以此江名叫涪江。涪江,在重庆段流经潼南、铜梁,在合江汇入嘉陵江——离忠州(忠县)、涪州(涪陵)还远着呢。

估计是作者穿越了。

浪淘沙

水软橹声柔,草绿芳洲,碧桃几树隐红楼。者是春山魂一片,招入孤舟。

乡愁不曾休，惹甚闲愁，忠州过了又涪州。掷与巴江流到海，切莫回头。

这首词有个小序：曹溪驿折桃花一枝，数日零落，裹花片投之涪江，歌此送之。——非常有文艺范儿，很有几分林妹妹葬花的雅韵。

这是典型的婉约小清新风格。一枝春天里的小桃花，被诗人招入舟中，然后在枯萎之前，又被诗人含情脉脉地掷入江水——美丽总是短暂，去吧，和那些逝去的时光一样，切莫回头！

这首词，基本是大白话，有高中语文水平的人都看得懂。只需要解释一个字："者是春山魂一片"的"者"，和"这"字相同。那个时候，"这"这个字还没有通用，有音无字，很多人都是用"者"字借代。

十八梯的故事
壬午仲夏童子渝

第五部分
打望老重庆

朵碑石溪局江堂华湘淼
耳放子棠元垫学文刘杨
炮解弹海铜
重庆府中潘

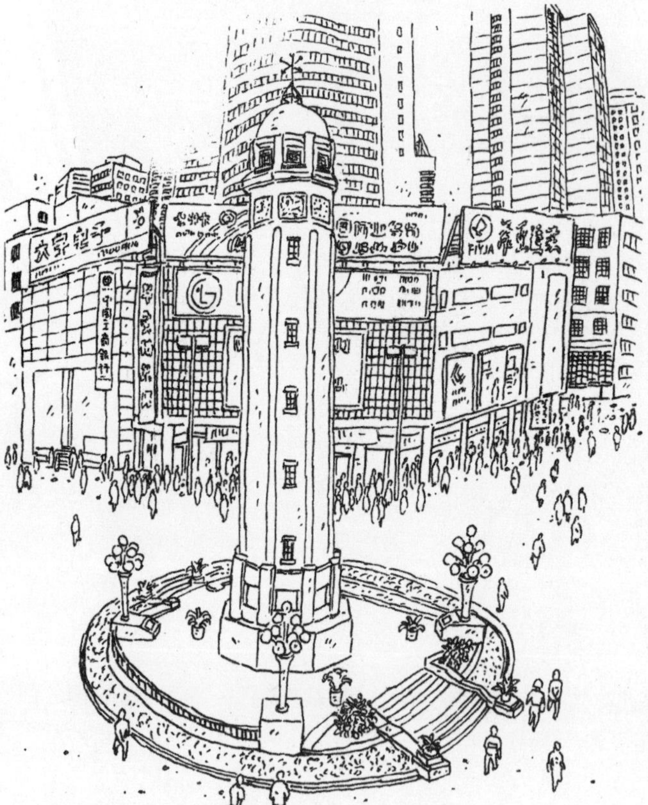

解放碑的三个名字

重庆人，没有不知道解放碑的。

从诞生以来，解放碑先后换过三个名字。这三个名字的由来是什么，你知道吗？

◎ 精神堡垒的抗战精神

解放碑的第一个名字叫"精神堡垒"。

为什么叫精神堡垒？这与当时国民政府搞的一个全国性活动有关。这个活动叫作"国民精神总动员"。

在1941年12月7日，日军傻乎乎地突袭珍珠港、挑战庞然大物美国佬之前，几乎所有的日军军力都由贫弱的中国一力承当。1938年10

月，尸山血海的武汉会战结束，侵华日军的步伐虽然被暂时遏制，但是，中国国力、军力、物力也几乎耗尽。抗战进入对熬阶段（正规历史教科书上说是相持阶段，我觉得"对熬"这个词更精准）。对熬阶段，不但熬的是军力国力，还要看哪方意志坚决，挺得更久。

蒋介石此刻清楚地看到，要比子弹炮弹坦克车，咱们比日本人差远了，凭什么熬下去？老蒋牙关一咬，咱们拼精神！"国民精神总动员"就此出台。

1939年2月，已经搬到重庆的国民参政会，通过《国民精神总动员纲领》。3月，成立国民精神总动员会，蒋介石亲任会长。让我们抄一段76年前的纲领原文吧："所谓国民精神总动员者"，"在个人，为集中其一切意识、智慧与精神力量于一个方向，而提高使用之；在国民全体，为集中一切年龄、职业、思想、生活各不同之国民的精神力量，于一个目标而共同鼓舞以增进之，整齐调节以发挥之。确定组织之中心，以增强发挥之效益"（原文是一堆长句子，鄙人加了几个标点，以方便阅读之）。

5月1日，全国实施国民精神总动员令。当晚，蒋介石参加宣誓大会。

顺便说一句，中共当时表态支持，并发布《为开展国民精神总动员运动告全党同志书》，延安还召开了国民精神总动员大会，会上，毛泽东发表了题为《国民精神总动员的政治方向》的演讲。

然后，国民精神总动员会等四家单位，共同在现在的解放碑这个地方，修建"精神堡垒"。在侵华日军的飞机轰炸下，断断续续修了很久，1941年12月31日才竣工。

精神堡垒长得和现在的解放碑完全不同。

堡垒全高7丈7尺，象征七七事变。据记载，精神堡垒共分五层，其中一层是六角形，把国民精神总动员的三大目标，以标语形式分别刷在六面："国家至上、民族至上；军事第一、胜利第一；意志集中、力量集中"。第五层为高高的四边形，刷了四个大字："礼义廉耻"，顶端是国旗。精神堡垒为木制，为防轰炸，外面漆成黑色。

此后，重庆一些群众集会经常在这里举行，蒋介石还在精神堡垒搞过大阅兵。

可惜，木制的精神堡垒，不到两年就毁于侵华日机大轰炸。后来，在精神堡垒原址，竖起一根旗杆，象征精神不倒。这根旗杆，一直竖到1946年。

◎ 伟大的抗战胜利纪功碑

抗战胜利后，国民政府在重庆修建了全中国唯一一座专为抗战胜利而建的纪念建筑——抗战胜利纪功碑！

抗战期间，重庆人民为了胜利，承受了重大牺牲。持续5年半的重庆大轰炸，侵华日军出动9513架次飞机，对重庆进行218次轰炸，投弹21593枚以上。仅仅死者就超过10000人，被毁房屋3万多栋。重庆成为二战期间遭受轰炸最为严重的四个大城市之一（其余三个城市是伦敦、柏林和东京）。

1946年4月24日，在重庆举行的"庆祝国府胜利还都大会"上，蒋介石称，重庆人民遭受敌机大轰炸，仍坚持抗战，"输财输力之多，为全国各地之冠"。

早在1940年，刚刚确定重庆为陪都后，穷得叮当响的国民政府拟定了一个庞大的"陪都建设计划"。我猜那帮搞城市规划的人想的是，反正都穷，不如做个大计划，完成多少是多少。按照这个建设计划，仅仅纪念抗战就有四大建筑：较场口有个"抗战胜利纪念柱"、民权路路口有个仿巴黎凯旋门的"抗战胜利凯旋门"和"抗战胜利纪念堂"、朝天门还有一座"自由女神像",偏偏没有纪功碑。

可惜,抗战后紧接内战,国府没钱,再好的规划都是白搭。

最后,捉襟见肘的国府,干脆把原计划修在较场口的抗战胜利纪念柱移到精神堡垒旧址,样子还是柱形,名字改为"抗战胜利纪功碑",算是唯一的一个抗战胜利纪念建筑物。修建纪功碑前,本来还有个在民权路(现在的解放碑)给蒋介石立铜像的计划,被老蒋批示"不可行"三字,而在修建纪功碑的报告上,蒋批示"可办"。

这个纪功碑长什么样呢?版本很多。让我们看看当时的设计师是怎么说的吧。

纪功碑设计者黎抡杰(1912—2001年),1947年在《新重庆》上发表了"抗战胜利纪功碑之建筑"一文,文中介绍道:"抗战胜利纪功碑自去年十二月兴工,今年八月完成,为具有伟大历史性之唯一纪念建筑。纪功碑的设计是八面塔形的高层建筑,由三个部分组织而成。第一部分是碑台,第二部分是碑座,第三部分是碑身及其瞭望台……碑身高度为二十四公尺,由四公尺直径之圆筒构成。内部圆形,外部则为八角形。每角边沿以米黄色面砖铺砌。内有悬臂旋梯一百四十步,可升至瞭望台。瞭望台较底部为宽,直径四公尺五,可容二十人登临游览。"

有传说,碑下面埋藏有缴获的日军军旗、钢盔、军火等,还有美国总统罗斯福写给重庆人民的信原件等宝贝。传言不可考,不过纪功碑当年刻了些什么文字,是可考的。

碑的正面,刻有"抗战胜利纪功碑"七个大字,落款是"中华民国三十五年十月三十一日,重庆市市长张笃伦"。

碑座有八面石碑,一面是定重庆为陪都的国民政府令,一面是张群的碑文和国民政府文官长吴鼎昌的碑铭,一面是"陪都各界庆祝政府恭送主席胜利还都纪念"文章,还有一篇张笃伦市长拍蒋介石马屁的祝寿文,然后是罗斯福总统写给重庆人的那封信,还有资料显示,一些抗日英雄的名字也被刻在碑文上面。

◎ 解放碑和纪功碑并存

1949年11月30日，刘邓大军解放重庆。

时任西南军政委员会主席的刘伯承决定，在纪功碑基础上重新修建。次年，1950年10月1日，新碑落成，刘伯承题词："人民解放纪念碑"——从此，抗战胜利纪功碑被改名，解放碑的名字流传至今。

解放碑，虽然脱胎于抗战胜利纪功碑，但是改动非常大。一是更高了，原来纪功碑只有24米，解放碑则有27米，一说27.5米；二是里面的老碑文全部被铲除。

现在想来，我们应该感谢刘伯承元帅。

作为参加过抗战的老军人，如果不是他巧妙地把抗战胜利纪功碑改头换面，这个碑百分百早就被毁了。

现在，抗战胜利已经70多周年。但是，全国居然没有一座纪念抗战胜利的有影响的建筑。一个关于中华民族生死存亡的卫国战争，一个造成中国军民伤亡3500万的战争，我们居然找不到一座宏大的纪念建筑！

好在，刘伯承元帅把这座纪功碑给我们保存了下来（请把掌声献给睿智的刘伯承元帅）。

是恢复纪功碑原貌的时候了，至少，应该恢复原名吧。不然，我们如何面对从二十世纪三十年代苦熬到四十年代的老重庆人？我们如何面对那些大轰炸的死难者？更如何面对我们后人的质疑？

如今，海峡两岸也互通互联了，国民党抗战老兵也收到抗战补助了，很多障碍已经在无形中消除。那么，我们重庆的"抗战胜利纪功碑"，是不是也到了该恢复的时候了呢？

于是，好消息来了。

2013年5月3日，在国务院公布的第七批全国重点文物保护单位的名单上，抗战胜利纪功碑赫然在目。现在，解放碑碑座上，镌刻的是"抗战胜利纪功碑暨人民解放纪念碑"。

这种双碑合一的方式，也算是对历史的一种正视吧。

弹子石王家沱日租界的兴废

在近代中国，整个西南地区只有一个外国租界，就是大名鼎鼎的重庆王家沱日租界。

王家沱在朝天门的长江对岸，紧挨作者的出生地弹子石，是一个水流平缓的回水沱。1891年重庆刚刚开埠，在给刚成立的重庆海关找办公室的时候，英国人好博逊就一眼瞧上了这个地方，可惜没有在王家沱找到合适的房子，只好作罢。

1895年清朝在甲午海战大败，和日本签订《马关条约》，里面就有涉及重庆的内容——规定把重庆和苏州、杭州、沙市等四个沿江城市，设为对日本的开放城市。其实重庆早在1891年已经开埠，成为为数不多的对外开放城市。日本此举，纯粹是为了表示自己终于正式打进了英国人的地盘——扬子江流域，同时为成立租界提供法律条文上的依据。果然，第二年，1896年2月，日本驻上海总领事珍田舍己就跑到重庆要租界，一开始，珍田舍己狮子大开口，想要经济比较发达的江北，被川东道尹张华奎拒绝。

李鸿章早已内定，把王家沱给日本人当租界，小小道尹张华奎当然不能更改中堂的命令，谈了一个月，最后签订《重庆日本租界地基合同》，确定了王家沱为日租界地址。

但是，王家沱真正成为日租界，则一直被拖到1901年。直到这一年，善于扯皮的川东兵备道、重庆海关监督宝棻，才和日本驻重庆商务领事山崎桂签订《重庆日本商民专界约书》，王家沱正式成为日本租界。

◎ 王家沱的王家大院

顾名思义，王家沱当年是王家的地盘。这个王家，在重庆曾经声名显赫。

王家是清初湖广填四川时期的移民。王家的一支，到重庆后落户在东水门湖广会馆一带。道光初年，这支王家出了个盐商大老板王信文。这位聪明的王信文，做粮食生意发财后，做上了盐商生意。盐商生意，要经常晒盐，就需要比较大而平的地坝。生意做大后，东水门这里的地方太小，不敷使用，已经是王总的王信文，就跑到对岸的弹子石江边买了一块地——那时的南岸弹子石一带，人烟远不如主城繁盛，空地盘很多。既然王总在这个地方落户，这里当然就顺理成章地叫王家沱了。

王家的盐号，生意非常大，是一个全产业链的集团公司。公司业务集去各地收盐、运盐，到晒盐、后期制作、加工包装于一体，营销体系则一面通过酉阳的龚滩延伸到贵州，另一方面通过川江完成川盐东运，直达上海。

王总修的王家大院，里面就有大面积的晒盐坝子，当然，和所有发财致富了的中国人一样，漂亮的大宅门是必须有的。王家大院依山而建，分为上、下两院。下院和江边运盐的私家码头——王家码头连在一起，与现在依然屹立在南滨路上的法国水师兵营比邻而居。下院主要是王家产业"万茂正"盐号的办公场所、晒盐的大坝子。从下院往上走，就是上院王家祠堂——慎德堂和家人起居之所。据王家后人回忆，王家大院从上院到下院，有11道门，是真正的深宅大院。

经过多年风雨，再经过日本人的租界岁月，一路摇摇晃晃但是屹立不倒的王家大院，于公元2012年被拆迁。王家大院终于在高楼大厦的侵略面前，败下阵来。现在，王家大院的旧址上，站立着的是香港置地开发的豪宅"长嘉汇"。苍老的历史，就这样再次被金光闪闪的豪宅一掌推翻在地。

1946年，国民政府外交部长王世杰来到这个王家大院，在王家祠堂，他看到王家家谱上记载的字辈排行后，表示这和他完全是一个宗族，字辈都一模一样。据王世杰回忆，王家当年从江西迁湖南浏阳，然后再迁湖北蒲圻（现湖北赤壁），王家大约就是从这个地方移民到重庆的，而王世杰的祖先则移民到湖北崇阳——顺便感叹一句，这就是中国传统宗族文化的重要特点，不管你跑多远，只要是同姓，再一比对字辈排行，马上就知道是不是亲戚，而且对方是大哥、大叔还是大爷，一比对就知道，丝毫不乱。

王家沱出名的除了已经消失的王家大院，还有同样消失了的一座大牌坊。这座牌坊，依然与王家有关。

1888年（光绪十四年），王信文王总的夫人钟氏满100岁，巴县政府奏请皇上赐建牌坊一座。牌坊位于弹子石正街142号（当时叫石桥车马大道），坐南朝北，石质仿木结构，高约6米，宽约4米，牌坊由基、身、楼、顶几部分构成，四柱三间三重檐。顶部有竖式的"圣旨"两字，中间阴刻"百岁坊"三字，下部是"诰封奉正大夫王信文妻宜人钟氏"（五品诰命），这个下部殿面的右边殿面是"五世同堂"四字（钟氏是第一代，第五代是一位刚刚出生的婴儿王德元）、左边殿面刻有王家五代名字。四个柱子上共刻有四副祝寿对联，由清代江津举人、书法家包汝谐所写。高寿的钟老夫人，一直活到108岁。

这座百岁坊，是弹子石、王家沱一带的著名建筑，在二十世纪五十年代初被毁。

◎ 王家沱和其他日租界

先简单介绍一下中国日租界的概况。

近代，日本和清政府一共签订了14个关于租界的不平等条约，涉及9个租界，但是只有5个租界得以落地，它们是：重庆日租界（1901—1937年）、天津日租界（1903—1943年）、汉口日租界（1898—1943年）、杭州日租界（1895—1943年）、苏州日租界（1897—1943年）。其余也签了租界条约的沙市、福州、厦门、奉天，虽然签约，但是日本人自己放弃了。

纠正一个常见错误，日本在上海并没有日租界。电影和很多书籍里面说的虹口日租界，其实属于公关租界，不过这里是公关租界里面的日本人聚居区。上海人见这里日本人多，就误认为是日本租界，以讹传讹而已。

这些租界除了天津日租界占地2150亩，算是大盘，其余日租界大都比较袖珍，只相当于现在的一个居民小区大小。杭州日租界900亩；汉口日租界开始时才200亩，1907年扩大为622亩；苏州日租界只有484亩地，重庆王家沱日租界也小，只有不到702亩（宽仅315.6米，长仅1200米）。

在各国租界中，由于中国人的强烈抵制，日租界的日子一向过得不怎么样。

日本人眼大肚皮小贪多嚼不烂，签了十几个条约、要了9个租界，建成的只有区区5个，这5个里面，发展得好的一个也没有。

王家沱日租界也不例外。在五个租界中，王家沱日租界的业务，算是倒数第一名。经过30年的发展，规划总面积700来亩的王家沱日租界，开发出来的实际使用面积才30亩，真是丢人，要是现在的哪家开发商是这个业绩，估计早就关门大吉了。

到1931年，整个租界里面的日本人和日本企业都极少，"现据县长（指当时的巴县县长）调查所及，界内住居日商，不过数人。即有日商营业，华商股权亦居多数"（重庆《商务日报》1931年5月26日报道）——这成了后来重庆人民要求废止王家沱日租界的理由。根据条约规定，日本在重庆侨商超过20名、公司超过10家，其超过部分，才能搬进王家沱租界，现在日本人生意做得不好，人少公司少，王家沱租界成立的理由就自动消失了。

同样凄惨的还有苏州租界，1906年，苏州租界才41名日本人，规划土地仅使用1/4，到1934年，也才76名日本人。这生意，真没法做了。

搞得好一点的天津、杭州租界，则靠的是日本人的拿手业务：妓院和烟馆。这两个租界，被日本人办成了当地著名的红灯区，天津还有日本妓院、韩国妓院和中国妓院等针对不同市场的产业细分，拥有正式执照的各国妓女就有1000多人。烟馆则多达数百家，其中日本烟馆160多家，中国烟馆500多家，形成了畸形繁荣。

据王家大院后人曹庞沛老师介绍，王家沱也不例外。王家沱曾经也有一家日本妓院，全部是日本妓女，名叫"又来馆"，据说还是晚清进士、荣昌人赵熙题写的店名。妓院名气很大，吸引了重庆以及周边地区的土老财们。

不知道大家注意到没有，这些日租界中，除重庆的王家沱日租界外，其余租界收回时间都是1943年，准确地说，都是1943年的3月30日。这个时候，汪精卫伪政府已经成立，日本人为了给汪伪政权扎起（重庆话撑腰的意思），在1942年把夺取的广州、天津英租界归还汪伪政权。

1942年10月10日，在国民政府的国庆节当天，英美宣布废除领事裁判权。1943年1月9日，日本人和汪伪政权签订《日华关于交还租界及撤废治外法权之协定》，宣布归还日租界，三天后，被日本人抢了先的英美两国，也宣布签定中英、中美新约，归还租界。3月30日，日本人把杭州、苏州、天津、汉口四个日租界全部交还汪伪政权，还逼着不情不愿的法国维希政府放弃法租界和治外法权，有趣的是，意大利那位狂人墨索里尼一直拖着，不愿把唯一的天津意大利租界交还过来，汪精卫伪政府趁1943年7月底墨索里尼被短暂推翻的那段时间，强行收回意租界，但是直到第二年6月，自大狂墨索里尼才和汪伪政权正式签约，归还租界。

◎ 收回王家沱日租界

在中国的5个日租界中，王家沱是最早收回的一个。

收回王家沱日租界的活动，始于1928年。1926年10月，北伐军占领武汉，次年1月，广大革命群众民族主义情绪高涨，冲进英租界，把英国佬赶了出去，2月，国民政府和英国签订协定，在同意英国保留部分行政权的前提下，正式收回英租界。

见武汉被攻克，擅长见风使舵的四川军阀各派，当即宣布接受国民政府领导。重庆人民的革命激情也高涨起来，开始向武汉的革命群众学习，计划收回日租界。不过重庆人没有那么彪悍，而是有组织有计划地开始统一行动。

首先得成立一个组织。1928年开始，重庆先后成立"重庆国民废除不平等条约促进会""收回王家沱日租界特组委员会"等，组织收回租界行动。这些行动，到1931年达到高潮。

重庆收回日租界的运动，着眼于租期届满后不再续约，自动收回。当时，国内所有关于日租界的条约，都有一个30年条款：租界的土地，由中国政府向地主收购，然后转租给日本人"永远承租"，但是合同期限30年，期满再更换合同。

1930年12月21日，重庆《商务日报》报道，重庆自动收回王家沱租界特委会发布公告，不和日本人做任何生意。特委会要求中国车、中国船不准搭载日本人、"中国轿子、中国滑竿，不抬日本人"——看来日本人只好走路上下班了。更严厉的是，要求在日本轮船领江的中国人，必须停业上岸，否则"以反革命论处！"公告还宣布，对从日企辞职的中国人，将安排工作，一时安排不了的，"生活费用皆由总商会完全承担"。

1931年1月31日的《新蜀报》报道，重庆总商会等商帮电告在上海、汉口的同仁，"停止搭载日商客轮，并禁止购买日货来川"。

1931年5月26日，《商务日报》报道：巴县县长冯均逸签发给国民政府外交部的电文，提出六条理由，建议不再续租给日本人，并请示可否"由地方政府自动宣告废约"。

1931年8月8日、9月25日，连续两次2万多人在夫子池集会——夫子池原址在现在的解放碑世界贸易中心，当时是重庆文庙，建于宋朝，规制宏伟，历来是重庆的文化活动中心。二十世纪初，重庆的留法预备中心就设在这里，陈毅就是从这里去法国勤工俭学的。后来，此地改为重庆艺术馆，再后来，就没有后来了，拆得一干二净——这次集会，要求国民党中央对日宣战、要求永远对日经济绝交、要求川

第五部分 打望老重庆

111

军抽调10万人出川抗战、要求全国人民不再买日货等等。此外，还组织"仇货检查队"，不许卖日货，哪家商店卖日货，就砸个稀巴烂……总之，什么招管用就上什么招。

日本人遭不住了。经请示国内同意，日本驻渝领事清野长太郎召集成渝两地日本侨民、商人，于10月22日乘坐两艘日本军舰离开重庆，临行前致函当地政府，将日租界交中国当地政府代管。24日，刘湘派兵进入王家沱日租界，并派人接收了王家沱日租界里面的17所日本人房屋。

这里需要澄清一个史实。很多文章称，王家沱日租界是1931年10月24日收回——这不是事实。日本人离开重庆时，将租界交给政府代管，并没有签订放弃租界的新约。两年后，日本重新派员入驻王家沱看管财产，直到1937年七七事变后，1937年10月，国民政府才正式派员收回王家沱日租界。

◎ 不能忽略了当时的大形势

在之前一些书籍或文章中，对收回王家沱租界的描写，大多全部归功于重庆人民的抗争。这些文章，给人的感觉是，日本人放弃王家沱租界，全靠俺们烈性的重庆人民。

重庆人民的抗争，当然功不可没，但是，以当时中国的国际地位，莫非大家真以为民间闹闹事，就可以解决国际条约问题？那就真成了不明真相的群众了。事实上，从1928年到1931年，当时的国民政府一直在和日本人谈判，谈判中心内容就是修改不平等条约。

如果再往前面看，早在反动的北洋政府时期，就开始大规模着手修正各种不平等条约。首先，借参加一战为契机，废除了对德国、奥匈帝国的所有不平等条约，收回了所有德、奥租界。

1918年底，一战结束。作为战胜国，北洋政府开始和德国谈判。这个漫长的谈判，到1921年5月才签约。这个新条约，是中国第一个完全平等的对外条约——最大的胜利是单独取得了德国的战争赔偿。一个兵都没有派的北洋政府狮子大开口，张嘴就要2.23亿大洋的赔偿，经过反复谈判，最后实际到手8400万元——这是中国近代到现在为止，唯一拿到手的一笔战争赔款。

说实话，除了德国根据《凡尔赛条约》把山东权益移交给日本外，这一战，中国只出了劳工去欧洲挖挖战壕、开开机器，在扣除各种成本后，收益相当可以。更有趣的是，还借此机会，获得了德国人的好感——北洋政府归还了战时扣押的德国财产，并对德国在公平条件下开放了市场，这点对德国非常重要。这也为今后中德军事合作，打下了基础。

除了对德、奥的条约，北洋政府还宣布废止了民国四年（1915年）签订的《中日民四条约》。

这个条约来头极大，通常被误认为就是所谓的《二十一条》。近年来，国内学界已经基本形成共识，历史上并没有这个臭名昭著的《二十一条》，而是日本人向袁世凯提出了签订《二十一条》的要求，结果没有如愿，最后实际签订的就是这个《民四条约》，当然，这个条约也是非常不平等的，日本借此获取了大量东北和山东的权益。这个《民四条约》，在1923年3月，由北洋政府外交部通知日本政府，单方面宣布作废，把日本人气得不行。日本人宣称，这是经过正常法律程序签订的两国正式条约，受国际法保护，你中国人怎么可以说不干就不干了！双方争执不下，中方坚持这个条约太不平等了，必须废除，而且也拖着不兑现条约里面很多内容，造成一堆"满蒙悬案"，而日本人坚持"条约必须执行"，要是说不干就不干了，单方面宣布是不平等条约就可以不执行，那这个世界还要条约干什么——这为今后中日彻底翻脸打下了伏笔。

在反动的北洋政府之后，反动的国民党政府也和日本人大扯其皮。

1928年，反动的国民党政府在推翻反动的北洋政府之后，于7月向日本人发出通告要求重新修订三个已经到期的条约（关于通商的《通商行船条约》《通商行船续约》和关于租界的《公立文凭》），日本人又跳了起来，称这三个条约没有废止条款，不能废止。强硬的日本田中政府甚至表示为此不惜再次出兵，但很快又软了下来，表示不能废约，但是可以修订。

于是中日开始漫长的谈判。

这一谈，就从1928年谈到1930年5月6日，双方才签了一个关于中国关税自主的协定。此前，中国的关税一直不能自主，国民政府上台，外交的主要目标就是关税自主和废除治外法权、收回租界三项。

在中日谈判之前，列强纷纷对还在北伐中的国民政府释放善意，英国人率先表示可以修约，什么都可以谈，然后美国等政府跟进也表示可以谈。

但是，国民政府内部，这时却出现两种声音：一种是何应钦这类脾气大的"爱国革命军人"，称不管那么多，懒得和万恶的帝国主义谈判，先废除了再说；另一种是外交部长王正廷等人，表示要一步一步来，通过谈判解决问题。当然，最后还是采纳了王部长的意见。

1928年是中国外交战线大丰收的一年，美国人率先签约承认中国关税自主，德国马上跟进，到年底，中英、中法等十个国家在两个月内纷纷签约。

这期间，对租界、治外法权等，也开展了艰苦的谈判，在英美等国有限度的支持下，外国在中国的治外法权开始逐步缩小，部分租界也开始收回。

在这样的背景下，中日双方都对重庆的反日行为表现出克制。中方没有像汉口那样冲进租界强行收回，而是采取不合作主义，逼日本人自己走路；日方也没有对此表示强烈不满，甚至根本没有在谈判中提这码子事，也没有撂下要用武力保护租界这类狠话，而是一言不发、一走了之。

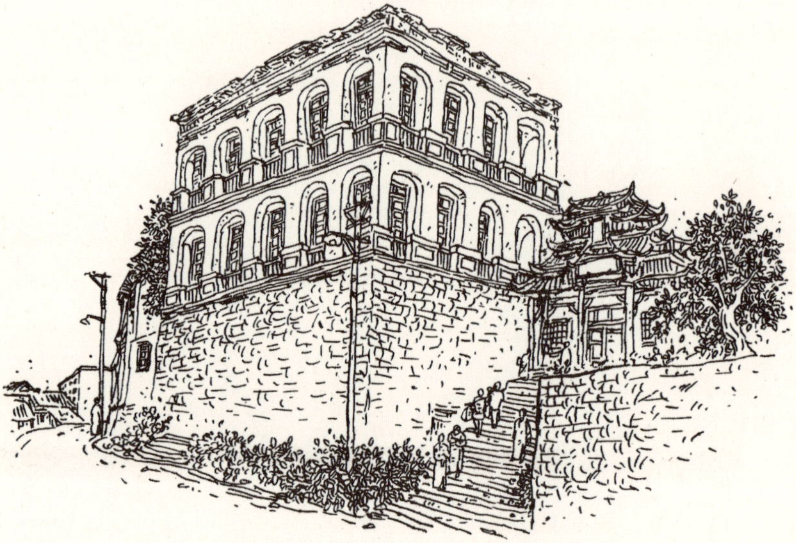

海棠溪义渡，才是重庆最大的义渡

过去，有钱人喜欢搞慈善。慈善的一种方式，就是修桥铺路。一般小溪小河，修座桥什么的没有问题，但遇到咱们大重庆的大长江这种大江大河，要修座桥就难了。于是，义渡就产生了。

所谓义渡，就是设在江河渡口的免费渡船。不只是重庆，全国各地，只要是有江河的地方，就多有乡绅捐赠的义渡。

要设立义渡，一则要掏钱买船，二则要成立一个基金。这个基金，最普遍的方式是买田或者买房收租，以租金支付义渡的船只维修和船工工资。

重庆人都是活雷锋，所以，在老重庆，义渡很多。最大的一个，就是海棠溪义渡。

◎ 海棠溪义渡

南岸和渝中半岛隔江相望，两地之间，历来全靠渡船交通往返。

早在宋朝，南坪黄桷渡，就是出入渝黔大道的重要津渡。清嘉庆二十五年（1820年），南岸和渝中半岛之间有黄桷渡（渡船8只）、龙门浩（渡船7只）、玄坛庙（渡船4只）三处渡口。

从渡船数量看，清中叶左右，南坪一带似为出城主要干道。沿江往弹子石方向，人流递减，渡船数量也递减。那时的玄坛庙、弹子石，似乎尚未发展起来。

但从这个时间节点开始，随着重庆的西南商业中心地位凸显，人流物流增加，沿江的渡口数量和渡船数量，也随之增加。

海棠溪渡口，到道光十四年（1834年），也有了渡船8只。

海棠溪渡口，位于储奇门和太平门的对岸，主城所需的米薪杂物，从清朝中叶开始，多从此处渡河入城，这里也历来是川黔大道的起点。过河进城的人，也越来越多。

但是，海棠溪这个渡口，却出了件大事。我怀疑此事就发生在道光十四年（1834年）夏季。洪水期间，海棠溪渡口发生了一起恶性交通安全事故：船工为了多收钱，严重超载，导致渡船倾覆，一船数十人，尽葬鱼腹。

这在哪朝哪代，都是不得了的大事。这事发生前，海棠溪渡口的船工，违规超载事件，早已发生多起，已经严重影响了社会稳定。巴县县令杨霈决定，在海棠溪设立免费义渡，杜绝此类事件再度发生。但是，县财政很紧张，没有这笔预算。杨县令遂召开重要会议，邀请本地乡绅与会，希望大家学雷锋，出钱设立义渡。

太和乡乡绅廖春瀛站了出来。

巴县太和乡，现名巴南区天星寺镇，离主城约50公里。镇政府所在地就是当年的太和乡场。天星寺镇的芙蓉村，廖氏故居现在尚存，有兴趣的朋友可以去瞻仰一下。

据说，廖家是雍正年间，湖广填四川时来到重庆，落户太和场的。从雍正到道光，一百年来，廖家在重庆发了财。现在决定做一次大的善事。

廖春瀛表示，致富不忘父老乡亲，自己要担起海棠溪义渡的大头来。一口气，他捐出年收入田租357石谷子的田土。这些田地，当时价值9288两银子。捐了后，廖乡坤觉得还不过瘾，又追加银子4712两，合起来凑成1.4万两的整数。

这时，南岸下浩那个觉林寺（现在犹存），发生一件趣事。"寺僧不法，恣为淫荡"（民国版《巴县志》），大约是和尚春心大发，在外面，把功德钱挥霍一空不说，还把庙产200多石租子的田地，拿出去抵押了3000多两银子，也花个精光，搞得饭都吃不起。

海棠溪义渡管委会的乡绅们，用廖春瀛捐的银子，把觉林寺的庙产买了下来，全部计入义渡资产，加上其他小额捐赠，海棠溪义渡最后拥有的田地，每年可收田租760多石谷子。

海棠溪义渡成立时，添置了36艘木船。由于收的租子，不足以维持这么多船的免费运营，管委会决定，将其中20艘做客船，免费载人，16艘做货船，适度收取费用，以填补不足。

至今，巴南区天星寺镇还流传着这样的传说：廖春瀛字海山，他兄弟廖春溶字棠溪，所以，这个义渡被命名为海棠溪义渡，以表彰廖家的先进事迹。

事实上，为了表彰廖家为海棠溪义渡所作贡献，当局曾准备把义渡命名为廖氏义渡。但是，做好事不留名，廖春瀛当然义正词严地拒绝了这个提议。不过，海棠溪这个名字，和廖家似乎没有什么关系，即使有，也纯属巧合。在这之前，海棠溪一名，就一直存在。乾隆时期的巴渝十二景，中有"海棠烟雨"一景，指的就是海棠溪。当然，也可能海棠溪三个字，和廖氏兄弟的名字暗合，这也算冥冥中的天意吧。

廖家不但捐款成立义渡，廖家子孙还成了义渡的守护者。

后来，有人试图把廖家捐款挪作他用。为此，廖家子孙把官司从县、府、道，一直打到朝廷都察院。最后判决，保留义渡，但由于这笔钱维持不了整个义渡的免费运营，决定半价收费。

民国初年，义渡曾新增轮船三艘，一艘出租出去，租金用来弥补义渡费用。

1935年，时重庆市长张必果，试图把义渡收归市政府所有，引起当地乡绅激烈反应。捍卫祖先荣耀的廖氏后代，再次把官司打到四川省政府。省府判决，义渡管理之权归乡绅，监督之权归政府，才算了结。

据说，民国时候，在望龙门还有"廖氏捐助教养事业资产保管委员会"，这说明廖家的慈善事业，尚不止海棠溪义渡一种。廖氏，足称重庆义门！

此外，重庆的义渡还有以下几种：

鱼洞义渡：乾隆年间，当地人穆逊庵捐田租十多石，设立义渡，名为穆舍渡。1927年，张姓县人又捐两艘小船于此。

李家沱义渡：道光十九年（1839年），牟姓乡人捐田租20多石和千两银子，购置渡船两艘。

大渡口义渡：道光年间，马王乡士绅捐出20多石田租，购船两艘——最近，这里成立了一个占地颇广的义渡公园，大规模宣扬大渡口义渡。这叫海棠溪义渡情何以堪！南岸区政府完全可以把海棠溪义渡好好宣传一下，这也是弘扬中华传统道德文化嘛。

猪肠子义渡：这个义渡设在鹤皋岩，即现在的鹅公岩。仅在枯水时开渡。

木洞义渡：木洞有两个义渡。一个成立于乾隆时期，乡人捐出田租40石，成立广济义渡会。购船四艘，于每年洪水时，在河岔摆渡。1930年，又由木洞各民间慈善机构集资，成立官渡口义渡会，专事负责木洞和长寿之间的交通往来。

除了这几个长江上的义渡，嘉陵江上也有龙溪河、张家溪、柳家溪三个义渡。

◎ 重庆人都是活雷锋

读重庆历史，发现善举无所不在，义渡不过是其中之一。真让人感叹：重庆人都是活雷锋。

比如，老重庆有一个民俗：每到春节，重庆人都要集体行善。

冬至前后，重庆人就开始行动起来。他们或去善堂（民间慈善机构），或去当地保甲（类似现在的居委会），有的直接出钱，有的买些米，有的买棉衣，委托善堂、保甲代行善事。

春节前，几乎所有善堂，都会向穷人发放自印的慈善券。上书"凭票领棉衣✗件（或米面若干）"，穷人凭票前往善堂兑现。

这种善行，冬至前后为一波，春节年关前又有一波。重庆的善人们，会为难以度岁的孤老贫幼，在节前特别布施一次。

这个习俗的根由，就普通百姓而言，一是还愿，二是求保佑。还愿，是指今年曾经许了愿，又碰巧实现了愿望的朋友，通过救助穷人来还愿；求保佑，则是提前做好事，希望天上的各路神仙都看到，如果来年有啥子不顺，可要保佑我这个好人。当然，还有很多人，纯是基于恻隐之心。

善堂，就是专门帮助善人们实现善举的地方。

目前查到重庆最老的善堂，出现于乾隆时期。之前也应该有，不过历经明末清初战乱，估计毁得差不多了。

善堂的设立，通常是乡绅注资，购买田地、房屋，靠租金维持常年费用。民国前后，善堂的资金开始进入钱庄、银行生息，依靠生息维持日常善事所需经费。

重庆的善堂，有纯民间的，也有官民合办的。

体仁堂是重庆最早也曾经是最大的一个善堂，成立于乾隆四年（1739年），由重庆人韩帝简、周琰、龙象昭等十人，各捐100两银子成立，管理机构设在江北城的潮音寺。开始，主要是设立义冢和白骨塔，收葬无主尸体。后来，尤其是嘉庆年间的川东道严士鋐、重庆知府石韫玉也捐金倡导后，扩展迅速。高峰时，每年的租金收入高达7000多两银子，但是支出常在8000两左右。不足部分，每年劝募善人填补。

体仁堂成立后，慈善业务迅速扩张，曾经赡养节妇200名、孤老200名，再育婴100名。还在江上设置救生红船，捡葬浮尸、掩埋枯骨；为穷人家庭开办义学，解决穷苦儿童就学难问题；岁末施舍寒衣棺木，为穷人家庭发放过年钱等等。

此外，重庆的善堂，还有乾隆三年（1738年）在佛图关成立的养济院（民妇张沈氏捐献）、道光二十四年（1844年）在天灯街成立的体心堂（每年支出善款4400元）、道光二十四年（1844年）在铜鼓台街设立的存心堂（年支出善款6000元）、咸丰九年（1859年）在瓷器街设立的至善堂（年支出善款15000元），以及育婴堂、保节堂、培善堂、义济堂、尊德堂等等。

1935年，重庆市政府成立市区公益委员会时，在市里一调查，仅仅渝中半岛，就有40多家各类善堂，而且各个乡镇还有好几十所。以至于民国《巴县志》感叹道："（重庆这地方）富而好行其德者，尤多有之。治城之内，善举迭兴"——这意思就是，重庆人都是活雷锋。有点钱就行善的人，实在太多了。

纵观史书，发现对重庆的评价很有意思。一是认为重庆这地方，不太重礼教关防，让很多老夫子看不惯。大约是指女孩子地位历来较高，不像其他地方那样羞羞答答扭扭捏捏，大门不出二门不迈，而是敢于抛头露面。二是重庆这地方有钱人比较多，民间舍得花钱，相互攀比比较严重。三就是民间行善之风盛行。

这三个评价，从乾隆时期到民国，几乎没有怎么变过。

可见，从清初开始，重庆就是一个性格外露的城市，大气、张扬，但是善良。

铜元局简史

看名字，铜元局就是个有钱的地方。

事实上，这也确实是一个有钱的地方。重庆当年唯一的铸币机构——铜元局。清末民初，铜元局是各路军阀必须占领的地方，哪怕是打败了撤离重庆，铜元局也列在必抢清单的首位。其中黔军周西成（后来的贵州省长）最疯狂，仅仅在1923年这一年，就前后抢了铜元局三次（分别是7月14日、8月21日和9月4日）。

◎ 铜元局由来

铜元局是1905年以后才有的名字，此前一直叫苏家坝。现在，菜园坝大桥南桥头的地名，就还是叫苏家坝。严格地说，铜元局应该算是苏家坝的临江部分。

早在1890年，即重庆正式开埠的前一年，美国最大（也是全球最大）的石油公司美孚公司，就在苏家坝建造货栈——现在，小一点的货栈叫库房，大一点的叫物流园。这应该算是南岸区最早的外资公司之一吧。

铜元局，顾名思义，是造铜元的地方。

有些文章说，重庆铜元局是四川最早造铜元的地方，这是胡说八道。1896年，成都成立了个银元局，开始造银元，7年后（1903年），银元局内新设四川铜元局，开始大规模造铜元。1905年，两局合并成四川银铜元总局，后来改为成都造币厂。所以，重庆铜元局，只能算当时四川的第二个铜元局。

成都版的铜元，产量非常大，在相当时期内，是川渝两地主要流通的铜元，从1903年到1911年，成都共铸造了7亿多枚铜元。这期间，重庆铜元局还没有开工呢。

既然成都已经有了一个铜元局，为什么还要在重庆新设一个呢？

简单说，重庆铜元局其实不是政府搞的，而是一家企业办的，这家企业就是大名鼎鼎的"川汉铁路公司"。

1904年1月，这家间接埋葬了清政府的铁路公司——川汉铁路导致的保路运动席卷全川，调动5营武昌新军赴川镇压，武昌起义由此爆发——在成都岳府街成立。大家一测算，修一条从成都到汉口的铁路，需要5000万两白银之巨。钱不够，怎么办？当时的川督锡良真聪明，把脑袋一拍，在"认购之股、招租之股和官本之股"外，想出了个"公利之股"的招数：用募集的股本金再去投资，投资收益（即公利）充做新的股本。

"该公司又请在重庆府城试铸铜元，拨其余利，充作公司股本"——重庆铜元局，就这样诞生了。锡良们很会算账，计划把股本100万两，存入当铺、盐局，再借出来150万两，开办重庆铜元局。

这个新办的铜元局，产权属于铁路公司。但最后开办的时候，实际只拿出了80万两（一说累计花了180万两），而且是直接从股本金里面划拨的。

为了给川汉铁路凑钱，而且坚决不能要外资（早在1888年，就有英法资本表态，愿意出资修建川汉铁路），大家绞尽了脑汁，除了办印钞厂（铜元局）这个最赚钱的生意，还先后把川汉铁路公司的股本金，存入上海、武汉数家钱庄拿高息，最了不得的是，还划出了85.2万两银子，去上海炒股——买了当时著名的骗子股票兰格志橡胶公司。投资结果是：存在上海钱庄里面的钱，因1911年上海股灾，亏损200万两以上，加上铜元局等亏损，整个"公利之股"，共亏损超过300万两。

讲个插曲小故事。这堆后来不值分文的兰格志股票，在1911年底，被在上海的革命党人拿去，在日本人那里抵押了25万大洋，全数购买军火，组建了一支蜀军打回四川——后来著名的川军第五师。刘伯承元帅就出自这个部队。而存在武汉钱庄的钱，后来，被在川军内战中赶出四川的杨森，取出来做了东山再起的本钱。

◎ 铜元和银元

1905年，建设铜元局的资金就全部到位，但直到1913年，民国都两年了，铜元局才正式投产。本来还想靠这个铜元局，为川汉铁路挣点钱，哪晓得，等清政府都垮杆了，这铜元局还没有开工，效率实在太低了点。

当然，何止铜元局，就是川汉铁路，也是效率低下的样本。集全川之力，募集了2000多万两白花花的银子，从1904年到1911年，整整7年时间，只修了十几公里运料的铁路，真不知道这帮人一天在干什么。还坚决不准外资介入！站在百年后的今天，我们实在看不懂他们的思路。

从现有资料看，自1905年从苏家坝购得200亩土地，用于修造铜元局后，工作进展就一直缓慢，仅仅去上海订购机器，签约就花了两年之久——这才是标准的"慢生活"。

两年时间，订购了英式和德式设备各一套。与之配套，在苏家坝江边，分别修了德厂和英厂，用于放置德式和英式设备，但是，花巨资购买来的英式设备，一直没有开封使用。德国设备安装好后，又因为原料铜未能大批量解决，以至于"仍不能正常生产"。

据曾任铜元局公务科科长的傅友周回忆，如果英厂、德厂日夜开班，可日产铜元30万枚、银元8万~10万枚。

铜元的学名叫"大清铜币"，是当时银元的辅币，大约相当于现在的"角"。一枚铜元面值不定，当初才出来的时候，视重量不同，分别"当20""当10""当5"和"当2"。就是说，一枚铜元，可以分别当20、10、5和2枚制钱（民间叫毛钱）用。

大清铜币是1900年从广东开始铸造的。1903年，四川铜元局学习广东铸造铜币。这个时候的铜元非常值钱，原定一块银元的官方兑换价是一百铜元，事实上，成渝两地，一块银元只能兑换八九十枚铜元。到宣统年间（1909—1911年），铜元开始贬值，但是一块银元也能兑换120铜元左右。

铸造铜元能挣钱，因为铜元里面的铜含量并非十足。在重庆铜元局开办的时候，每100枚铜元的成本，只需要3钱2分多一点的银子，就可以兑换整整一块银元，利润空间非常大。国家规定紫铜95%、铅5%，但是，在实际操作中，紫铜能够到70%都已经是上好的铜元了（也就是说，100枚铜元的成本，只需要2钱银子左右）。重庆铜元局的铜币，一开始就是按照70%的铜、30%的铅铸造的，利润也不低了。到后来，这个比例都保不住，铜含量经常只有60%甚至50%，铜的质量也每况愈下。

铜元局才开始的时候，还比较规矩，用进口的英国紫铜，再改用日本铜，后来又改为云南东川铜，最后，干脆用品质最低的云南昭通铜。

面值呢，也越来越大。

从最高当20，很快就推出新产品当50、当100——这其实就是通货膨胀。二十世纪二十年代初期，黔军袁祖铭部盘踞重庆时，就把市场上收回来的小制钱，以及当10、当20、当50、当100的铜元，全部统统改铸成面值当200的大铜元，挣了不少黑心钱。

那时，银元和铜元的比值，也快速贬值到一块银元换10多千文，也就是1比1万多，最恐怖的时候，这个比值达到1比3万多。

铜元局也铸过银元。1920年左右，应重庆商会的要求，为重庆各商帮铸造过大约100万元银元。当时，成都造币厂也在铸造银元，但是需要重庆这边把白银运过去，一来一往运费不低，加上成都那边政局不稳，一帮军阀在成都打来打去，天晓得你运去的银元还运得回来不。而重庆，有很多老外，所以军阀们不太敢在重庆大打出手，重庆政局相对稳定——所以，重庆商会干脆就委托铜元局加工银元。

◎ 你争我夺铜元局

铜元局既然是一块大肥肉，必然就你争我夺。

几乎每一任局长，来头都大得不得了。梳理一下几任局长，可以看出端倪。

1912年，民国元年，铜元局开业在即。北洋政府把重庆铜元局收归国有，叫作"财政部重庆铜元局"，但事实上，除了少数年份，铜元局一直掌握在地方当权派手里。

比如民国时期首任局长李哲夫，就是当时四川都督胡景伊的兄弟伙。第二任局长，干脆是当过几天四川都督的蒲殿俊（还担任过北洋政府内政部次长）的兄弟蒲季和。

第三任局长吴明远，又是北洋政府财政部次长吴鼎昌的兄弟。吴鼎昌可以称作是袁世凯的金融管家，又是《大公报》的社长，影响力巨大。此君后来投靠老蒋，任贵州省省长、国民政府文官长，妥妥的正部级。他的兄弟掌管了铜元局两年。这两年，吴兄弟发财发得不爱不爱的，两年时间，铜元局亏损40多万两银子，据说仅仅是他娃打牌就输了十多万两。

1917年到1920年期间，四川督军国民党人熊克武派他哥哥熊屿帆来当局长。这个熊大哥比较靠谱，这期间铜元局扭亏为盈。前面讲的为重庆商会铸100万银元的事情，就发生在他任上。这一单业务，就挣了七八万大洋。

1920年到1926年期间，重庆大部分时间被黔军盘踞。穷慌了的黔军，怎么可能放过铜元局这只肥羊，于是，铜元局成了他们敛财的工具。每天开足马力，拼命铸造当200的大铜元，盘剥我大重庆的无辜人民——那时，铜元是老百姓日常流通的主要货币，银元则很少在市面上流通。所以，改大面值，等于是直接抢老百姓的钱。

在相当一段时间，由于市面上的小面值铜元都被军阀们搜刮了，满街都只有当200的铜元，找补不开，老百姓购物很不方便。大家只好把当200的大铜元，用剪刀对剖再对剖，一分为四，每个四分之一算"当50"面额。问题来了，这个对剖后的铜元，边角很锐利，动不动就挂坏衣服、划伤皮肤，惹得民间怨声载道。

1926年，刘湘赶跑黔军袁祖铭，进驻重庆。从此，直到抗战，重庆进入刘湘时代。

刘湘委派心腹大将，也是他读军校时的老师王陵基来当铜元局局长。王局长只会打仗，不会经营，两年亏了45万大洋。只好找有理财高手之称的刘航琛来帮忙。刘航琛确实聪明，不铸大铜元了，而是改小。面值不变，还是"当200"，但是用一个大铜元改铸两个小的"当200"铜元——同样重量的铜，却可以多出产一倍的铜元。这招确实狠！

好在刘航琛接手的时候，给王陵基先打了招呼：给我一年时间，保证扭亏为盈。但是，到时请你王局长一定辞职，铜元局也不要搞了——兄弟我只能帮你到这里了。

果然，一年后，刘航琛帮王局长挣了54万大洋，填补掉亏损的45万，还挣了9万。刘航琛要求王陵基履约辞职，已经调到万县当川东绥靖司令的王陵基欣然从命。

刘航琛深知铜元局乱铸铜元的弊端。在受命担任刘湘的财政处长后，力劝刘湘关闭铜元局。

1930年，铜元局改为刘湘21军的子弹厂，从此不再铸铜元。

但是，铜元局这个名字，却一直保留到了现在。

重庆的三个垫江县

我一直很纳闷，垫江这个名字，并不像什么丽呀、珍呀、婷呀、勇呀、兵呀这么大众，怎么重庆就冒出三个垫江县了呢？

重庆最早的垫江，并不在现在的垫江，而是在离垫江200公里左右的合川，现在的重庆渝中区，也叫过几十年的垫江县，加上长寿东北边那个现任垫江县——重庆这个地盘上，竟然先后出现过三个垫江县，让人着实摸不着头脑。

这个问题得搞明白。

◎ 三个垫江的变迁

垫江历史相当悠久，和巴郡几乎同时建制。

公元前316年，秦国的张仪（就是《芈月传》里面那个张仪）带兵灭巴国，建巴郡，同时，张仪将军也顺手建了个垫江县。

不过，此垫江非彼垫江，此垫江设在现在的合川。这个垫江的地盘非常大，包括了现在四川的武胜、安岳、岳池以及重庆的合川、铜梁等地——所以这些地方的朋友，你也可以大起胆子自称垫江人。

重庆历史上，合川被称为垫江县的时间最久。从公元前314年，直到南朝元嘉年间（424—453年。就是辛弃疾名词《永遇乐》中"元嘉草草，封狼居胥，赢得仓皇北顾"里面这个元嘉），在这里设立东宕渠郡，垫江这个名字暂停使用。东宕渠郡下面有个宕渠县，县政府机关大院设在现在的合阳镇。宕渠郡、宕渠县，名字都源于宕渠水，就是现在的渠江。宕，音dàng，电脑宕机（被很多人错误地写作当机）的宕也是这个宕。

100多年后，在西魏恭帝三年（556年），设立合州，把现在四川的遂宁、南充、蓬溪等地都划到合州。同时把东宕渠郡又改回来，还叫垫江郡（垫江郡下面的垫江县，就设在现在的垫江县），归合州直辖。直到隋朝初年，这个垫江郡才撤销。

关于第一个垫江县，有人说是个误会。之前，这个垫江的本名是亵江，正规的解释是：合川这个地方，嘉陵江、涪江两江交汇（合川，也是两条河合在一起的意思），如衣服重叠在一起，所以叫亵江。

我看呀，这些人都是睁眼瞎，或者故意曲解亵的意思。亵，就是亵衣，就是美少女的贴身小衣服。大家去看看古时候的女孩子亵衣的模样，再对比一下合江合阳镇的地形，二者非常相似。所以呀，亵江的本意，是说这个交汇处形成的地形，看上去很像美少女的内衣——取名的这家伙，对内衣看来很有研究——后来，迂腐的老学究觉得这个名字太过香艳，就擅自改成垫江——所以，后人说，《汉书·地理志》里面写错了，写成垫江是笔误。不过，亵和垫，差别很大，繁体字的差别也很大，写错的可能性很小，我还是倾向于故意改的。

唉，我觉得垫江、合川，都不如亵江好听，更不如亵江贴切，我看还是改回去吧。

第一个垫江县，被叫了700多年，就算从汉朝算起，也起码400来年，算是老垫江。

第二个垫江，就是咱们重庆的渝中区了。

很少有人知道渝中区也叫过垫江县——好吧，渝中区的朋友们，你们其实也可以自称垫江人。

南朝齐永明五年（487年），原来在渝中半岛的江州县被搬去江津，这里被命名为垫江县。梁朝上台，新设了个楚州，垫江县作为楚州的下辖县，依然屹立在渝中半岛，直到北周保定元年（561年），这个垫江县才撤销，改为巴县。20年后，公元581年，楚州更名渝州，重庆简称的渝，就此诞生。

那么，现在的垫江县又是什么时候成立的呢？

说来奇怪，这个垫江县成立于西魏恭帝二年（555年。一说是成立于556年），那时，南齐设置的渝中半岛的垫江县还在，西魏又跑去临江县新设一个垫江县——这个垫江县，延续至今，时间最长，快1500年了。

为什么会出现这么多垫江县？当政的皇帝、大臣们，不觉得累呀？也不怕搞错了？

其实是搞不错的，因为这几个垫江县是不同的皇帝封的。一个是南朝皇帝，一个北朝皇帝，唉，南北朝的历史就是如此混乱不堪。

渝中半岛这个垫江县，是南朝齐武帝萧赜（读zé）在永明年间分设的。貌似是把这两个县整体南移：原在渝中半岛的江州县往南迁，设在现在的江津珞璜顺江；原在合阳镇的垫江县往南迁，设在渝中半岛——真会折腾。不过，我严重怀疑是当地少数民族造反，才造成县府次第南迁。

现在这个垫江县，是北朝的西魏期间成立的，北周继承西魏统治后，取消了渝中半岛那个垫江，保留了现在的这个垫江。

◎ 重庆的那些消失了的县

考察重庆历来县治的变迁历史，真是一笔糊涂账。

以清朝这个重庆府的版图为例（大致相当于直辖前的重庆市）。

秦朝就设置有的老县，只有三个：江州县、垫江县和枳城县（现在的涪陵）。这三个县，都设在江河的交汇处。江州是长江和嘉陵江交汇处，涪陵是长江和乌江交汇处，而垫江（老垫江）设在嘉陵江、涪江、渠江三江交汇处。也就是说，现在的重庆主城区、涪陵、合川是重庆最早有正式行政区划的地方。

汉朝期间，大致还是这三个县。但是进入三国两晋南北朝后，开始增设五个县治。

最开始是蜀汉设置了常安县（在现在的长寿区凤城街道）、乐城县（在现在的江津油溪镇），但是由于管辖人口太少，收的税连几个当官的都养不活，很快就干脆撤销了。蜀汉时期，还在现在的武隆鸭江镇设了个汉平县（东晋时期并入涪陵）。

南齐时期，在现在的武胜县烈面镇汉初村设立汉初县，在现在的北碚东阳镇设立丹阳县。

这些县，除了汉初县到元朝还在，其余的早就或裁或并。

重庆这个当年偏僻的地方，大发展的时代是隋唐时期。

这个期间，由于迁移到重庆的移民很多，开发速度加快，重庆这个不大的地方，先后设置了30多个县，其中20个保存了相当长时期。此后，直到清末，也不过新增5个县而已——从巴县分置出江北厅。重新设置綦江县、长寿县、安居县（现铜梁安居镇）、璧山县，其余大部分都是沿用隋唐时期的县治。

隋朝是短命朝代，对重庆影响不大，只是裁撤了一些南北朝时候虚设的郡，增设了一个赤水县（不是现在贵州这个赤水。重庆的赤水县，位置在现在合川的龙凤镇赤水场），这个赤水县，隋、唐、宋，一直延续到元朝才撤销。而贵州的赤水，是光绪末年才设立，年轻得很。

唐朝就厉害了，一口气新设三十多个县。我随便罗列几个，看看大家有没有认识的：

现在的长寿境内：有温山县、永安县、乐温县；

南川有隆化县（现隆化镇）；

现在的江津、綦江境内新设南州，有：隆阳县（现古南镇）、扶化县、隆巫县、丹溪县、灵水县、三溪县（现三溪镇）、当上县、岚山县、归德县、汶溪县；

现在的永川境内：万春县（现朱沱镇）；

现巴南、南川之间陆续新设南平州、溱州，有：南平（不是现在的南坪）、清谷、周泉、昆川、和山、白溪、瀛山、荣懿、扶欢、乐来诸县；

现在的铜梁、璧山境内：新设铜梁县、巴川县（现在的旧县镇）、壁山县（壁山于清朝复置时才改名璧山，把土换成了玉）；

现在的大足、永川、荣昌一带新设昌州：增设昌元县、静南县、大足县、永川县；

如果把视线放到整个直辖后的重庆地盘，秦汉时期就设置的县，多达8个，除了前述3个，还有朐忍（现云阳，和江州、垫江同时设于公元前316年）、鱼复（现奉节白帝城）、巫县（现巫山县。战国时属于楚国，称巫郡，公元前277年改称巫县，隋初改为巫山县）、平都（现在的丰都县）、临江（现在的垫江县）。

粗粗一数，重庆就有这么多已经设置2000多年的县治，其余源自

第五部分　打望老重庆

135

隋唐的，更是懒得数了。

这期间，沧海桑田。一些县消失了，一些县更名了，一些县合并了——考察重庆县名更替，是一件很有意思的事情。可以看到这些地方的人口变迁、经济变化：人口少、经济停滞、战乱频仍的时候，就是县名大量减少的时候，或裁撤，或合并；反之，迁入人口多了，经济发展了，新增的县、撤分出来的县，就会增加。

以清初为例：

康熙元年（1662年），经过明末清初张献忠、摇黄十三家以及清军、晚明军的往复绞杀，重庆人口锐减。于是大量县份被合并：铜梁、安居被并入合州；璧山并入永川；大足并入荣昌；武隆并入涪州；

康熙六年（1667年）：大宁县并入奉节县；

康熙七年（1668年）：新宁县并入梁山县（现梁平县）；

康熙八年（1669年）：定远县（现武胜县）并入合州；

康熙九年（1670年）：大昌县并入巫山县。

直到60年后，经过几十上百年的移民，清政府才开始陆续恢复一些县治：

康熙六十年（1721年）以原来的铜梁、安居二县旧地恢复铜梁县；

雍正七年（1729年）：恢复大宁、新宁两个县；

雍正十二年（1734年）恢复大足县、定远县和璧山县（这时，壁山才改为璧山）；

乾隆十九年（1754年），在重庆江北一带新设江北厅，重庆府同知（知府的副手，分住某地后，同知的驻扎地就升级为厅，同知就是厅级干部了，相当于州县官）分住江北城。

此后，重庆县治基本定型，变化很少。

清朝的重庆长什么样

清朝的重庆长什么样？这篇罕见的旧唱词，完整披露了清朝时重庆城的全貌。

重庆有两个。

一个是网红、8D魔幻新重庆；另一个是斑驳的老重庆，埋在城市的阴影背后，沉默着。

新重庆喧嚣而时尚，无数手机摄像头，对着它惊叹。

老重庆亦愈发引人关注。什么样的城市基座，才能生长出这个魔幻体？新重庆背后的那个城市母本，真面目到底是什么？

朋友传给我一个唱本，他说名叫《重庆城》，是清末的金钱板唱词，里面唱的，就是老重庆的全貌，非常难得。

我咨询了一下专业人士，说这不是金钱板的词，而是鼓词，也可以唱竹琴、荷叶等，把词调整一下，也可以唱金钱板。

关于鼓词，我只知道北京有京韵大鼓，没有想到重庆当年也流行大鼓,但那大鼓,现在基本上没有人会了。我想在适当时候,邀请几位唱竹琴和荷叶的朋友,给读者们,唱一唱这曲清末的老重庆。

不知道你感兴趣不?

> 朝天门,大码头,迎官接圣;
> 千厮门,花包子,雪白如银;
> 临江门,木材多,树料齐整;
> 通远门,锣鼓响,在埋死人;
> 南纪门,菜挑子,涌出涌进;
> 金紫门,正对到,镇台衙门;
> 储奇门,药材好,医人治病;
> 太平门,多的是,海味山珍;
> ……

很多人都在一些餐馆的墙上,看到过这部分描写重庆老城门的文字。

其实,这段文字,就出自本书要带给大家的这首唱词。

不同的是,本书带给大家的,是这首唱词的全文。我把它分成五部分,做一个简单的讲解。

> 鼓板响,说一声,请客雅静;
> 听我把,重庆城,说个分明;
> 巴子国,都山城,人少得很;
> 沿水岸,聚群居,多重渔猎;
> 秦张仪,城江州,城小门少;
> 蜀李严,挖后山,欲通舟楫;
> 南宋朝,抗蒙哥,临战应变;

彭大雅，筑砖城，不过五门；
　　明洪武，戴指挥，因循旧址；
　　兴土木，开塘口，改铸石城；
　　依山势，据隘口，城楼雄伟；
　　设炮台，守两江，汤池金城。

上面这一段，讲述的是重庆城的筑城历史。

需要解释一下"彭大雅"这一句。彭是南宋时期的一位重庆知府，他在重庆修的是一座石头城墙，之前都是土城。他修的重庆城，一说只有四门，一说有五门。五门是：镇西门（现通远门）、熏风门（熏风即南风，疑似在现在的朝天门附近，即规划馆朝长江这边）、洪崖门、千厮门、太平门。

　　城墙长，十七里，条石来砌；
　　跑一圈，数一下，十七城门；
　　九门开，八门闭，九宫八卦；
　　八临江，一通陆，听我唱明。
　　朝天门，大码头，迎官接圣；
　　千厮门，花包子，雪白如银；
　　临江门，木材多，树料齐整；
　　通远门，锣鼓响，在埋死人；
　　南纪门，菜挑子，涌出涌进；
　　金紫门，正对到，镇台衙门；
　　储奇门，药材好，医人治病；
　　太平门，多的是，海味山珍；
　　东水门，会馆多，香火正甚；
　　正对到，真武山，古庙凉亭。

闭门八，从不开，封堵梆紧；
走不通，过不去，却都有名；
西水门，联朝千，几步就到；
洪崖门，广船多，杀鸡敬神；
定远门，坝子大，舞刀弄棍；
金汤门，打枪坝，枪炮惊人；
凤凰门，川道拐，宰房成街；
人和门，火炮响，总爷出巡；
太安门，太平仓，积谷备荒；
翠微门，挂彩缎，五色鲜明。

以上这一段，就是大家耳熟能详的，讲重庆城门及其功能分区。

千厮门的"花包子"，不是我们现在吃的包子，而是指的棉花包。

"封堵梆紧"，这句的"梆"，是重庆话，"非常"的意思。封堵梆紧，就是封堵得非常紧。这个梆字，用在"紧""硬"前面，"梆紧""梆硬"，表示非常紧、非常硬。但是，不能乱用，比如非常松、非常嫩、非常快、非常好吃，就不能说"梆松""梆嫩""梆快""梆好吃"……

"洪崖门，广船多，杀鸡敬神"一句中，广船，是中国古代江河湖海上常见的三大船型之一。杀鸡敬神，指的老重庆船工的一种习俗。那时，川江行船，非常危险，船工们出行前，都要在码头上杀一只公鸡敬神。

传说，在千厮门码头边，有一根已经不知道年份的大木桩，木桩桩上面，缠着一根草绳。船工出行前，杀鸡敬神后，要用鸡血把鸡毛粘在这木桩上。时间长了，这木桩浑身粘满鸡血鸡毛，再也粘不下了，船工们就把鸡毛粘在旁边的土地神像上。慢慢地，这土地像也糊满鸡血鸡毛，遂被重庆人亲切地唤作"鸡毛土地"——查老重庆的地图，真有鸡毛土地这个地名。

而这木桩上的那根草绳，粘的鸡血鸡毛多了，日久成精。一日，狂风大作，这草绳化为一条似龙非龙、似蛇非蛇的怪物烂草精，脱身而去，栖身在磁器口上面、大竹林对面的礁石堆里兴风作浪，祸害过路船只，直到重庆传说中经常出现的著名道长鲁一冲先生路过，才把它收服，镇压在崇因寺后面的一口古井里，由韦驮看押。

崇因寺紧挨长安寺，旧址在长江索道北站旁边。后来，侵华日军大轰炸，把长安寺、崇因寺炸毁了。也不知道这烂草精是不是就此跑了出去？

又传说，当年这烂草精被镇压时，曾问鲁一冲，什么时候可以放它出去。鲁道长答：等夜里打五更就可以放你。从此，重庆城夜里不再打五更。

说完门，唱街景，有圈有点；
挂了一，漏了万，只说有名。
较场坝，有沟道，跑马射箭；
落魂桥，穿杨箭，一箭伤人；
春秋操，绿营军，好不齐整，
众教头，振精神，训练兵丁；
坝周围，谈生意，袖里乾坤；
谈得好，做得成，赚金赚银；
三牌坊，豪商多，数之不尽；
鱼市口，到冬至，要斩犯人；
鼓楼街，设漏壶，时辰极准；
午时炮，一声响，全城听闻；
黉学街，县文庙，书声琅琅；
头悬梁，锥刺股，只为功名；

状元桥，冯与蒲，魁甲金殿；

大宋朝，巴县城，只这两名。

桥上头，卖绉绫，还卖绸缎；

东升楼，紧挨到，二府衙门；

木牌坊，卖毡樱，又卖毡帽；

道门口，脂粉铺，专卖女人；

陕西街，上中下，繁华得很；

大字号，大买主，票号兑存。

过街楼，小蒸笼，又炉又滚；

蒸羊肉，烧肥肠，曲酒醉人；

朝天驿，来的客，非官即贵；

接圣街，大钱庄，纸换金银；

"春秋操，绿营军"，这句话透露了本唱词的年代。绿营是清军的编制。

"状元桥"一句，值得商榷。在很多地方，旧时都有文庙，文庙前有泮池，泮池上有小桥一座。此桥，常被称为状元桥，讨口彩而已，并非实指。

重庆传言有冯时行、蒲国宝两名宋朝状元，本人认为，这其实是误传。宋朝状元名录中，并无这两位名字，不但不是状元，连前三甲都不是。本书中专门有一篇文章《聊聊重庆历史上的两个状元》，读者朋友可以参看。

过街楼，在现在朝天门往小什字方向不远处，过去的港口大楼背后，其实就是一座古时候的人行天桥，带风雨廊桥，全实木卯榫结构。如果现在还在，该多么漂亮！不过，就算保留到现在，估计也得被那难看的"朝天扬帆"给拆了——再厚重的历史，都会输给GDP的。

沙井湾，盐井坡，乌龟眼睛；
长安寺，打五更，不得安宁；
三元庙，不撞钟，只能敲磬；
西湖池，有一坨，太湖石奇；
千厮门，有土地，鸡毛贴紧；
点香烛，求保佑，多是船民；
木匠街，卖铜器，也卖冬笋；
新街口，针线铺，彩线头绳；
打铜街，手艺人，制锅铸鼎；
小酒杯，大脸盆，啥都得行；
崇因寺，第一山，有眼古井；
水井中，关得有，烂谷草精；
望龙门，望的是，龙门小浩；
后伺坡，看得见，大河半城；
大梁子，裁缝铺，皮衣冬帽；
神仙口，银匠铺，专包赤金；
泰子斋，点心好，各式糕饼；
转过弯，就是那，中营衙门；
米花街，卖布匹，都是捆捆，
船运来，马驮去，批发乡邻。

"乌龟眼睛"一句，是说这两个地方，过去有两口井，正好是重庆城的"乌龟眼睛"。古人认为，重庆的渝中半岛，很像乌龟脑袋（这话怎么看都有点不大顺眼），这两口井，就是乌龟的两只眼睛。

"长安寺，打五更"这句，对应的就是烂谷草精的传说。后面的崇因寺，紧挨长安寺。有人说，崇因寺就是长安寺，我觉得不太可能，否则，本唱词不应该既有长安寺，又有崇因寺，可见这是两个地方。

泰子斋，是老重庆的一家著名点心铺。那时候，重庆较场口一带的糕点铺，多是回民经营。重庆各地的点心甜品铺，店名都带一个斋字，主营杂糖、蜜饯和川帮或苏帮糕点。较场口当年有一著名斋馆"采芝斋"，"泰子斋"疑为"采芝斋"的误读、误记。

走大街，穿小巷，店铺挨近；
难的是，坡坎多，道路不平。
道冠井，水甘甜，泡茶品味；
总土地，掌管的，全是矮神。
关爷庙，偃月刀，生铁铸成；
桂花街，杨柳街，街窄难行；
都邮街，分上下，街长得很；
广南货，花色多，人在挤人；
华光庙，一座楼，风光得很；
会仙桥，走三步，通城有名；
治平寺，罗汉寺，挨得很近；
罗汉堂，塑佛像，五百来尊；
药王庙，众病家，求药治病；
筷子街，种类全，价钱相因；
东岳庙，织绫子，机声阵阵；
十王殿，供的是，十殿阎君；
大阳沟，菜市场，菜多得很；
可就是，地面脏，多不干净；
府文庙，祀木主，圣人孔子；
夫子池，人称是，学宫衙门；

魁星楼，鬼踢斗，掌管文运；
秀才郎，盼的是，金榜题名；
石板坡，神仙洞，清静得很；
香水桥，一条沟，直通河心；
九尺坎，本就有，千年古景；
炮台上，架的是，铁炮将军；
洪崖洞，三伏天，凉快得很；
三教堂，嫩豆花，远近闻名；
大井湾，小井湾，打有水井；
扶桑坝，地势宽，扎过军营；
五福宫，山顶上，全城望尽；
天官府，明太师，蹇义出名；
骡马店，栈房多，赶马蓉城；
莲花池，有一座，巴蔓子坟。
佛图关，咽喉地，上省路径；
夜雨寺，香火旺，求签敬神；
真武山，铁桅杆，永镇巴郡；
老君洞，供的是，太上老君；
觉林寺，报恩塔，有求必应；
慈云寺，僧与尼，同念佛经；
弹子石，玄坛庙，江边看景；
龙门浩，塔子梁，鲨鱼搬罾；
水中市，山中城，景说不尽，
大小河，围到起，雄壮山城。

　　"总土地"一句，是说重庆众多土地庙中，有个最大的土地庙，总管全城土地神。总土地，在过去的杨柳街（现在中华路靠近新华路那一段）旁一小巷。

这里也有个传说。此处有一富人，其老婆怀疑丫鬟偷她的金钗，暴打丫鬟。丫鬟愤而出走，晚上不敢回家，就蜷曲身子睡在路边土地庙里——重庆土地庙特别多。据说土地神很矮小，民间戏称矮神，所以土地庙也往往很小，仅可容身，老重庆各个街头巷尾随处可见——丫鬟梦中见很多矮神在这里集合，其中一位给领导告状，说富人老婆的金钗其实是被老鼠偷走的，被老鼠藏在某处。丫鬟梦醒后，回去，果然发现金钗所在。从此，重庆全城传说，此处为重庆总土地所在之处，故命名为"总土地"，后来更名至诚巷，又更名自力巷。

大革命时期，重庆有两个国民党四川省党部，杨闇公他们的左派省党部在莲花池，石青阳等人又在总土地成立了一个右派省党部，两个省党部经常打口水仗，甚至相互大打出手。

"会仙桥"一句，指当年会仙桥是一个非常短的小桥，上三步下三步，而且桥宽也刚刚三步，是以得名。会仙二字，指曾有人在此桥上遇见八仙（一说遇见铁拐李等两位）。

"三教堂"一句，很有意思。三教堂，并不是教堂，而是现在的能仁寺，在八一路上。这是一个尼姑庵，至今犹存。她家的豆花当年很有名，可惜现在没有了。后来此庙开有茶楼，我曾去喝过茶。

"扶桑坝"，这个地名宋朝就有。当年抗元时，固守重庆的知府张珏曾从此处冲出去，试图突围，可惜被元军打了回来。扶桑坝，有说就是现在东水门长江大桥的桥墩下面。

真武山的铁桅杆一直是一个谜。《巴县志》等书说是明朝四川总兵刘綎所立，但是这根高达10.5米的铁桅杆，上面刻的铭文却是："明万历二十三年三月初三巴县东里城新兴铺费大元刘氏男费有进陈氏男费成长寿。"铭文内容和刘总兵一毛钱关系都没有。

这根桅杆立在著名的涂山寺旁边。中国古代有在寺庙旁捐立铁桅杆祈福的传统，所以，也有人认为这就是一根费家人为祈福立的铁桅杆，其目的是祈求"长寿"。

"龙门浩，塔子梁"，这里又有一个小故事，即著名的"三塔不见面，一塔水中间"。很多人知道"三塔不见面"，却不知道，三塔的中间那一塔，就是龙门浩江边一块礁石石梁上的小塔（这个石梁，就叫塔子梁），据说这塔由鹅卵石砌成，涨水季节，全塔会被水淹。另外两塔，一塔就是南岸黄桷垭上的文峰塔，另一塔，有两种说法，一说是江北溉澜溪塔子山上的白塔，也叫文峰塔，另说是湖广会馆旁边的一座塔，此塔早已消失。

这首唱词，不管是鼓词，还是竹琴、荷叶，文中透露出的信息，表明了它的时代：清朝。

这也是目前发现的，最早对重庆城进行全景描述的民间文本。

特推荐喜欢重庆的朋友们收藏。

坐之背樂莫之外
壬午仲夏華君澂

十位古代重庆的一把手

肯定嘛，重庆古代历史上，远不止十位一把手。

这十位大神，是作者从重庆古代历史中，按照个人标准选拔出来的。评判是不是大神级人物，是没有国家标准的，所以只能按照个人标准。什么是个人标准呢？答：作者认为他是一名牛人，他就是一名牛人。

这十位大神，时间跨度从三国到清末，官职则从都督到县令。他们的共同特点是：在重庆这块地盘上，当过或大或小的一把手。然后都有一些故事让作者难以忘记。

这十位大神，三位在三国，三位在宋末。这说明了，战乱时期，最是英雄辈出的时代。记不得谁说的了，每个英雄豪杰背后，都堆满了死伤无数的平民。让我们祈祷吧，战争永不再降临到重庆这块美丽的土地！

这十位大神，或文或武，但我个人更喜欢整日游山玩水的王尔鉴和焦裕禄式的县令刘衡,其次就是睁开眼睛,把世界看明白了的黎庶昌。

另外,这十位大神,都是历史中的真实人物,传说人物一概不列入。

十位古代重庆的一把手

严颜(巴郡太守)
赵云(江州都督)
李严(江州都督)
彭大雅(重庆知府)
吕文德(重庆知府)
张珏(重庆知府)
王子美(巴县县令)
王尔鉴(巴县县令)
刘衡(巴县县令)
黎庶昌(川东道道台)

◎ 严颜

严颜(?—?),忠县(当时叫临江县,唐朝贞观年间改名忠州,民国二年即1913年再改为忠县)人。

关于严颜,在正史里面的记载相当少,仅《华阳国志》和《三国志》各有一小段介绍。民国《巴县志》把这两处的介绍,合在了一起,专门为严颜立了个小传。

严颜将军之所以名气大,是因为他那句"我州但有断头将军,无有降将军也"的名言。

这句话,在历朝历代,都被当做正能量的代表性言论,受到无数点赞。

严颜的故事是这样的:

三国时,严颜被刘璋任命为巴郡太守,守江州(即现在的重庆渝中半岛)。傻乎乎的刘璋,派法正去迎接皇叔刘备入川。刘备入川后,进入巴郡,严颜得知消息,仰天长叹:这就是"独坐穷山,引虎自卫"呀。

严将军说的穷山,不是指很穷的山,而是指深山。意思是,老大呀,你糊涂呀。自己在四川这个深山里面当山大王,多好的嘛,又不招谁惹谁,你偏偏要去引头老虎进来!

确实,老虎进来后就张牙舞爪了。刘备派张飞攻江州(公元213年),生俘严颜。张飞这个莽汉,对严颜厉声呵斥:"大军来了,你为什么不投降,还要抵抗?"英雄人物严颜,头一仰,冷眼斜视没文化的张飞:"你这些人,才不要脸哦,抢占我大重庆,还要我投降?俺们大重庆,只有断头将军,没有投降的将军。"——瞧这话,千年之后,依然掷地有声呀。

张飞当然要大怒,命左右拖出去砍了。严颜很冷静,问张飞:"砍头便砍头,你张飞又生个啥子气呢(原文是:砍头便砍头,何为怒耶)?"于是,张飞被严颜的高风亮节一下子感动了。义释严颜,双方握手言和。严颜呢,则从此愉快地在张飞这里当上了嘉宾(书上说"引为宾客",就是待如上宾的意思)。

不过,我读书少,看到这里就有点不明白了,"断头将军"一语言犹在耳呀,怎么张飞一义释,你严颜将军就半推半就当上了"宾客"?

想了一想,突然很佩服严颜了。一方面,以宁断头也不投降而青

第五部分 打望老重庆

151

史留名，另一方面，又重新搭上了刘皇叔这艘友谊的小船。瞧这套路多厉害，够得学呀。

◎ 赵云

赵云将军（？—229年），大家都认识，被誉为一身都是胆的常山赵子龙。赵子龙，常山真定人。真定，就是现在的河北正定县。这地方不简单呀，出龙的地方，赵子龙也是龙嘛。

赵云是个大帅哥，书上说他"身长八尺，姿颜雄伟"，帅哥一枚。

公元221年，刘备讨伐孙吴。时任翊（读音yì）军将军的赵云苦谏，刘备不听。任命赵云为江州都督，驻扎重庆接应。第二年，刘备在秭归大败，退回奉节永安宫。当赵云带军来到永安时，孙吴大军已经退军。

赵云在重庆当一把手，至少也有一年多。老重庆有个地名叫白龙池，在会仙桥往小什字方向几十米，也紧挨大阳沟。之前有个水池，据说就是赵云饮战马的地方。传说赵云的马是白龙马，所以这个地方就叫白龙池。后来，白龙池被填了起来，这里形成了一条小街，街名也叫白龙池，上接正阳街。白龙池街抗战时期还在，现已不存。

老重庆有家著名的餐馆"粤香村"，就位于白龙池。

粤香村，不是做粤菜的馆子，而是以牛肉汤著名。1943年（或说二十世纪二十年代就开始了），重庆名厨陈青云就在这里主厨，他的名菜，就是制作过程无比复杂的"清炖牛肉汤"。陈青云给粤香村定了个规矩：三个不添加。炖汤中间不加水；食客喝完汤后不加汤，必须另外买；最后是连蘸牛肉的豆瓣酱也不加——也是个有性格的牛人呀。

80年代，粤香村被改名老四川。现在经常听人说，当年老四川的清炖牛肉汤如何如何。其实错了，老四川没有牛肉汤，粤香村才是这碗清炖牛肉汤的祖宗。

◎ 李严

李严（？—234年）也曾经是三国时的江州都督。

李严在刘备心目中，地位比赵云更重要。刘备永安宫托孤，不是托给诸葛亮一个人。皇帝不会干这种事，那多危险呀。除了诸葛亮，李严就是刘备托孤的第二人。

从刘备死前的安排，可以看出李严的地位多重要。刘备任命李严为中都护，假节（类似后世的钦差大臣，军中之事，可先斩后奏），驻守奉节，"统内外军事"，重点防范吴国。阿斗接班后，诸葛亮被封武乡侯，李严被封都乡侯，两个人的行政级别一样大，都是乡侯——顺便普及一下，东汉时期的列侯，依次分为县、乡、亭三级；关羽就是寿亭侯，属于亭侯，比诸葛亮、李严都要低一级。

为了配合诸葛亮北伐，四年后（227年），李严移防江州，担任江州都督，统管江州、永安（就是奉节）军事。重庆第二次筑城就是他干的（第一次筑城，是秦国张仪在江北嘴筑的小城，一说筑城于朝天门）。

李严进驻江州后，一眼就瞧上了渝中半岛，这地方太利于防守了，两边都是江和陡坡，易守难攻。于是，李严大兴土木，把渝中半岛的前半截圈了起来，这个规模，在当时，算是超级大都市了，所以史称"李严筑大城"。这个江州城，大约位置是从现在的朝天门开始，到新华路人民公园附近（也有说到较场口的）。

李严想象力非常丰富，曾经想在鹅岭这个地方挖一条运河，把嘉陵江和长江连通，这样，俺们江州四面都是天然的大型护城河，谁攻到这里，都只能灰溜溜打道回府。可惜，由于诸葛亮阻挠，这事没有干成。当然，以当时的科技条件和经济实力，就算诸葛亮不阻扰，估计也干不成。

李严一生，非常善于投机，每次新投靠一个人，官就升一级。他年轻时就很能干，被刘表任命为秭归县令，曹操打过来后，他跑到四川投靠刘璋，官升一级，成了成都市长（成都令），也是以能干著称。刘备打过来，他见事不对，又火线起义，转投刘备。

投靠刘备后，立功不少，官越当越大，最后居然混成托孤大臣。

可惜，这家伙后来野心太大，胆子也太大，竟然煽动诸葛亮造反（加九锡称王），结果被诸葛亮削职为民，死于流放地桐梓。

◎ 彭大雅

彭大雅（？—1245年），南宋理宗嘉熙初年进士，文人出身，但是脾气却很猛。

彭知府一直很有忧患意识。

1232年，宋朝和蒙古共商南北夹攻金朝。他曾经作为书状官（大约相当于秘书）随行北上，一路细细观察，对蒙古有相当深入的了解。毫不客气地说，他是宋方少有的蒙古通。北行归来，彭秘书著有《黑鞑事略》一书，详细记录了他的所见所闻。

所以，后来升官当重庆知府后，他第一反应就是备战。

要备战，就得修城墙。那时，重庆城墙还是土墙，甚至有些地方可能不一定有城墙。这肯定要不得。

彭知府下定决心，要修就修石墙，一步到位。

之前，不少人认为，重庆城墙第一次砌石墙，是明初的重庆指挥戴鼎所为。现在的考古发现，宋末的城墙，都是大石头，非常坚固。明初城墙，不过是在宋城墙外面包裹了一层，而且还没有宋城墙规整。

这都是彭大雅的功劳。

为了修重庆城墙，彭大雅顶住了不少人的反对。

这么大一座城，全部修石墙，基本上相当于重修。当时的政府官员都不理解，纷纷找到彭大雅表示反对，认为这是不可能完成的任务。哪晓得，彭大雅犟脾气来了，说了一句非常有性格的话："不把钱做钱看，不把人做人看，无不可筑之理！"（民国《巴县志·彭大雅传》）

一把手下了决心，重庆城修石头城墙，就成了一把手亲自抓的一把手工程。最后终于修筑成功。

完工之日，大家一致表示要给一把手立个碑，彭大雅谦虚地手一挥，立啥子碑哦，在四门之上嵌上四块大石头吧。上书"某年、某月，彭大雅筑此城为西蜀根本"——我看，这比立块碑更嚣张。

宋末历史学家胡三省，在他著名的《通鉴注》里面，狠狠表扬了彭大雅。认为他修重庆城，"支持西蜀且四十年！"

正因为有了彭大雅筑城在先，后来的余玠（四川制置使、重庆知府）才以重庆为主要支点，构筑了包括合川钓鱼城在内的一系列防御支撑点，形成了相对完善的对元防御体系。

有了彭大雅修的重庆城，重庆才得以抵抗元军到1278年（第二年就是著名的崖山事件年，南宋亡国）。

可惜彭大雅因一意孤行修城墙，被宋理宗视为大逆不道，决定撤销彭大雅一切职务，贬为普通老百姓。

彭大雅在冤屈中去世。死后，彭被宋理宗平反。

◎ 吕文德

吕文德（？—1269年）是个传奇人物。

这位吕兄，本是安徽寿县一个砍柴的樵夫。1233年的一天，大将赵葵路过寿县，看到路边一双被扔掉的草鞋，长有一尺还多。赵将军兴趣来了：这双草鞋的主人该有多高大威猛呀。于是派人调查，原来这双鞋的主人就是正在山上砍柴的吕文德。高大威猛的吕文德就此从军，跟随赵将军东征西讨，抵抗蒙古大军。

吕文德后来把老家的乡亲们拉出来，组建了一支名为"黑炭团"（估计都是些砍柴的黑娃）的军队，南征北战，多有胜绩，成为南宋抗蒙的中流砥柱——这个中流砥柱是真的。

1259年2月（农历，下同），蒙哥率军杀到重庆，主力围攻钓鱼城，另派一军占领涪陵，在蔺市修建浮桥，阻断长江，把重庆和下游（这时宋军据有忠县以下地盘）隔离开来，同时在铜锣峡修建堡垒作为第二道防线——重庆告急。

重庆当然不能丢，重庆一丢，蒙军顺流而下，整个四川必然彻底落入蒙军手里。

1259年3月，蒙哥来到合川不久，宋理宗就委任吕文德为保康军节度使、四川制置副使兼知重庆府（类似于四川省委副书记兼重庆市委书记），全面负责增援重庆。

吕文德率万艘战船——这个有点夸张，估计都是小舢板——很快来到涪陵，和蒙军涪陵守将钮琳对峙了70天。进入夏天后，洪水泛滥，三次冲垮浮桥，桥上蒙军大批被冲落水中，吕文德大喜，令部下冲击浮桥，蒙军大败，退守铁山坪下面的那个铜锣峡，吕文德继续猛攻，蒙军又败。钮琳率残兵退回合州，与蒙哥会合。

6月，吕文德率军进入重庆城，打通了重庆和下游的联系。

进入重庆的吕文德没有关起门过官瘾，而是沿嘉陵江继续北攻合州。这次进攻没有成功，被蒙军打了回来，但是，重兵驻扎重庆的吕文德，给正在合川的蒙哥极大压力，性急的蒙哥加大攻击钓鱼城力度，多次亲临前线督战，7月（新历8月11日）被打死在钓鱼城下。宋理宗高兴地表扬：合州之围被解，也有吕知府的功劳呀。对吕知府大为奖赏。

特别需要强调的是，一辈子抗蒙、打胜仗无数的吕文德，在金庸笔下，却成了畏敌如虎、胆小猥琐的反面角色。

在他的《射雕英雄传》和《神雕侠侣》两部小说中，郭靖力守襄阳，退忽必烈，然后杨过一块石头砸死蒙哥大汗，而政府派到襄阳的一把手吕文德则猥琐胆怯、畏敌如虎，不但抵抗蒙军没他什么事，甚至还成了拖后腿的反面人物。

这简直就是胡说八道。

吕文德固然不是什么好人。那个时代，好人这个物种，是活不到电视剧第二集的。他也有贪污受贿、任人唯亲的行为，但是，在抵抗蒙元这件事上，吕文德几乎是无可挑剔的。连他的敌人，降将刘整也说，整个南宋，不过靠着一个"黑炭团"在抵抗而已。

◎ 张珏

张珏（？—1278年），这位是南宋最后一任重庆知府。血雨腥风中，他在重庆坚持到元军破城的最后一刻！

来自陕西凤县的十八岁小鲜肉张珏，跑到钓鱼城参军打仗。一步步从小兵，积功升到四川制置副使兼重庆知府的副部级高官。小鲜肉在战火中，终于被锻炼成了一名酷大叔。

在钓鱼城，他因为打仗厉害，有"四川虓将（即骁将）"之称。先辅佐王坚，王坚调离后，辅佐马千，马千被免职后，张珏任合川一把手，统管合川军政大权。

张珏的一生，就是在重庆、合川抵抗蒙元大军的一生，身经数百战。

1275年，张珏初升重庆知府时，尚在钓鱼城坐镇指挥。这一年夏天，元军在短短一个月内，连续攻占了泸州、宜宾、达州、开州等地，包围了重庆。为了防止合川增援重庆，元军在涪江、渠江、嘉陵江上都架上浮桥，我估计有些江上还不止一座浮桥。

重庆告急。从秋到冬，"援尽粮绝"。其间，张珏多次派敢死队救援。但是，直到第二年二月，援军才得以冲进重庆城，打通重庆、合川的联系。这一下，张珏大发神威，合两地大军，六月收复泸州，迫使包围重庆的元军解围西去。

但是，这也只是大宋朝在四川一地的回光返照。

在张珏担任重庆知府的第三年（1277年），涪陵、梁平、万州、泸州连续或降或破，重庆、合川又成为两座孤城。年底，元军攻占佛图关，再度兵临重庆城下。

1278年2月，张珏率军出熏风门，在扶桑坝和元军也速答儿（这家伙是钮琳的儿子。钮琳，就是当年在涪陵蔺市架浮桥，试图拦住吕文德的那位元将）大战，张珏大败。此时，重庆城里又是弹尽粮绝，元军多次招降，都被张珏将军拒绝。

张珏部将赵安、韩忠显半夜开镇西门投降。元军进城。

张珏决定自杀殉国，到处找毒药，没有找到。就找了艘小船，把老婆娃儿带起，逃往涪陵。半路上，张珏又萌死志，用斧头砍小船，想沉舟而亡，被船上的部下抢过斧头扔到江中。张珏一看，你们不想死呀，那我投河，于是向长江跳去，又被家人抱住。

第二天，元军追了上来，抓住了张珏。在押解往京城路上，张珏趁人不备，借上厕所，用弓弦上吊自杀。

张珏死后第二年，合川沦陷。也就在这一年，崖山一战，宋亡。

◎ 王子美

王子美（？—1644年），明末巴县县令。死于张献忠之手。

1644年6月22日，张献忠从通远门攻破重庆城。驻守重庆的所有官员全部被俘，其中，级别最低的就是巴县县令王子美。在他之上，还有从陕西逃难过来的瑞王朱常浩、卸任巡抚陈士奇、知府王行检等一堆大小领导。这些人，都死于张献忠之手，但王子美县令的事迹特别感人。

有个叫刘道开的，在《巴令王子美传》中，记录了包括王县令在内的这些明朝官员的事迹。

刘道开是王子美朋友，家住主城30里外。6月14日，刘听说张献忠即将进攻重庆，匆匆入城。在南纪门找到县令王子美，二人相对叹息。刘说，事已不可为，该考虑一下其他的变通方法了。王子美慨然道："城亡与亡，万无逃理。"最后，在刘的劝说下，王子美安排部下把公子护送出城——这是刘最后一次见王县令的面。

22日城破，王子美等明朝官员被俘，被押送到演武场——现在的较场口——张献忠亲自审问。城破之际，重庆卫指挥（类似重庆军分区司令员）顾景，安排瑞王骑他的马出城，在出城路上，二人被俘。其他官员，很多是被一锅端后，张献忠悬赏指认，结果被市民认出。

瑞王、陈士奇、王行检以及王子美被押至现场，很多重庆市民在旁边围观。刘道开的一位族子（同族子侄）也在现场，据他回忆，张献忠得意扬扬地问，你们这些家伙，为什么不早点投降？陈士奇牙齿被全部打落，说不出话。有一人被吓得伏在地上，推卸道："我又没有权，我也是被迫的，请大王饶命。"王子美在旁边，给这个怕死鬼飞起一脚，踢在他背上，王县令骂道："大丈夫死则死矣，乃向盗贼求活乎？"

当时正是夏天，张献忠让给这些官员端碗茶来，其中有一个人接过茶盏（估计就是那个伏地求饶者），王子美在旁边，再次发飙，他一把抢过茶碗，扔在地上，骂不绝口。张献忠大怒道："是不是你想马上死？我偏不成全你！"命手下用钝刀子慢慢凌迟王子美，三天三夜才把王子美杀死！陈士奇、王行检也是因痛骂张献忠被凌迟，此三人，后被称为"忠烈三贤"。

从事后记录看，守重庆的诸位高官无一投降，全部被张献忠处死。

有个传说：在杀瑞王朱常浩等官员时，天空突然乌云密布，雷声震耳。旁边有人说，这是天意，不能杀。张献忠向来胆大包天，怒道："老子杀人，和你老天爷屁相干"，命令手下架起大炮轰天。之前还脾气大得很的老天爷，这下也熊了，立马云散雨收——可见，老天爷其实也怕恶人。

第二年，明将曾英占领重庆。刘道开入城，在演武场遍寻王子美等尸身，哪里还找得到，只好对天设祭。有祭诗一首传世：

　　　　臣死封疆职自然，
　　　　书生文弱亦堪怜。
　　　　抚臣有算唯拼命，
　　　　县令无名只对天。
　　　　一笑餐刀神合漠，

千秋化碧血归泉。

洪都夜令柴门月，

几度凄凉听杜鹃。

此外，还有位叫李默的垫江举人，组织了一支当地人队伍守城。重庆知府王行检邀请他来渝帮忙，他二话不说，直奔重庆。围城期间，他和王子美一起坚守在城墙上，城破后也被张献忠抓获，怒骂张献忠而被凌迟，全家殉难。

他的侄儿李竑邺有《哭伯父默渝城死难歌》一首传世，诗长，不录。

明末清初有位丰都人林明寯，身经张献忠之乱。乱后写有《忠烈三贤传》，被同治版《丰都县志》收录。这篇文章，康熙年间的刑部尚书王士禛（著名诗人，神韵说创始人）说他就读过，可见为真。文中，林明寯认为，为什么张献忠在四川杀人这么多，"余以渝人习闻而见"，就是说，我作为重庆人看来，张献忠来四川、重庆，"无三尺童子乞降"，大家都拼死抵抗，所以"蜀人较天下祸更烈"，这说明，川人之血性，由来已久！

◎ 王尔鉴

王尔鉴（1706—1766年），湖南卢氏人。雍正八年（1730年）进士，曾在山东当多个县的县令，后升济宁州知州、曹州府知府。不知道为什么，倒霉催的王尔鉴，于乾隆十六年（1751年）被降职到偏远的巴县当县令。

那时的巴县，地盘可大呢。这么说吧，现在的重庆主城区，包括渝中、江北、渝北、南岸、巴南、大渡口、九龙坡、沙坪坝等，基本上都是老巴县的地盘，甚至远到北碚、华蓥山都在巴县管辖之内。巴县县衙也一直在下半城。1939年重庆成为特别市，不归四川管辖了，巴县政府才离开主城，在南坪、南泉、土桥等地流浪多年，最后定在鱼洞。

王尔鉴县令，是个非常典型的文人，从他在重庆的经历看，这家伙还是个贪图享受的文人。

经过明末清初的战乱，重庆被破坏严重，县衙门也毁于战火，康熙六年（1667年）重修。王尔鉴来了，表示不满意，就又修了一次。

王尔鉴在重庆当了两回县令。乾隆十六年（1751年）上任，乾隆十八年（1753年）免职，乾隆二十年（1755年）又上任。这期间，他被领导喊到北京去坐了一年冷板凳——乾隆二十年（1755年），王尔鉴在他的《过渝州》一诗中，开篇就是"去岁正月三，策马离渝州，今岁正月九，买棹还渝州"。其间，霉运连连的王尔鉴，还被贬到黔江当了几年县令。

在重庆，王尔鉴修县衙、修文庙、捐助贫困学生（民国《巴县志》说他经常"课士，捐助膏火"，就是赞助贫困学生的意思），然后就到处游山玩水。著名的巴渝十二景，就是他老人家鼓捣出来的。

在重庆玩得不亦乐乎的王尔鉴，到处闲逛之余，突然觉得以前的巴渝八景太俗了。他说，中国各地，到处都"八景"，太低俗了，而且以前的八景，不够。重庆这么漂亮的山水，哪里才只八景呢？

明朝就有的巴渝八景为：龙门皓月、黄葛晚渡、金碧香风、佛图夜雨、洪崖滴翠、孔殿桂香、觉林晓钟、北镇金沙。王尔鉴老师认为，孔殿桂香，是指孔庙里面桂花多。哪里又没有桂花呢？觉林晓钟，指下浩觉林寺的钟声。那么，哪里又没有钟声呢？而北镇金沙一景，大约是指金沙岗上（小什字重庆饭店背后山坡），往北一看，江北城江边沙滩一带，被阳光一照，宛如金沙。他也对此不满，认为重庆这地方,"渝州襟带江山,处处沙明日衬",都是这个景色,不算独特。

所以他去三留五,再增加了七个地方,就成了后来重庆名噪一时的"巴渝十二景":龙门皓月、黄葛晚渡、金碧香风、佛图夜雨、洪崖滴翠(以上五个保留);新增:字水宵灯、缙岭云霞、歌乐灵音、海棠烟雨、华蓥雪霁、云篆风清、桶井峡猿。

不知道大家发现没有,过去的巴渝八景,全都是现在主城里面的景色,而王尔鉴把视野放宽到整个重庆,远到华蓥山、歌乐山、云篆山、统景(原名桶井),覆盖面更广。

从王尔鉴留下来的诗文看,他的足迹遍布重庆各地。

除了游山玩水,王尔鉴在重庆还干了件大事,就是重修《巴县志》。他修的《巴县志》,非常精当,很多内容被民国《巴县志》采用。

在他主持下,历时十年,重庆历史上第一本《巴县志》得以问世。在黔江,文化人王尔鉴也没有闲着。他把妻儿留在重庆,孤身上任。除了继续游山玩水,王尔鉴继续编县志。据说黔江的第一本县志也是出于他手。

后来,王尔鉴一直羁留四川,据说先后担任营山县令和合州、达州、资州知州,最后担任夔州知府,算是又回到厅级干部岗位上。

◎ 刘衡

刘衡,江西南丰人。嘉庆五年(1800年)副榜贡生,曾担任过两年左右的巴县县令。副榜贡生,就是秀才没有考中举人,但是成绩还不错,就列为副榜,送到京师国子监继续学习,读几年后就可以出来当官了。

1823年，刘衡被组织上安排到垫江、梁平这两个地方，共当了两年知县，又于1825年调任巴县县令。

在民国《巴县志》里面，用了"爱民如子"四个金光闪闪的大字形容刘知县。

初到巴县，刘衡先搞调查。一调查，不得了，发现县政府好多临时工！"白役至七千余人"。白役，就是临时工，一个县政府有7000多临时工！

刘衡这种好官，当然第一件事就是解散临时工队伍，只留了100多人。

就算用现在的标准看，刘老爷也是一个好领导。他说，当县领导，就是亲民官，就是最接近老百姓的官。什么事情都要亲力亲为，不能太相信有关部门转过来的报告。不亲自和老百姓接触，就容易被临时工蒙蔽，官民关系就不能和谐共处，所以，他提出四个字："官须自做"——就是不但饭要亲自吃，文章报告也要亲自写，大事小事亲自干，不能事事交给秘书。

在重庆，他不设门丁（没有门卫），挂个铜锣在堂下，哪个小老百姓有事都可以来敲几下，一敲锣鼓，他就出来亲自处理，绝对不转交给其他人。

而且，他应该是中国历史上，第一个设置行政办公大厅的领导了。

他把各个有关部门的工作人员都召集起来，坐在县衙大堂。归哪个部门管的文件，就直接交到有关人员那里，现场马上办结。他到巴县的时候，前任留下来上千件积案，他调走的时候，只有一个小案子留给下一任。

出去办案，也是自带伙食，从来不公款吃喝。

重庆试院（即古时候的同学们参加中考、高考的地方。旧址在现在的石灰市一带）年久失修，他自掏腰包，带头募捐700两，感动乡人，一共募捐了上万两。

还发生过这样的事情：总督戴锡三巡查川东，遇到有人拦路上访。上访者说，我的案子，能不能安排刘青天来审呀？——被呼为青天大人，算是那个时代对官员最高的赞誉了。

刘衡在重庆只当了两年知县，就高升去绵州（现绵阳），后来担任保宁（现阆中）、成都知府，最后官至河南某道道台。

让我吃惊的是，刘衡居然写过两本"不合时宜"的书：一本《读律心得》，研究法律的书；另一本更让我刮目相看，书名《六九轩算书》，即研究数学的书。

可见，在那个时代，刘衡不但是清官能吏，还是少有的有科学头脑之人。我为重庆曾经有这样的县令而自豪。

◎ 黎庶昌

黎庶昌（1837—1896年），字莼斋。贵州遵义人。曾任川东兵备道和重庆海关监督，大约相当于包括重庆在内的整个川东一把手，兼驻重庆海关的朝廷首席代表。

黎庶昌25岁的时候，以秀才的身份，响应慈禧太后的号召，给她上了一封《万言书》，老太太一看，写得不错嘛，这小伙子要得。于是授予知县职称，派到曾国藩手下工作。

在曾国藩那里，很受曾大帅看重。黎庶昌和张裕钊、吴汝纶、薛福成四人，并称"曾门四弟子"。

后来，黎庶昌转到地方任职，在江苏一带担任知县。

光绪二年（1876年），朝廷第一次向国外正式派驻公使，黎庶昌先后随大名鼎鼎的郭嵩涛、曾纪泽（曾国藩长子）出使欧洲，在英、法、德等国使馆担任参赞。后派驻日本。黎庶昌共两次出使日本，前后在日本待了六年。

在日本，黎庶昌有两件事值得一说：一是搜罗散落日本的中国古籍26种，编了一本《古逸丛书》共200卷；二是和日本汉学家藤野正启的故事。

黎庶昌在日本广交朋友，其中一位就是藤野正启。藤野去世后，墓志铭为黎庶昌所写。后来黎庶昌的夫人赵氏去世，又是藤野的女儿藤野真之于1892年为之作墓志铭，传为佳话。

1891年，重庆开埠，设立海关。黎庶昌被任命为重庆开埠后第一任川东道道台兼海关监督，道台办公室就在现在的道门口。

到重庆后，黎庶昌为重庆创立了一所前所未有的学校：川东洋务学堂。学堂由黎庶昌个人出资，只招了20名学生。这个微型学堂，是西南地区第一个新式学堂。学堂的课程，仅开设中文、英文和算学三科，后来增加格致（讲授物理、化学等科学知识）。黎庶昌自己也经常来学校教课，并于每月月中亲自批阅学生卷子。

这个洋务学堂，与其说是个学堂，不如说是个教学班，还是小班那种。我猜，出使国外多年的黎庶昌，来到相对闭塞的重庆，一定急于把开放的种子播撒在这里，所以哪怕自己掏腰包，也要办这么一个班。后来，这个班确实有人前往英国留学，成了整个西南第一批留学国外的学生。黎庶昌播下的种子，终于发芽了。

1894年，中日甲午战争开始。黎庶昌在日本多年，算是少有的日本通。以他对日本的了解，认为此战胜负结果很难说——说白了，就是他不看好大清。于是，黎庶昌自荐前往日本斡旋，给李鸿章打电报，力阻宣战。电报里面用词非常激愤，重庆的电报员一看，敢这样给中堂大人说话？那还得了，都不敢发出去。黎庶昌跑到电报局，痛骂电报员，电报员只是摇头，反正我不敢发。最后，黎庶昌让万县电报局转发。万县的同志们一看,你大重庆的电报局都不敢发,我大万县更不敢发,这封要命的电报最后还是没有发出去。后来,此战进程,果如黎庶昌所料。黎庶昌还曾试图通电全国,让全国公务员主动给国家捐款打仗,捐款多少按级别定——这电报当然也发不出去。黎庶昌只好自己捐了一大笔钱助饷。

最后,据说黎庶昌因此"愤郁失常,病甚"。1896年8月,病中的黎庶昌,从重庆回到故乡遵义县新舟镇沙滩村,12月20日去世。

聊聊重庆历史上的两个状元

历史上，重庆历来都不是一个文运昌盛的地方。

唐宋时期好一点，比如号称出在重庆的两个状元，都是在宋朝。唐宋时期，包括重庆在内的老四川区域，很是出了一些状元，唐朝据说六人、宋朝据说八人，而元明清三代，重庆一个状元都没出，四川略强一点，但强得也有限。这期间，整个四川，一共出了三个状元（都不在现在的重庆区域），恰好元明清三代各一个，算是没有打白板——三苏这等天地气运所钟的文豪，从此没有在巴渝大地上诞生了。

好在，重庆似乎出了两个可以撑门面的状元，算是可以给重庆挽回一点面子。

在很多关于重庆的文章里面，都提到重庆在宋朝的两个状元：冯时行和蒲国宝。渝中区下半城，以前还有个地名叫状元桥，大约位置在现在的道门口和解放东路的交会处，就是纪念重庆状元而命名的。北碚有冯时行路，还有双状元峰，璧山有大小两座状元桥，鱼嘴有状元墓，渝北的洛碛，更是状元故里（据说是冯时行的故乡）。

◎ 重庆到底有没有状元

但是，这两个状元很可疑。

先说蒲国宝。

一些文章提到，蒲国宝是宋绍兴八年（1138年）的状元（一说是宋宁宗开禧年间状元。民国《巴县志》执此说），现存《金堂南山泉铭》游记一篇、多功城翠云寺的"天池寺"匾额题词一幅。而我在宋朝的状元名录里面发现，宋高宗绍兴八年（1138年）确实有科考，但是状元却是福建莆田人黄公度，和蒲国宝一毛钱关系都没有。关于蒲国宝是宋状元的记录，出自民国《巴县志》，其他地方基本查不到这个状元的来由。现在可以读到蒲国宝唯一的一篇文章，是他在1197年所写，离号称他考中状元的那一年已经59年了（绍兴八年是1138年），而渝北的多功城是南宋末期的抗元防御阵地，建于1270年，离号称他考中状元的那一年更有132年之久，这真真是穿越了。至于说是开禧年间的状元，也不靠谱。因为整个开禧年号只有3年（1205—1207年），开禧元年有过一次科考，这年状元名叫毛自知。

冯时行其实也差不多，在宋代的状元名录上也查不到他，据嘉庆《四川通志》称，纪晓岚考证，冯是北宋进士，排名92。嘉庆《四川通志》中，一共记录了从科举开设到嘉庆年间为止的四川所有共20位状元名录，里面没有冯和蒲的名字，倒是记录了另外一个重庆的状元：云阳人李远（清朝云阳不属于重庆）在唐大和五年（831年）考中状元——但是，这个状元也不是毫无疑问。我查到该年度也确有科考，但是状元却属于一个叫杜陟的人。不过，李远有一项殊荣是真的：他是现在重庆辖区内唯一一个在《全唐诗》里面有个人诗集传世的唐朝诗人。

但是这两个状元在重庆民间却大有市场。

尤其是冯时行，甚至被称为重庆第一状元，大约是说蒲国宝只能算第二状元吧——读蒲国宝唯一留下来一篇游记，文笔也实在一般，比冯时行差远了。

民国《巴县志·冯时行传》也只说冯时行是宣和六年（1124年）进士（民国《巴县志》对蒲国宝则直称为状元）——这年的状元是浙江桐乡人沈晦（沈曾入金营做人质，担任过张邦昌伪政权的官职，后归宋，长期任知府等地方官）。冯留有《缙云文集》43卷，《四库全书》存四卷，其余散失。2002年，四川巴蜀书社有校注本出版。

冯时行中进士后，长期在川东一代当官，因为不赞成对金和议被罢官。据说他罢官后，回到家乡乐碛，一怒之下把乐碛改名为落碛，后谐音洛碛。十多年后重起，提点成都刑狱（类似政法委书记），后知雅州，死在任上，据说后来又迁葬到鱼嘴。

关于他的籍贯，有璧山和巴县乐碛（现渝北洛碛镇）两个说法。各有各的依据，都拿得出书证。和稀泥的说法是，冯时行生在乐碛（或云生在缙云山下的梁滩坝，母家在乐碛），在缙云山读书、生活很长时间，当时缙云山属璧山，加之冯时行家里是大地主，在乐碛、璧山等地都有土地，他从万州任上被免职后，又长住乐碛，所以说他是璧山或者乐碛的都没有错。

冯时行词不错，录两首：

青玉案·和贺方回青玉案寄果山诸公

年时江上垂杨路，信拄杖、穿云去。碧涧步虚声里度。疏林小寺，远山孤渚，独倚阑干处。

别来无几春还暮，空记当时锦囊句。南北东西知几许。相思难寄，野航蓑笠，独钓巴江雨。

蓦山溪·村中闲作

艰难时世，万事休夸会。官宦误人多，道是也，终须不是。功名事业，已是负初心。人老也，发白也，随分谋生计。

如今晓得，更莫争闲气。高下与人和，且觅个，置锥之地。江村僻处，作个老渔樵。一壶酒，一声歌，一觉醉醺醺。

◎ 为什么会有状元的误传？

把进士第一人称为状元，始于唐朝。

不过，在唐宋两朝，对进士第一人的称呼不太固定。唐朝，有时候又叫"榜首""状头"，北宋初年，也多叫"榜首"。宋太祖开宝六年（973年）第一次创设殿试制度，把科举分为解试、省试和殿试三个阶段，每次考试的第一名分别叫什么什么元，如解试第一名叫"解元"，省试第一名叫"省元"，殿试第一名叫"状元"。事实上，整个宋朝，都有把殿试中优秀者叫作"状元"的习惯，到了民间，把进士尊称为状元，也不是没有可能。

宋末的文坛老大周必大（瞧这名字，就是必然的老大），在他的文集里面，就有《回第二人叶状元适启》《回第三人李状元寅仲启》等文章，就是给几位并非殿试第一名的进士的回信。周必大把这几位都尊称为状元，可见这也是时俗。

状元、榜眼、探花，这三个词汇，被固定戴在殿试前三人的头上，是明朝的事情了。

《明史·艺文志》里面明确记载，"状元、榜眼、探花，制所定也"，意思就是，这三个名字，是形成了制度的，只能前三名用，其他的进士就不能用了。

冯时行、蒲国宝，大约是宋朝的进士，只是当时重庆的老百姓按照习俗，把他们尊称为状元。到了明清，大家不明所以，老实以为这两位真是第一名状元，加上后来的人不好好读书，没有搞明白状元在宋朝的意思，用后来的状元去套宋朝的状元，自然就以讹传讹了。

中国科举制度，大致定型就是在宋朝，而且是王安石这个改革先锋的众多改革举措之一。

宋以前，唐朝的科举很不严明，荐举和考试同时存在，考试的科目又多，除了进士科以外，还有若干种科目，统称诸科，类似现在不但分文理，还有体育、艺术各种考试，考中一样都可以读大学。到宋初，依然有诸科考试，直到王安石这个二愣子，嫌这么多考试麻烦，一刀儿下去，把那些乱七八糟的考试科目都废了，只剩下进士一科。于是，从那时起，中国读书人被赶上了这座独木桥。

此外，科举的很多重要制度，都是在宋朝建立的，比如糊名、誊录制度。

在唐朝，给试卷打分评级，随意性很强，出老千的机会非常多。到了宋朝，糊名（就是把名字遮住）、誊录（遮住名字还不行，担心字迹被认出来，就把试卷重新抄一遍）就成为定制。

宋朝还有一个重大改变，就是进士可以直接当官了。唐朝的规定是，进士只是取得了当官资格，但是，还必须参加吏部的公务员考试，合格的才能授官。宋朝则不然，宋太宗开始，进士就可以直接当官，而且起步还不低，状元一般都是"副厅级"，二、三名往往是"县处级"，冯时行24岁考中进士，三年后还是一个县尉，这显然不符合宋朝对状元的官职定位，反而和纪晓岚考证的进士排名靠后比较符合。

真没想到，
我大重庆居然出过这么多进士！

进士这两个字，含金量那是相当高，比现在考个北大清华牛得太多了。

在当年，一考中进士，必然进入体制内。按照清朝的规矩，进士中最差的也是直接当县长，在官场起步就是正处级，你说牛不？要是人品爆发，考进了三甲（前三名，即状元、榜眼、探花），那起码也是正厅。

所以，过去看一个地方文脉畅不畅，首先就看这个地方出过多少进士。

俺们大重庆，文脉很明显被分为两截。唐宋时期文风不盛，进士数量和川西、川南、川北比，差得不是一点半点。在四川，重庆这地方简直就是一屡教不改、人神共愤的差生，而且排名习惯性地倒数第一。所以，关于宋朝以前的科举情况，在民国初年新修《巴县志》时，都不好意思提起。民国《巴县志》里面罗列的进士、举人，一律从宋朝开始。

但是，一进入明朝，乃至清朝，重庆一下异军突起，像是风水突变，一点儿也不输与川西。我分析，这是因为宋末、明末两次大型战争，把整个四川的原住民都杀得差不多了，川西多年积累的文气文脉，被屠刀一扫而空。进来的新移民，川东川西没什么区别，都是文盲居多的穷苦农民，这下，黄鳝鱼鳅被扯作一样齐，重庆一带的文气文脉，反而渐渐积了起来。

◎ 唐宋时期的重庆进士

民国初年修的《巴县志》，没有提到唐朝。其实，唐朝，重庆也是有进士的。

中国分科取士的科举，是从唐朝（一说隋朝）开始的。说起来也确实不好意思，整个唐朝，重庆这一亩三分地，我只查到两个半人和进士有关。两个考起了进士：一个不知道名字，是云阳人，另一个叫闾丘均，合州（今合川）人。至于那半个人，是涪陵的。《涪陵市志》里得意扬扬地记载，当时涪州居然有一个人去参加了唐朝的高考。考试成绩如何呢？没有下文。估计能拿到考试资格就不错了——所以只能算半个。

闾丘均是在唐高宗时期参加的高考，和杜甫的祖父杜审言同榜取中，后来当到太常博士（管祭祀的七品小官）。闾丘诗文不错，毛笔字写得特别好，杜甫专门为他的字写了一首诗《赠蜀僧闾丘师兄》，里面有"大师铜梁秀，籍籍名家孙……世传闾丘笔，峻极逾昆仑"等句。诗中铜梁一句，不是说这个闾丘是铜梁人，而是指的合川铜梁山。杜甫的诗里透露一个信息，这位闾丘博士，后来出家当了和尚，估计是官运蹉跎，一直没能进步，干脆出家了事。不管怎么样，能够在老杜的诗里被狠狠吹捧一番，也算值了。

这就是我大重庆第一个有名有姓的进士的故事。

然后就是宋朝。民国《巴县志》里面只记录了5个宋朝进士，如果加上颇值得怀疑的状元蒲国宝，应该有6个，估计这个数据来自嘉庆版的《四川通志》。这本不太靠谱的通志中，恭州（就是重庆前身，于南宋1189年改名重庆）才4个进士，加上合州的冯时行，刚好5人，再加上蒲国宝，就凑起6个人，打一桌两个人接下的麻将，刚刚够。

实在太丢脸了，连武隆在宋朝都考起6个进士，堂堂恭州也才6个。

按照《重庆教育志》对直辖后重庆各辖区的统计，人数凑拢来，倒也不少，有名有姓的宋朝进士共247人。

把重庆各州县，按照进士人数多少排列如下：

合州　87人

大足　32人

綦江　20人

荣昌　17人

铜梁　14人

江津　11人

永川　9人

云阳　9人

万州　8人

巫山　6人（含大宁3人）

武隆　6人

巴县　5人（重庆、巴县籍合在一起算）

奉节　5人

彭水　5人

璧山　4人

梁平　4人

忠州　3人

垫江　1人

丰都　1人

当然，这个数据肯定有问题，比如奉节，只记载了李氏一门三代五进士：政和二年（1112年）的李裳、政和五年（1115年）他弟弟李袭，还有李裳的儿子李公京、李公弈，李裳的孙子李茂，连续两榜中进士，为此，官府还专门修了一座五桂楼以示庆祝。

但是，莫非奉节只中了这五人？显然有遗漏。

和嘉庆版《四川通志》有关记录对照，一些地方也稍有不同。比如忠州，《四川通志》只记录了绍兴十八年（1148年）一名进士。事实上，单这一年，忠州就有张永斗、李兴宗、周浩三名进士，不可能终两宋300年，忠州就这一科才出进士吧——不过，就不一一对比甄别了，在没有找到更全面的数据前，将就用吧。

整个宋朝，重庆主城的科举成绩让人汗颜呀，才区区五六人（重庆所谓的两个状元之一的冯时行，被算在合州）。

按我直辖后的大重庆地盘统一来算，重庆在宋朝的高考成绩，在当时四川算什么位置呢？这么说吧，可以排第5位。

第一位是谁？不是有416名进士的成都（这个数据还没有算郫县、双流、华阳这些地方），而是有着吓死你的861名进士的眉州——苏东坡的故乡。能够出三苏的地方，高考成绩怎么会差呢？整个宋朝，眉州的进士数量比成都高出一倍都不止，牛吧，比当今的黄冈也牛吧？成都的416人，连第二名都没有捞到。第二名是遂宁：471人，堂堂成都只能屈居第三。安岳则以249人的人数，比俺们十几个州县凑拢来的大重庆，还要多两个进士——以上事实表明，如果把四川算成一个高考班，在这个班中，重庆各州县都是不爱学习的差生，只有合州稍微给我们长点脸，考起了87人（《四川通志》说是89人），排第十名，算是优生。

其实，在宋朝，考进士远不如明清那么难。宋初还比较规范，后来慢慢放开，进士很好考，往往一科六七百人，还有照顾性的特奏名——宋朝厚待读书人，对那些一直考不上，但又脸皮厚一直考的考生，加以附试，赐本科出身。有时候，一科里面特奏名比正牌进士还多。据《宋代登科总录》记载，事实上全宋朝进士总数多达11万多人，留下姓名的都有4万多人。就算以这些留下姓名的进士为基数，四川（含重庆）的进士数量也不少了，占比多达10%。在全国排第二位。第一位是福建——如果重庆不拖后腿，四川大可和福建拼上一拼的。

顺便聊聊元朝。元朝是最没有文化的朝代，完全瞎搞。全川范围才出了61名进士，大重庆范围，则一共考起13名进士，江津5人，云阳4人，大足2人，璧山、铜梁各1人。包括主城区巴县在内，其他地方统统挂白板，吃鸭蛋。

◎ 明清时期的重庆进士

明清两朝，由于重庆甫经战乱，文脉断绝，所居多是移民。移民第一件事是要种地吃饭，读书还在其次，所以这两个朝代，整个四川都不理想，重庆自然也在不理想之列。根据朱保炯、谢沛霖合编的《明清进士题名碑录索引》和江庆柏编《清朝进士题名录》二书记载，明朝全国文科进士总数24595人，四川全川明朝文科进士总数1394人

（嘉庆《四川通志》记载为1440人，略有出入），占比5.7%，清朝更惨，全国进士总人数28849人，全川进士748人（李朝正的《清代四川进士征略》记为780人，差别不大），占比仅2.8%。

全川的高考成绩，比宋朝，那是差了足足有十万八千里。

但是，重庆却颇有进步，算是挣了一回面子。

明朝重庆地区进士共310人，分布情况如下

巴县 93人	排第 3 名
铜梁 40人（含安居7人）	排第 6 名
合州 35人	排第 7 名
江津 27人	排第 8 名
长寿 27人	排第 8 名
涪州 24人	排第 12 名
忠州 13人	排第 20 名
荣昌 12人	排第 22 名
永川 11人	排第 23 名
垫江 9人	排第 25 名
梁山 6人	排第 31 名
大足、巫山 5人	排第 32 名
万州、綦江、丰都 4人	排第 34 名
云阳、奉节 3人	排第 35 名
巫溪、开县 1人	排第 37 名

在明朝，重庆的科举成绩，和全国科举大省无法比，但是在四川内部，与宋朝相比，完全是两个不同的概念，彻底天翻地覆了。在宋朝，俺们重庆是不受人待见的差生，进入明朝后，一跃而成为优生。

我们不要流氓，不把直辖后的新重庆拿出来比。巴县（含现在的

渝中区、南岸、江北等地）的高考成绩，在全川占第三。第一是内江，101名进士；第二名是富顺，100名，巴县以93名进士稳居第三。成都县则只有区区14人，委委屈屈地站在18位，加上华阳县（那时，成都、华阳都在现在的成都城里面，所以有"成都到华阳——县过县"的歇后语）21人，也才35人，仅仅和合州持平。

在四川这个高考班中，前十名依次是内江、富顺、巴县、南充（73人）、泸州（48人）、铜梁（含安居）（40人）、合州（35人）、江津（27人）、遂宁（27人）、长寿（27人），这里面，重庆所属区县占了一半。

特别提一下，明朝四川出了一个状元，新都杨慎；三个榜眼，两个在长宁（整个明朝，长宁才6位进士，其中两位就是榜眼），还有一位是巴县的刘春。

刘春不但是榜眼——表彰他的榜眼坊，立在重庆府文庙左边。就是现在的解放碑二路电车站起点站附近，这个榜眼坊直到辛亥革命时期都在，后来不知道何时被拆了。他和他兄弟刘台，两人都是乡试第一的解元（刘台还是会试第一，如果殿试再拿第一，就是传说中的连中三元了），当年朝天门还立有兄弟解元坊。

时光一去不回来。到了大清。重庆的"高考"成绩略有下滑，真是表扬不得。

清朝，重庆地区进士共154人，具体分布和在全川的排名如下：

涪陵32人	排第1名
巴县21人	排第5名（民国《巴县志》记录为26人，但有5人为寄读）
长寿17人	排第7名
江津15人	排第8名
垫江12人	排第10名

铜梁11人　　　　　　　　　排第11名（含安居1人）

忠州10人　　　　　　　　　排第12名

万州、永川、綦江、合州8人　排第14名

奉节、璧山7人　　　　　　　排第15名

秀山、梁平6人　　　　　　　排第16名

开县、丰都5人　　　　　　　排第17名

云阳、酉阳、荣昌4人　　　　排第18名

石柱、南川、彭水3人　　　　排第19名

大足、江北厅2人　　　　　　排第20名

安居、巫山1人　　　　　　　排第21名

有清一朝，最让人吃惊的是涪陵，居然考了全川第一名，太牛×了。

前十名是：涪陵第一名；华阳第二名（30人）；宜宾第三名（25人）；成都第四名（23人）；巴县、阆中和营山都是21人，并列第五名；然后富顺第六名（19人）；长寿和泸州都是17人，并列第七名；江津第八名（15人）；中江和遂宁都是13人，并列第九名；第十名是安岳和垫江并列，都是12人。

在清朝的748位进士中，全川只有一个状元（资中骆成骧）、一个榜眼（遂宁李仙根）、一个探花（大竹江国霖），我大重庆一个都没有捞到。

按照清朝的规定，每个府的生员（就是秀才）、举人名额都是限定了的，就像现在的高考一样，每个省只给这些名额。你成绩再好，没有名额也只有徒呼奈何。

清初，全川举人限额60名，后经过川督多年争取，增加到90～100名。生员定额大约是举人定额的20倍，清末时全川定额1966名。

全川的生员（秀才）名额分配如下：

成都府	265员	
重庆府	198员	
叙州府	154员	（宜宾）
潼川府	147员	（遂宁）
顺庆府	137员	（南充）
保宁府	126员	（阆中）
嘉定府	111员	（乐山）
绥定府	99员	（达州）
夔州府	90员	（奉节）
资州	89员	（资中）
绵州	85员	（绵阳）
泸州	68员	
宁远府	54员	（西昌）
龙安府	54员	（江油）
雅州府	53员	（雅安）
忠州	50员	
眉州	44员	
酉阳州	38员	
叙永厅	26员	
茂州	17员	
石柱厅	6员	
松潘厅	4员	

上表中，成都府不是成都县，二者区别很大。同样，重庆府也不是巴县，比巴县大，但比现在的重庆市小很多。

生员名额，对一个地方非常重要，所以晚清时曾国藩手下大将鲍超，宁可不要朝廷拖欠的200万两军饷，也要给自己的家乡增加生员名额。

从唐宋到明清重庆进士数量的变化，可以明显看出重庆读书人的变化情况。

唐宋时期，重庆就一偏远山区、蛮荒之地，读书人都没有几个，和川西相比，自然学习成绩不会好，简直惨不忍睹，属于差生中的差生。

到了明清，重庆的地利开始凸显。重庆一带是湖广移民最先到达、最先开发、最先安定下来的地方，文事的起步也就得先发之利。加之是出川的水运交通枢纽，商业相对发达，口袋里面银子多了起来，自然就有闲心安排子弟读书，于是，重庆、川东一带的明清进士，比起宋朝，反而有了长足进步，甚至不输于川西。

晚清第一将——曾国藩旗下的重庆崽儿

每个牛人旗下一定有一群牛人，比如曾国藩。

曾国藩麾下的这些牛人，前期有江忠源、罗泽南、塔齐布等，后期有李续宾、多隆阿、鲍超等——这个鲍超，就是俺们重庆人。

◎ 晚清第一悍将

说鲍超是悍将，不可能有异议。

但说鲍超是第一悍将，估计有人不同意——但是在仔细读了一堆关于鲍超的文章后，我必须确定以及肯定地告诉大家，这个重庆奉节出来的家伙，绝对应该是晚清悍将排行榜第一名！

22岁（1849年），年轻的鲍超离开奉节，跑到正在宜昌招兵的固原提督向荣（这时的向荣，还不是广西提督。很多书把这时的向荣写成广西提督，误）那里，进川勇营当了个伙夫——不想当将军的伙夫不是好伙夫，显然，鲍超是个好伙夫。从伙夫开始，直到鲍将军辞世，这个重庆崽儿前后打了700多场仗，身负108道伤（有一回还把脑花都打出来了），难得的是，这个重庆崽儿基本上只打胜仗不打败仗，前后救过胡林翼两次命、救过曾国藩一次命，还间接救了左宗棠这个自命不凡的家伙一次命。

这还不算牛，彪悍的鲍将军还当过海军长江舰队司令员（27岁就当湘军长江水师营官），并且当得很成功——当年还在长江舰队当舰长的时候，鲍超怕其他同事抢业务，每到打仗的时候，就在自己的桅杆上，绑上醒目的长长的红绸子，经常一艘船就闯入太平军舰队横冲直撞，打得太平军狼奔豕突。

一次，胡林翼吃了大败仗，被太平军赶到了江边，眼看老命不保，都准备写遗书了——这时，鲍超杀到。鲍超带领水师，一路冲破太平军重围，恰好在关键时刻赶到江边，把胡林翼救了出来。差点当了烈士的大知识分子胡林翼（胡是进士，翰林院编修出身），感激之下，与大字不识的鲍超以兄弟相交。胡林翼说：兄弟呀，你还是到陆地上来吧，当陆军更有前途。于是，胡林翼在给皇帝的报告中，狠狠表扬了鲍超一番，说他"勇敢冠军，晓畅兵略"，并表示已经把这员年轻猛将派到陆地上"另募新兵三千人"，单独成营。

鲍超是个彻头彻尾的粗人。这个粗人认不到几个字，有次他被太平军包围，手下的秀才幕僚，酸唧唧地起草了一大篇锦绣文章求援，被鲍超一把撕了，他抢过一张白纸，歪歪扭扭写上一个"鲍"字，在鲍字外面画了几个带箭头的圆圈，让通讯员快速送给曾国藩，老大一看，大笑道：鲍超这浑人被包围了，快点去救他。但这个粗人却有个文绉绉的表字叫"春亭"，胡林翼觉得这个字不配鲍超，就把"春亭"改成"春霆"，鲍超的这个营也就顺理成章地被命名为"霆军"（确实，霆军比亭军凶猛多了）。

霆军凶猛到什么程度呢？这么说吧，陈玉成、李秀成这两大太平军晚期名帅，没有一个在他手下讨了好。陈玉成曾经说"官军名将堪为敌者，一鲍二李而已"。鲍就是鲍超，二李是李孟群和李续宾，但是这二李一个被陈玉成俘虏（李孟群）、一个被陈玉成击毙（李续宾），而陈玉成自己，则三次败在鲍超手下。最丢脸的一次，是在1859年12月，陈玉成用五万大军把霆军三千人包围得水泄不通，没想到鲍超带领三千大军，直扑陈玉成人数最多的主营，用三千霆军活生生把5万太平军打得找不着北。

◎ 不要命的重庆崽儿

鲍超打仗，没有什么花招，就三个字：不要命。

他没什么背景，就凭身上的108道战伤，从伙夫爬到了子爵的高位。这家伙的故事很励志。鲍超穷苦出身（父亲是绿营普通小兵），十多岁就跟母亲到县城当农民工，母亲当奶妈，他在豆腐店打工，冬天靠捡煤炭花过日子。17岁走上父亲的道路，接过爸爸的枪，参军到了大清绿营。为了出人头地，鲍超在军中苦练杀敌本领，据说练就一身好武艺，这为他今后不要命的拼命三郎生涯打下了底子。

霆军成立后第一战，就非常典型地体现了这个不要命的风格。1857年1月到4月，霆军第一次作战就参加九江小池口之战。4月10日夜，鲍超率军进攻，身先士卒，冲在最前面，第一次作战就差点洗白——"枪子贯入顶，右脑脑浆随子进出（这个生猛），昏绝两日复苏。又滚木打伤左手，伤筋。枪子贯穿右膝。"

不但鲍超不要命，他的手下也是清一色亡命徒。

霆军打仗，有个特点，当官的一律身先士卒。临战前，霆军所有带军将领，统统着正装——穿最正式的朝服，一个个顶戴辉煌，颈系朝珠，然后带头猛冲。被霆军打怕了的太平军，只要一看到这种穿正装打仗的部队，马上就知道是霆军来了，纷纷抱头鼠窜。

粗人鲍超的军旗也是绝对的非主流：一面白旗，上面三个黑色丸子——我严重怀疑鲍超当年跑江湖卖过膏药——这面旗帜，被称为"鲍膏旗"，也叫"黑膏旗"。到了太平天国后期，太平军基本上是一见黑膏旗就望风披靡。

很多清军，都备有霆军的黑膏旗，打不赢的时候，就竖起黑膏旗，太平军保证退军，屡试不爽。连牛气哄哄的左宗棠，也干过这等不要脸的事情。一次，左大帅增援景德镇，和鲍超约好时间，结果遇大雨，霆军晚来了一天，但是太平军不会因为霆军晚来就停止进攻。一阵猛攻之下，左大帅遭不住了，眼看手下们要崩溃，聪明绝顶的左大帅灵机一动，找了一面白旗，画上三个黑饼饼，冒充霆军——对面的太平军一看，好嘛，鲍疯子来了，俺们撤吧。左大帅遂得以保全。

谈到迟到，鲍超退伍复员、回归故里也和一次迟到有关。

打完太平军，他又被调到北方打捻军。

1867年的春节长假刚刚过完（正月八日），九帅曾国荃就命令鲍超和刘铭传（李鸿章的淮军名将，后来的台湾巡抚）发起尹隆河战役，会剿捻军的一支——东捻。两军约定在正月十五日辰时（7—9点之间）出发。刘铭传担心著名的猛将鲍超一出面，就没有他的戏了，于是小心眼发作，悄悄安排提前一个时辰，在卯时（5—7点）就出发。结果不出意外，没有鲍超的黑膏旗，刘铭传大败。书上说刘将军"俱脱冠服坐地待死"（我怀疑是想化装潜逃）。这个时候，黑膏旗出现了。和往常一样，故事没有悬念，捻军被霆军打败。但是，被猪一样的队友摆了一道的鲍超，非要出这口恶气，他把重新缴获的刘铭传部下的400多支枪支、一大堆辎重以及刘铭传丢掉的顶戴花翎，在第二天敲锣打鼓地送到刘铭传驻地。刘六麻子（刘铭传的外号）气得吐血，恼羞成怒之余，干脆跑到老领导李鸿章那里告恶状，说是鲍超迟到了，害得他被打败，护短的李鸿章二话不说照此上奏，鲍超反而被慈禧太后降旨痛骂一顿，鲍超一怒之下告病还乡。

从这个故事看，刘六麻子人品实在不怎么样。但是，此君在中法战争期间，负责督办台湾军务，在淡水大败法军——这个大败，水分有点多。法国人自己承认死了27人，刘铭传则上报斩首25级、枪杀300余人，然后俘虏14人，全部枭首。不过参照历来清军将领对外作战的德行，我还是选择宁肯相信法国人的战报。

◎ 八卦一下鲍超

鲍超受伤太多，只活了59岁，没有翻过60岁这个坎儿。

死后，葬在奉节城北的冉家坪。1958年，鲍超墓被毁。

打了这么多年仗，鲍超终于成为有钱人。和当时几乎所有的暴发户一样，鲍超大修公馆。因抓获洪秀全的小幺儿福瑱，鲍超被封一等子爵。子爵府的大小是有规定的，按照规定，鲍超的子爵府占了奉节旧城的四分之一。

有个编派鲍爵爷的笑话：按照时俗，高门大第都有匾额，什么宫保宅第、大学士宅第……子爵府修好后，没有文化的鲍爵爷发愁了，该挂个什么匾呢？有个师爷说，鲍爵爷呀，你现在是子爵了，按照以前的规矩，算是诸侯，你的豪宅可以叫宫了。鲍爵爷点头称是：于是在大门上高挂一块匾额，上书"子宫"二字。

这个故事肯定是拿人家鲍爵爷开涮的。

事实上，鲍爵爷对奉节那是相当地不错。

1866年，朝廷欠霆军薪水200万两。耿直的鲍超说，算了，这钱不要了（话说霆军将士早就发够了战争财），不过，鲍超提出一个请求：我可以不要钱，但朝廷要给四川和夔州府增加文武举人名额14名，并永远增加夔州府秀才员额12名——有点类似于现在增加了相当数量的高考录取名额。

1870年，奉节发大水，洪水汹涌进城，淹没了奉节旧城。这时，城中宵小作乱打劫，鲍爵爷马上派出家丁（都是尸山血海滚过来的）维持秩序。洪水退后，鲍超捐资给全城做大扫除，避免瘟疫。次年，鲍超又捐资修建奉节的文峰塔、府学（当地最高学府）、报恩寺、城隍庙等——不知道这些地方，现在可无恙？

鲍超少小孤身离家，后成为湘军里面唯一身居高位的重庆人。但是，他在成军初期，却不用四川兵。据《书鲍忠壮公轶事》一文记载，鲍超曾说川人是川耗子，聪明，但是纪律性不强，所以他初期一直招募湖南人当兵。后来，随着官越当越大，来投奔他的老乡渐渐多了起来，霆军中川人比例渐渐增加，造成的一个后果是：霆军中，哥老会也被四川人带了进来。哥老会，就是大家耳熟能详的袍哥。

史料中，我没有找到鲍超也是袍哥大爷的佐证，但他的孙子是当地仁字袍哥的大爷，这是史有明载的。这个孙子，曾经以仁字袍哥大爷的身份，介绍了一个老外——来自希腊的巴巴达加入光荣的袍哥组织。

鲍超运气超好。湘军和太平军作战前期，有塔罗李鲍之说，专指塔齐布、罗泽南、李续宾和鲍超四员猛将。可惜，这四人的前三位都死在前线，只有鲍超活了下来。后期，湘军大将又有"多龙鲍虎"一说。多，是指多隆阿。多隆阿究竟有没有资格和鲍超并列？我是不太认可此说的，多隆阿被高看，还是占了满人身份的便宜。不过，多隆阿后来在陕西平回乱时，死于前线，又只有鲍超活到最后。

我发现，这个重庆崽儿鲍超的八字确实太硬。凡是和他并列齐名的几员大将，统统死于非命，只有他一个人活了下来，给我们留下来这么多精彩的故事。

重庆第一所中学——重庆府中学堂轶事

重庆府中学堂是重庆第一所中学，前身是川东书院，1905年兴办新学，才改为中学堂。中学堂分为师范和正科两类，学制五年。

该校原址在现在的沧白路洪崖洞对面的重庆市政协，后改为杨沧白纪念堂，再后来改为市政协大楼。

当年的重庆中学堂，条件简陋，操场尤其逼仄。其饭厅就是后来的政协礼堂位置。

◎ 对联

重庆府中学堂保留有很多书院时期的对联。大多是历任书院山长（就是校长）所题写。

山长新津童棫（读音yù）的对联挂在走廊门廊处：

上联：毋自画，毋自欺，循序致精，学古有获；
下联：不苟取，不苟就，翘节达志，作圣之基。

饭厅里面有几个抱柱，我个人最喜欢山长丰都徐昌绪写的这副：

上联：遍游五岳归来，数足底名山，谁似吾乡钟秀气；
下联：欲障百川东去，看眼前逝水，我从何处挽狂澜。

山长荣县赵熙（这是名人，进士、书法家，写了很多关于重庆的诗词。后来成为四川五老七贤之一）也亲笔用小篆写了一副：

上联：合古今中外为师，会观其通，百派春潮归渤海；
下联：任纲常伦纪之重，先立乎大，万峰晴雪照昆仑。

◎ 没有教科书

重庆府中学堂设有修身（类似现在的思想品德课）、经学、国文、英文、历史、地理、数学、博物（现在的生物和生理卫生）、物理、化学、图画、体操等课程。

全国都才开始办新学，不可能像现在这样，什么人教版、苏教版……那时哪里有教材嘛，都是老师自己编讲义。

以国文为例，先后有胡湘帆、向楚、梅际郁等先生。胡老师以桐城派为范文，重点讲韩愈、柳宗元、方苞、姚鼐、曾国藩的文章。向楚这个革命党人，古文字功底扎实，后来他还编有号称全国县志典范的《巴县志》。他讲课，一来就是《说文解字部首》——现在的大学中文系都没有走起来就教这么深。文章则重点教奇诡古奥的龚自珍，连后来接他继续教国文的梅际郁都看不过去了，说"哪里有这种教法嘛，直接用龚定庵教中学生"。其实，梅老师教得也不浅，《汉书》是他的主要教材，同时从《古文辞类纂》里面选文。梅特别推荐王安石，说王是"唐宋八大家"第一。

历史也是如此，老师董容伯，从《明史》开始教，明史讲完再教中国中古史——真是各有各的招数。

◎ 教书也能教死人

数学应该是那个时候最难的，不但学生学起难，老师教起也难。

教数学的汪寿林老师，本是前清秀才，写文章没有问题，教数学就脑壳大了。汪老师自己都是边自学边教学，尤其是到了代数的排列组合部分，汪老师彻底没招了。为了白天那两节课，汪老师每天晚上自学到半夜，他自嘲说这是"钻磨眼"——大家见过农场推豆花的磨子吧？磨子中间那个眼就是磨眼。把豆子从磨眼放进去，推动磨子，磨呀磨，豆浆就从旁边流出来。

最后，排列组合这个磨眼，汪老师没有钻过去，积劳成疾去世了。

◎ 日本老师

日本老师叫藤川勇吉，是理化兼数学老师。数理化，是当时全国各地学校都头疼的科目，因为没有老师，那帮秀才出身的中国老师，对数理化实在是没有基础，于是大量聘任日本人教数理化。

藤川的理化教得非常好，善于用启发式教学。上课时，他和其他中国老师最大的不同，就是特别注意和学生的互动，随时向学生提问，而且一边讲一边随机抽问，搞得同学们不得不认真听课。

◎ 和尚老师

重庆府中学堂，还有个和尚老师，教博物，就是现在的生物课、生理卫生。

清末，学校初办，最缺博物老师，好不容易找到一个，还是个和尚。和尚叫曾果能，果能是法号，曾是僧去掉偏旁部首，所以，我估计这个和尚是还俗了的。

怎么会出现一个教生物的和尚老师呢？

清朝有个规定，从庙产里面要提取一部分做送人出国留学的经费，当时重庆天上宫（查此宫在朝天门和东水门之间，也是福建会馆）的庙产很多，按照规矩要提一笔不少的钱。庙里和尚舍不得，就和政府商量，要不我们庙里直接派一个人去留学吧？就这样，选了一个小和尚果能去日本留学，学的就是博物。

果能和尚学成回国，就去了重庆府中学堂教书。

果能教书不错，但是古文好像不怎么样，偏偏他自己编讲义又用半通不通的古文。比如，他在讲义里面介绍菜花中的雄蕊柱头时，这样写道：今人但知菜之花者多，而不知绿色之球者鲜矣。我猜，他的意思是说：现在的人呀，知道菜有花的多，但是知道菜花里面有雄蕊柱头的人少，用这种不通顺的古文表达出来，意思就变了：现在人只知道菜的花很多，而不知里面的绿色柱头的人就很少。

那时的中学生，都是从小在古文里面泡大的，对这种半通不通的文法自然看不过去，于是就起哄，约起不去上果能和尚的课。校长梅际郁跑到教室，把这些小毛头一通臭骂，也不管用，可怜的果能和尚就这样被轰走了。

这帮糊涂的中学生，也不想想，人家是教生物的，不是教古文的，你拿中文老师的标准去要求生物老师，这不瞎整吗。这下好了，本来博物老师就不好请，果能一走，再也没有博物老师愿意来教这帮难伺候的小毛头，从此，重庆中学堂的博物课，一缺就是5年。

◎ 留学生练体操课

那时没有体育课，只有体操课。体操课老师叫罗敬堂。罗老师是留日学生，在日本就学的体育。

体操课又不只是体操，还包括音乐课在里面，据说罗老师很厉害，徒手操、器械操不在话下，连舞蹈、唱歌、游戏都非常在行。

罗老师的一个特点是穿着长衫上体育课，这画面太美，难以想象。

◎ 惹不起的中学生

那时的重庆府中学堂的中学生们,脾气可不是一般的坏,稍微惹到就要闹事。就连大名鼎鼎的杨沧白因为迟到被学生不满,差点被气跑了。

学校发有体操制服,估计类似现在的校服。这制服右臂上有三条红布条子,很像现在咱们小学生的大队长标志,这可是班干部才有的待遇,但是有同学不知趣,不知道从哪里听说这三根红布条是上海黄包车车夫的标记,自尊心极强的同学们纷纷把这"大队长标志"撕了。

已经担任学校监督(校长)的梅际郁老师,闻之大怒,学校规定,居然有人公开违反,这还了得。梅校长亲自带队去学生寝室检查,查到南川学生任鸿泽的时候,任同学说衣服拿去洗了。这等小伎俩怎么可能瞒得过梅校长嘛,校长大人当即去工友处查记录——那时洗衣服要先去学校工友处登记——没有查到。梅校长桌子一拍,让任同学交出制服,任同学硬着脖子不交,校长一怒之下,宣布开除任同学。

这下就闹大了,同学们居然集体罢课。惹得当时的知府(相当于现在的重庆市市长)郭中美都出场了。郭市长到学校开大会,学生方面推出几个领头的同学发言,郭一见头头们出来,一声令下,给我抓起来!称如不复课,就要重办这几个学生代表。

后来经过多方斡旋、调停,才终于复课了。

谁是重庆的第一位百万富翁？

清朝中晚期开始，向来苦哈哈的重庆，自从成为西部唯一的对外开放城市后，终于翻身了。

作为西部最大的商业中心，金山银海，水一样在重庆流来淌去。其间，重庆历史上最早的一批百万富翁，也就乘运而生了。

但，谁才是我大重庆的第一位百万富翁呢？

查资料，我发现了三个怀疑对象：刘继陶、李耀庭和杨文光。

当时，刘继陶曾被指名点姓，称为"重庆第一位百万富翁"，但是，比他大两岁的李耀庭，又几乎同时被称为"西南首富"，而和刘继陶在同一个商机中，以一万两本钱而狂赚60万两银子的杨文光，又被当时重庆人唤作"杨百万"。

那么，谁才是真正的重庆百万富翁第一人？

他们为什么在那个时候成为百万富翁？

◎ 1898这一年

1898，这是个神奇的年份。

我发现，好几个当年的老板，都在这一年同时发了一笔横财。

这一年到底发生了什么？这么大一个商机为什么偏在这一年出现？

这要从余栋臣"打洋教"说起。

余栋臣，大足龙水人，外号余蛮子。1890年，他率领乡民"打洋教"，攻进龙水镇，杀死镇上教民12人，被清政府通缉。但直到8年后，即1898年，余栋臣才被抓住。

关在荣昌监狱的余栋臣，很快就被兄弟伙劫狱救走。老一辈爱国者余蛮子，当即高举"顺清灭洋"的大旗，就地造反——我不明白，既然顺清，为什么要造反，难道不可以上访吗？很快，余蛮子聚集起几万的队伍，四处出击，闹得四川鸡犬不宁。一度攻占永川、铜梁，兵锋直指重庆。

重庆全城震动。

害怕重庆被占造成财产损失，大量重庆商人纷纷抛货出逃，造成物价大跌，外面的货也不敢再运进城。

所以，以这时的情形看，更像危机而不是商机。但是，有那么几个重庆商人，却逆势而动了。在他们眼里，这个危机，恰好就是最大的商机。

这几个商人的名字是刘继陶、杨文光、汤子敬等。

他们首先不约而同地判断，清政府不可能放弃重庆这座大城，余蛮子也不可能成气候。于是，"要想富，险中做"，这几位人精，不但不抛货，反而趁低价大批吃进，更甚者，他们还大规模从宜昌、汉口等地向重庆运进洋布、棉花等"上货"——"上下货"，这是当时重庆的商业名词。上货，指从下江一带运上来的洋布、棉花、洋油（煤油）等商品；下货，指从重庆运下去的药材、桐油、猪鬃等山货土产。

一时间，重庆其他商人的库房里空空荡荡，这几位的库房，却塞得满满当当。

果然，清政府在四川募集新兵十营，并调遣湖北部队入川，向余蛮子展开大规模进攻。压力之下，余栋臣很快投降，被关押在成都。辛亥革命后，1912年，被放回老家的余栋臣，在永川南门外，被川军周骏部杀死。

重庆安全了，这几位老板也顺理成章发了大财。刘继陶的德生义号，赚了20多万两银子，加上原有的资产，据称突破100万两银子大关，成为大重庆第一位"百万富翁"。

只有一万多两银子本钱的杨文光，招数更绝。

他本钱少，但是，他开在江北城的聚兴仁号，本来就兼营票号（票号即最早的银行，有基本的存款放款职能），于是放出风声，敞开收款。胆子小的重庆各大票号，都急忙把自己的银子转存到他那里，然后看热闹——反正我把钱存你这里了，不管重庆城是否被攻破，今后你都得还钱，嗯，还要付利息。

哪晓得，利用别人的这笔银子，杨文光不管不顾，大肆压货。战后，抛完货一算账，杨老板稳赚60万两，这下，也被称为"杨百万"。

还有一位胆子大的，即后来有"汤百万""汤半城""汤财神"等雅号的汤子敬。此时，汤子敬尚在他老丈人谢亿堂（就是现在尚存的下半城谢家大院的原主人）的"谢亿泰布店"当职业经理人。战乱之时，汤子敬大胆拍板，把在上海进的布匹全部运回重庆。他运气好，恰逢清军招募十营新军，急需军装。而市面偏偏缺货，汤子敬这家伙，对天朝大军毫无敬畏之心，居然高价把布匹卖给清军，恶狠狠地赚了一大笔，清军也老老实实被这个奸商敲了一次大的——"要想富，险中做"，这句名言，就是汤子敬的座右铭之一。

◎ "红顶商人"李耀庭

重庆鹅岭公园的旧主人李耀庭，和这几位的发财路子完全不同。

他的套路和著名的胡雪岩几乎一模一样，完全可以称得上"重庆胡雪岩"。

很多成功，都是当天上掉馅饼时，你恰好站在那里。李耀庭是一个明显的例子。早年，云南发生动乱。棒棒出身的李耀庭，带着一帮穷兄弟伙，投入岑毓英麾下，跟随岑毓英东征西讨。后来，二人结拜为兄弟！

这事情，让我百思不得其解，大字不识的乡下人李耀庭，是怎么和高高在上的云南总督结拜为兄弟的？这里面一定有英雄救主之类的故事。

不管是什么机缘，年轻人李耀庭抓住机会，在战场上和岑毓英结拜为兄弟。后来，岑大哥一路高升，先任云南巡抚，后任云南总督。岑家非常有官运，岑毓英的儿子岑春煊，也在几十年后当上了四川总督。

更可怕的是，岑家父子两代总督，和李家两代商人，都是结拜兄弟：岑春煊和李耀庭大儿子李湛阳，也是结拜兄弟。老的是结拜兄弟，小的也是结拜兄弟，这得多深的感情呀。

1902年，岑春煊这个四川最大的领导，居然跑到重庆拜访李耀庭，执礼甚恭，口称"世伯"。这让重庆官商二界，无不瞠目结舌。

有这样的背景，你觉得李耀庭可能不发财吗？

李耀庭不但做生意是顶级好手，勾兑上峰，也很有几招散手。八国联军入侵北京，慈禧太后西逃，李耀庭以公司名义给狼狈跑到西北的老太太，捐了一大笔银子，直接靠上了慈禧老太太这座大山——这在重庆，绝无第二人。一般人，你就是想捐银子抱大腿，你也得有这个路子把银子递上去不是？

自此，李耀庭的生意，更是无人阻挡。清末同光年间，他的业务，在全国十八省中，分布了十五省，还在中国香港、越南海防成立分公司。李耀庭管理的天顺祥票号，成为可和山西晋商分庭抗礼的南帮票号代表。

这个时候，就有人把他叫作"西南首富"。

刘继陶在1898年，被人叫作"重庆第一个百万富翁"，而差不多同时，李耀庭则荣登西南财富榜首位。

两者，谁更有钱呢？我个人认为，应该是李耀庭。不过，李耀庭籍贯是云南昭通，不是重庆人。1880年，已经44岁的李耀庭，被云南企业天顺祥招聘到重庆当职业经理人，主管重庆分公司，这才落户重庆，最后在重庆发了大财。

所以，如果问重庆土著当中谁是第一个百万富翁，应该是刘继陶。如果问重庆这块地盘上，谁是最早的百万富翁，那很可能是李耀庭。

而有"杨百万"之称的杨文光，实际上，要到1911年，才趁四川保路运动和辛亥革命引起全川经济动荡之时，祭出老招数：先杀价囤货，等局势稳定后再涨价抛出，赢取暴利。这一场大买卖之后，杨氏家族的资产才真正突破100万两银子。"杨百万"终于名正言顺！

◎ 都是穷苦人出身

重庆最早的这批百万富翁，有个共同特点：都是草根屌丝出身。而且，还不是一般的草根，都是穷得叮当响的最底层。

刘继陶，磁器口人。有人说他父亲就是道士，有人说他父亲是挑水工，不管怎样，在他十二三岁的时候，家里穷，让他跟着学做道士。十来岁的小毛头，要学这么高深而枯燥的学问，肯定遭不住嘛。这家伙逆反心理很强，干脆从家里逃之夭夭了。这一跑，就跑到重庆城里，投靠开绸布店的老乡刘老德。

刘继陶有个毛病，喜欢睡懒觉。其实，我们那个年纪，都喜欢睡懒觉，可能刘继陶更有睡懒觉的天赋，每天都睡得昏昏沉沉的。刘老德实在受不了他了，就把他转介绍给外号"金十万"的金秀峰，去金家的全信裕商号当学徒。

在金家，刘继陶突然就变得懂事了，懒觉不睡了，工作积极了，而且办事一律顺畅无碍。

刘继陶的成名一战，发生在1860年。这年，老板派刘继陶去成都收一笔陈年烂账。到了成都，客户耍赖，反正没得钱，拿一批滞销的彩色花边抵账。这种花边，当时叫"阑干"，类似蕾丝，用于衣服边沿的修饰。哪晓得，半路翻船，这批抵债的花边全部落水。刘继陶打捞上来，运回重庆，遭老板一通好骂，命刘继陶把这批水渍斑斑的破烂玩意儿，染成青蓝二色，再运去宜昌发卖。

刘继陶的运气来登了。刚刚苦着脸把货运到宜昌，恰逢咸丰皇上驾崩，全国百姓都必须穿素，不得穿红着绿——刘继陶手里的这批货，登时变成抢手货，涨价几倍脱手。从此，刘继陶被重庆商圈，称为"福将"。

后来，金老板去世。老板娘要享受人生，决定把生意关了。大方的老板娘，关门之前，分了一万多两银子给刘继陶，还把外面的所有应收项目，一股脑儿送给刘继陶。刘将就这笔钱，再拉了一些股份，成立了后来在重庆声名显赫的"德生义"商号，从此向百万富翁的目标，一路狂奔而去。

刘继陶62岁去世。死后，家人在磁器口给他修了一个空前豪华的坟墓，给磁器口留下了"刘家坟"这一地名。刘继陶墓，二十世纪六十年代被毁。

在刘继陶之后，他儿子刘象曦，更把生意做到了汉口。高峰时期，刘家在汉口的资产多达600万两银子，生意涉足进出口、粮食、纺织（著名的汉口裕华纱厂就是刘家产业。该厂抗战时迁往重庆弹子石大佛段）、航运等。

再说李耀庭。

李耀庭当年，可以说和刘继陶差不多，甚至更恼火。

李耀庭很小的时候，祖父、父亲就在一次动乱中去世，他妈妈带着他跑到云南昭通城里，母子俩相依为命。刘继陶十二三岁的时候，被逼着学道士，李耀庭十二三岁的时候，则拿着一根扁担，在昭通城里当棒棒谋生。稍长，加入马帮当挑夫，往来于云南昭通和四川宜宾之间。20岁这一年，云南爆发杜文秀起义，李耀庭带一帮兄弟，参加清军。他作战英勇，一步步从游击升到都司，退伍的时候，拿了个小小的官身。用当兵十年的积蓄，李耀庭跑到宜宾开公司，做云南和四川的贸易。

第一次做生意，垮掉的是大多数。李耀庭也不例外。做了十几年生意，四十多岁的李耀庭，财没有发到，反而欠了一屁股账。

幸好，李耀庭人生中的第二个贵人准时出现。这个贵人叫王兴斋。

天顺祥号，就是王兴斋开的公司。总公司设在昆明，在宜宾有个分公司，和李耀庭打过交道。王总对李耀庭非常赞赏，一直想拉李耀庭入伙。李总自己的生意打倒后，王总立马对李总发出邀请，开出了李耀庭不可能拒绝的条件：一、代为支付李耀庭对外所有欠款，今后李耀庭从公司分红中分批偿还；二、给李耀庭10%的高管配股。

李耀庭就此加盟天顺祥号，执掌天顺祥号的重庆分公司。在李耀庭经营下，天顺祥的重庆分公司，没有几年就成了天顺祥的全国运营中心，所有业务、款项往来，都从重庆分公司账上走。

这个故事告诉我们，有些人不一定适合自己创业，但是，非常适合当职业经理人，比如李耀庭。当职业经理人当成西南首富，没有几把刷子，还真不得行。

当然，在当职业经理人的同时，李耀庭又陆续开了不少自己的公司。他跨界非常大，出来运营天顺祥号，李耀庭自己还涉足盐业、钱庄、石油、航运、电灯等行业，成为重庆商圈的一尊大神。

1903年，王兴斋去世，王、李两家出现矛盾，影响到全国的业务。仅仅广州一个分公司，亏损就好几百万。1911年，两家同时派人去全国各个分公司结账，结一处关一处。

1912年，天顺祥号结束的第二年，76岁的李耀庭去世。

并非灵异
——民国初年,重庆曾经消失整整8年!

这是真的。

自1189年重庆府成立以来,俺大重庆,向来是行不改名坐不改姓,到现在依然用着这个800多年前取的名字。但是,从1913年起,重庆却从历史上消失了整整8年,直到1921年才再度出现。

这是怎么回事?

◎ 重庆消失

民国以前,重庆这一亩三分地上,一直有着三个行政机构:川东道、重庆府、巴县。那时还没有江北县,只有个位于江北城的江北厅,所辖地盘,比巴县小得太多。

川东道，大约相当于后来的专区、地区。在明清两朝，道是省下面的一级组织。川东道管辖重庆、夔州（现奉节）等府、州的36个县。

1911年11月，成渝两地分别独立，成立军政府。经过一番折腾——成渝两地吵了几个月的架，还差点打了起来（上册《成渝战记》系列文章中有过详细记录）——1912年3月，成渝合并，成立四川军政府，重庆同时成立副省级单位"镇抚府"。不过，这个副省级的镇抚府，只玩了4个月，就被取消。

这一年，被取消的还有整个四川省的道一级行政单位。由省政府（督军政府）直接管辖府、州、县。

但是，仅仅一年，领导们发现，没有了道这一级挡着，什么大小破事都被直接报上来——领导们连打麻将的时间都没有了，这可不行。大家一碰头，还是恢复道一级吧。

于是，把府统统废掉，在全川设立7个道级领导机构，直接管理县，道的领导叫道尹。这7个道是：川西道、上川南道、下川南道、川东道、川北道和川边的边东、边西道。从此，省领导只管7个副省级的道领导，工作量大幅降低。好嘛，领导们终于有时间打麻将了。

这样，从1913年2月开始，重庆府就消失了。由川东道直接管理巴县、江北县（厅改县）等原重庆府管辖的县。

俺们大重庆，就这样被领导们玩没了。

到了1914年，才过一年，领导们突然觉得原来的七个道，名字不好听，又把川东道改名东川道、川西道改名西川道，其余各道依次改名：上川南道改名建昌道（现在雅安、西昌一带，道尹驻雅安）、下川南道改名永宁道（宜宾、泸州一带，道尹驻泸州）、川北道改名嘉陵道（广元、南充一带，道尹驻阆中）。边东（观察使驻巴塘）、边西（观察使驻昌都）这两道取消，划归新设置的川边特别区域。

东川道的辖区依然是36个县。这些县，除了现在重庆直辖市的全部地盘，还包括达县、宣汉、万源、开江、渠县和大竹，而现在重庆直辖市的潼南县，则一直属于嘉陵道管辖。

有人问了，为什么那时候东川道36个县，不但涵盖现在重庆直辖市的所有地盘，还包括达县、宣汉、大竹、渠县等地，地盘比我们现在39个区县的大重庆还大？正确答案来了：因为现在把原来的巴县拆分了。现在的渝中区、沙坪坝、南岸、九龙坡、北碚等地，都属于老巴县。这一分，巴县缩水严重，而区县数量大幅增加。

道，是1913年1月8日，由北洋政府颁文实行。每道设观察使，第二年公布《道官制》，改观察使为道尹。十年后，1924年6月，道这一级行政机构被北洋政府通令取消。

但是，现存资料显示，四川这些道，生命力堪比小强，在全国的道级行政机构都取消后，四川还顽固保留道一级设置。

1929年底，四川省政府在给南京国民政府的报告中，居然还有"道尹"字样。活生生吓了国民党中央领导一大跳！你们这地方，还有这样落后的机构编制？连忙下文纠正。

这个文件的名字叫《国民政府令四川省政府取消道尹制并更正实业厅等名称电》，电文里面的大意是：没想到你们四川还有道尹存在，经国民政府57次国务会议研究决定，"电令该省取消道尹制在案"，同时，现在不但没有道尹了，县领导也不叫县知事了，早就改名县长，你们四川怎么搞的，不但有道尹，还有县知事这等官职，同时，也早没有"实业厅"这类名称，"合行电令该省政府迅即遵照取消道尹制，并将实业厅及县知事名称均速更正具报"。

可见，道这一级，在四川从1913年2月开始，直到1930年初才奉命取消。位于重庆的东川道，最后一任道尹刘鸿业，1930年2月刚刚上任，马上就遭下课，也是悲催呀。

那么，已经消失了的"重庆"，又是什么时候恢复的呢？

答：1921年。这一年，刘湘在重庆设立重庆商务督办处，任命第二军军长杨森任督办。虽然第二年杨森就被赶走了,但是,重庆这个词,在时隔八年后,再次出现在四川的行政区划中。

杨森上任时,重庆已经消失这么久了,哪来的地盘嘛。于是无中生有,暂时把当时巴县管辖的渝中半岛部分、江北县的江北城区(现在的江北嘴一带)划为辖区。刚刚上任的杨督办,撸起袖子正准备大干一场,哪晓得第二年就被时任川军第三师师长的邓锡侯赶下课了——有意思的是,杨森是第一任重庆督办,也是民国时期的最后一任重庆市长——邓锡侯来到重庆,一看,怎么叫重庆商埠办事处?我堂堂邓师长,怎么能当办事处主任?于是改名为重庆市政公所,官还是叫督办,由邓师长自己兼。

一直到1926年,刘湘再度占领重庆,又把市政公所改回去,叫重庆商埠督办公署,嗯,这回不叫办事处了。

第二年,重庆建市。潘文华任首任重庆市长。

◎ 道的存废背后

道,这个编制在民国的出现和废除,背后大有故事——绝不只是为了方便领导们有时间打麻将。

民国初年,袁世凯坐上头把金交椅后举目一望,局势不大好呀。

当时的中国,各个省的老大,都是清末辛亥革命时起义的革命小将(这些省级干部,大多二三十岁,年轻得很)。很少有袁世凯的自己人。尤其是南方各省,更是清一色的国民党蓝营人士。

袁世凯想睡瞌睡,马上有人递枕头。递枕头这位叫章太炎。

1912年春,点子大王章太炎给袁大总统出了五个金点子(也可能是馊点子),第三个点子就是"废省存道":"外官废省存道,废府存县。县隶于道，道隶于部。"什么意思？意思很赤裸裸，就是干脆把省这一级废了，把一个省分为几个道，每个道直接管二三十个县，道则直接由中央管辖。这样一来，每个道的地盘，就那么一点，怎么也不可能和中央叫板。

老袁一听，龙颜大喜，此议甚好。

按照惯例，下面的人员开始表态。第一个跳出来表示坚决拥护的，是直隶总督、袁的贴心豆瓣张锡銮。张总督发出通电，声称废省改道有"三大利"，要求从直隶开始，"为天下倡"。

而直接开干的，就是四川的胡景伊。胡和同盟会、国民党早就结下了很深的叶子，现在一门心思想抱袁世凯的大腿，马上就在四川开始执行。

但是，很快事情发生了变化。

1913年春夏，以宋教仁被刺引发的二次革命被袁世凯很快扑灭。南方各省逐渐被袁收编，省级大员几乎都换成了北洋派。袁觉得，多一事不如少一事，这下似乎没有必要大动干戈搞省制改革了，于是对废省改道开始淡心无肠。

这个时候，很奇怪，北洋政府的总理们却对此积极得很，大约他们想通过这一招，从袁大总统的权力盘子里分一杯羹吧。更可能的是，很多学者气十足的行政官员，看到了这里面的合理性。

早在宣统年间，康有为就提出了废省论。1895年，他在《上清帝第二书》中，第一次在中国提出"废省"一说。其理由就是中国地大人多，省一级太大，容易尾大不掉，有割据危险。他为皇上担忧：老大呀，必须把省废了，否则危险——事实证明，他是对的。辛亥革命，本质就是省一级的革命。但是，他又是错的。当时真要废省，可能等不到同盟会这帮人革命，各省大员早就把康有为生撕了。

后来，沿着这一思路，很多学者从减少管理环节、降低管理成本的角度，提出了不少类似主张。有的建议废省、有的建议缩省；有的建议省一级虚设为监督机构；有的主张既不要省也不要道，而是改成州、郡等古制。种种主张不一而足，但都是希望把省、府、县三级改为两级，或者虚三级制（省级虚设）。

1913年底，国务总理熊希龄由梁启超捉刀，公布了他的《政府大政方针宣言》，"废省"就被列为三大施政方针之一。在熊内阁拟定的方案中，把当时全国的21个省改为80个道，四川准备改为四川、叙江、金沙、东川、剑阁、松山、岷山七个道，东川道设在重庆。

熊希龄垮台后，继任当总理的前清状元张謇，也提出他的"废省"方案。其中，四川被他分为巴山道（驻万州）、巴西道（驻巴县）、犍江道（驻宜宾）、蜀山道（驻成都）、嘉陵道（驻阆中）、岷阳道（驻平武）、西康道（驻康定）、西昌道（驻昌都）等八个道。

这种主张，直到1949年后，也在学界屡屡被提起。

其中最为著名的人士是中国历史地理学家谭其骧教授。在1989年12月7日，谭教授撰文建议中国改为50个省，并把省名统一改为"道"，其中，他建议四川分为四个道：西川道、东川道（驻重庆）、川北道和川南道。

1991年，在中国行政区划研究会编辑出版的《中国行政区划研究》一书中，总结了中国历史上的省级行政区划变化历史后，得出结论："尽量采用二级制是我们追求的目标。"

直到现在，学界依然有很多声音认为：取消省县之间的市一级编制，采取省县两级制，并把现存的省，拆分为50~60个小省份，是最符合中国国情的行政区划。

所以，有人建议，重庆也应该改为省。除了现有地盘外，把宜昌并入重庆，使重庆的一只脚跨入中部区域，从而为西部开发，提供更好的区位优势。

你认为呢？

民国重庆的市长们（一）
——首任市长潘文华

重庆城历史很悠久。如果从秦朝筑江州城（现江北嘴）算起，重庆的历史有2300多年了，重庆市的历史却很短暂，重庆建市，不到100年。

1891年，重庆开埠。次年，重庆海关在朝天门挂牌开业。从此，重庆一下子发财了——西南各地的商品蜂拥而至，都从重庆出口，重庆成为西南地区最富有的城市。

1921年，刘湘占领重庆，开始设置重庆商埠办事处，杨森当督办，这是重庆建市的前奏。1922年8月，杨森离职。军阀邓锡侯跑到重庆，觉得商埠办事处这个名字不好听，堂堂邓师长，当个办事处主任，多掉价呀，于是把这个办事处改名市政公所，不过官没有变，还是叫督办。

直到1926年夏天之前，重庆这块肥肉一直被军阀们抢来抢去。1926年1月，贵州军阀袁祖铭带兵强占重庆——小小插个曲，重庆曾多次被黔军占领，黔军在重庆盘剥了不少大洋。1920年下半年，川军刘伯承部就率军从黔军手里收复过重庆，还击毙了一个黔军旅长。不只是重庆，滇军、黔军占领四川的时间不短。好几任四川督军、省长都是云南、贵州人，比如著名的蔡锷，死前最后一个职务就是四川督军兼省长。

1926年夏天，刘湘联合杨森，接掌重庆。从此，直到1935年，将近十年时间，重庆都一直在刘湘控制之下，这十年，应该算是在四川军阀混战中，重庆的黄金十年。

重庆建市，也发生在这时期。第一任市长是潘文华。

潘文华是个值得一写的人物。

◎ 刘湘的死党潘鹞子

潘文华（1886—1950年），外号潘鹞子。这个外号来自他的功夫。

潘文华是四川仁寿人，小时候读过几年私塾，又学过几年功夫，当兵的时候，因为身手敏捷轻盈，登房上瓦如履平地（据说可以从两丈高的城墙一跃而下，然后徒手再攀越），所以被圈内人士称为潘鹞子。

潘鹞子14岁到成都，在药店当学徒，算是城市工人阶级出身（军阀们大多是苦出身）。两年后，跑去当兵。由于功夫好，尤其擅长体操科目，1908年，22岁的潘文华被四川军阀的摇篮——四川陆军速成学堂破格委任为体操助教，同时免试入学，既当学生又当老师，成为刘湘、杨森等一堆未来军阀的同学。

这期间，潘鹞子不好好读书，加入了革命队伍。20多个小毛头，为了反清，结为异姓兄弟。拜把子的时候，大家写了一个金兰谱，上面有大量敏感词。这帮粗心的家伙，结拜完不久，兴奋劲儿过了，突然发现这张金兰谱不在了，这下被吓得不轻，这玩意儿要是落入政府手里，不死也要脱层皮。

第二天，一个叫鹤龄的旗人同学找到他们，说他在将军衙门当协领的父亲请这帮混小子吃饭。混小子们战战兢兢坐到餐桌前，没想到，这位旗人领导居然拿出了这张写满敏感词的金兰谱，和蔼可亲地教育同学们：你们怎么这么不慎重呀，太儿戏了，今后可要小心哦。然后当众把这张要命的纸烧掉。

毕业后，潘鹞子参加四川新军，当副排长。随即随军远征西藏平叛，一路积功升至连长，后驻扎江孜，多次打败藏独叛军的围攻。但因孤军深入，粮弹两缺，遂接受英国人调停，把枪支弹药折价9000多大洋，卖给了叛乱分子（这事儿办得不地道），然后率军经印度，绕一大圈回到四川，开始了他的军阀生涯。

潘和刘湘结缘，是在1920年，当时潘当旅长，驻扎在巴中一带，大种鸦片，富得流油。这时，刘湘和滇黔联军大战失败，逃往陕南避难，穷得叮当响。路过潘文华防区，潘一见老同学狼狈的样子，二话不说，耿直地送了两万大洋给刘（也有说是1.5万两银子），二人从此关系越来越好。后来，其他军阀眼红潘旅长的鸦片事业，把潘旅长赶了出来，潘鹞子从此投奔刘湘，被任命为川军第二军第二旅旅长，不久升为四师师长，成为刘湘的铁心拥趸。

◎ 重庆第一任市长

重庆人都应该记住潘文华市长。

他虽然很贪财——潘家在重庆发了大财，但他对重庆的贡献非常大，是他彻底把重庆改造成一个真正的大都市。

他是重庆历史上任职时间最长的市长，从1927年11月开始到1935年7月离职，他前后当了八年的市长。

1926年6月，刘湘收复重庆后，把重庆商埠市政公所改叫督办公署。7月，任命时任33师师长的潘文华兼任督办。1927年9月，潘文华给领导打报告，建议更名叫重庆市。他在报告里面说：上海、杭州、南京等商埠都改名叫市了，我们重庆也应该改名，再说了，这个公署是北洋反动政府任命的，不革命，我们重庆现在在国民政府旗下，应该叫重庆市。刘湘一听，有道理！就以21军军部名义下文，同意重庆商埠改名叫重庆市，设市政厅，潘文华当第一任市长。1929年2月，重庆市政厅更名重庆市政府，潘文华还是当市长。

潘文华对重庆有三大贡献：

一是扩城。重庆建市后，潘文华把重庆市区面积扩大，经过数次反复，最后确定上到磁器口，下到溉澜溪，北至两路，南至弹子石、海棠溪、南坪一线，新市区面积46.8平方公里。

重庆直接管辖面积扩大后，拥挤不堪的主城区也得相应扩大，而主城扩容的唯一方向就是从通远门往西扩。

那时，通远门到两路口、上清寺一带，全是几百年累积下来的几十万座坟墓。潘市长顶住压力，下令迁坟。43万多座坟，在6年半的时间内，全部迁走。迁坟难度极大，这叫挖人家祖坟。潘市长聪明，直接派外号郭莽娃的旅长郭勋祺当迁坟总指挥，杀气腾腾的郭旅长坐镇，杀了一批冒领祖坟的二混子，最后胜利完成迁坟工程——重庆主城得以扩大一倍以上，大都市格局由此形成。

二是修路。潘市长在重庆修了两条路，一条是从通远门开始，经七星岗、两路口、上清寺到曾家岩的中区干道，一条是从南纪门沿长江到菜园坝，再斜上到两路口的南区干道。还规划了一条从临江门经大溪沟，沿嘉陵江到上清寺，和中区干道形成环线的北区干道（这条路直到1950年才最后修成）。这三条大路，现在还是渝中半岛的主要干线。

中区干道修通后，潘家也随之大发了一笔。有内幕消息的潘家，在中区干道搞了一大块地皮，公路修通后，路两侧的商店陆续开业，地价大涨，于是地皮出手，潘家大赚一笔。

刘湘占领重庆的十年期间，四川省府就设在重庆。为了打通成渝公路，以便遥控成都，1927年，刘湘在重庆成立了"渝简马路局"，开修重庆到简阳的公路（在简阳连接成简公路），1932年8月1日，成渝公路开通。

三是市政建设。潘市长主政期间，自来水公司、电力公司（就是大溪沟发电厂）相继建成，还成立了重庆银行。在市政建设中，潘市长官商勾结（官是他，商是他弟弟），又是大发其财。

自来水公司，潘市长的同父异母弟弟潘昌猷占股70%；电厂，潘昌猷占股30%多，重庆银行，潘昌猷是董事总经理，后来成立的四川省银行，潘昌猷也是董事长……潘家后来甚至搭上了行政院长孔祥熙的线，做上了进出口贸易。

除了这三大功绩，潘市长还在重庆修建了几个公园，现在新华路上的人民公园（当时叫中央公园）就是潘文华修建的。很少有人知道，潘文华还在上清寺修了一个类似现在八一路好吃街的陶园，各种吃喝玩乐齐备，当时非常热闹，坐汽车去上清寺逛陶园，是时人一大乐事。

1937年，潘文华任23军军长，率部跟随刘湘，徒步出川参加抗战。年底到达安徽广德、泗安前线，参与广泗战役。潘军虽然作战勇猛，师长饶国华殉国、郭莽娃负伤，伤亡极大，但因战役失败，潘被老蒋撤职。适逢刘湘病逝，潘文华遂扶棺回川，从此离开抗战战场。

1949年12月，潘文华在彭县跟随邓锡侯、刘文辉等起义。1950年1月被任命为西南军政委员会委员，10月在成都病故，享年65岁。

民国重庆的市长们（二）
——从刘湘系到中央系

自从1935年7月，连续担任了八年重庆市长的潘文华卸任后，重庆开始发生一系列变化：从一个商埠城市，向直辖市再向陪都变化。这期间，重庆的主人也从刘湘更换成了蒋委员长，重庆市长，也当然从刘湘系变成中央系。

◎ 刘湘系的最后两位重庆市长

潘文华卸任后，从1935年7月到1938年8月，这是刘湘系在重庆掌权的最后三年，这三年，刘湘给重庆先后安排了一文一武两个市长。

重庆的第二任市长张必果（原名张梓芳），是个文人。他早年在四川陆军速成学堂毕业，是刘湘的同学。但是张市长毕业后，没有从事大有前途的军阀职业，而是远赴日本，考进日本名校明治大学。留日归来，张市长跑到北京当报社编辑，然后被刘湘找到，委任老同学为驻北平代表。此后，张市长一直紧跟刘湘。从张市长的履历看，这位市长是个万金油，什么工作都干过，当过银行董事、蒙藏委员会委员，还跑到前线当过四川警备司令部副司令，"围剿"过路的红军，还当过成都警察局长，1935年6月底，被任命为重庆市长。

可惜，张市长于45岁英年早逝，1936年4月病逝于成都，只当了十个月的重庆市长，最后两个月还在病中。

张市长是个很好玩的人。

他作为刘湘的代表驻北平时，还不到30岁，年少多金，难免出入花街柳巷，哪晓得被"狗仔队"发现，甚至谣传他在北平讨了个小老婆。未来的张市长是重庆耙耳朵老公的代表，闻此谣言，急忙登报发表一篇名为"未纳小星之声明"的妙文（注意：小星不是人名，不是一个叫"小星"的小老婆，而是古文里面小老婆的代称）。张在文中发牢骚说：中国人呀，就喜欢盯住人们的下三路。我在北平不过一年，就出现谣言，要么说我另外谈恋爱，要么直接说我娶小老婆，结果我亲老婆听说了，大发雷霆之怒。事实上，在下出入青楼，逢场作戏是有的，这也是工作需要嘛，至于停妻别娶，那是万万没有的。然后赌咒发誓"（不但）现在无纳妾之事，即尽此余生，亦绝无所图"——老婆大人，你就放心吧。

张市长在重庆市市长任上，还写了一首打油诗，挖苦刘湘的"海军"。

话说刘湘胸有大志，除了陆军，还在重庆成立了海军和空军。所谓海军，包括一艘小炮艇和两艘改装炮艇——其实就是一首小轮船，焊上铁板冒充装甲，再装上两门陆军用的小钢炮——刘式军舰就此出笼。可惜，这军舰吨位太小，马力不足，开得慢不说，打一炮，船身就要后退一大截，要打第二炮，就得重新启动前行，回到原位才行。张市长看到这奇葩的小号土军舰，忍不住题诗一首（此诗也有人说是刘师亮作）：

好个巴渝大兵船，由渝开万才七天。
一切设备都齐整，外有纤藤两大圈。
若非拉滩打倒退，几乎盖过柏木船。
布告沿江船夫子，浪沉兵船要赔钱。

有趣的张市长在1936年病逝后，刘湘派了一个武夫继续当重庆市长，这位武夫叫李宏锟。

李宏锟来头不小。

此君是刘湘心腹，也是四川陆军速成学堂毕业，即所谓"速成系"——四川军阀三大门派之一，掌门人就是刘湘。

李宏锟是四川三台人，曾任21军副军长（军长即刘湘）、成都卫戍司令。1936年2月被授予陆军中将军衔，当上中将两个月后，就被刘湘任命为重庆市长，接替病逝的张必果。

李市长不会写诗，也不会写古文，不过一样是个色迷（谁说只有文青才好色）。1937年底，美女影星白杨来到重庆，李市长听说后，就急忙忙地派人给住在南岸玄坛庙的白杨下帖子，请年方17岁的白杨去他公馆唱戏——在土包子李市长眼里，演员都应该会唱戏，殊不知人家白杨是电影演员，不是唱戏的演员——白杨当然没有去。好在李市长也不为已甚，没有派丘八上门强请。

李宏锟担任重庆市长期间，重庆彻底完成了从刘湘手里向蒋委员长移交的过程。

1932年、1933年这两年，刘湘和他的叔叔刘文辉（刘湘喊刘文辉幺爸）大打出手，这就是四川军阀内部的最后一仗——二刘之战，此战以重庆的刘湘完胜告终，幺爸刘文辉败走西康雅安一带，在那个角落一直待到1949年起义。

统一四川后的刘湘，开始着手取消割据、融入中央。

1934年底，应刘湘的请求，军事委员会行营参谋团由贺国光带队进入重庆，指导川军改组、缩编，并指导"剿匪"工作。一年后的1935年10月，军事委员会重庆行营成立，统一指挥川、康、藏、滇、黔军队。刘湘也于是年7月把四川省政府从重庆搬回成都，给中央腾地盘。

1937年七七事变后3个月，国府做出搬迁重庆的决定。10月29日，蒋委员长作了题为《国府迁渝与抗战前途》的讲话，讲话中，蒋对抗战做出了一个比较乐观的判断——日本对华侵略只能维持两三年。老蒋认为，日本人的战争资源有限，而且国际友邦也不会坐视日本吞并中国，只要在重庆坚持个两三年，就会迎来转折。这次讲演中，蒋委员长也提到持久战，但是，他口里的持久战，是两三年。

所以，国府迁渝，大约当初也不过是权宜之计。哪晓得三年后的形势依然不容乐观，国际干涉并没有出现，战争真的进入持久战模式，看来短期内还都南京无望。这下，决定扎根重庆指挥抗日的老蒋，终于在1940年9月6日，颁布国民政府令：定重庆为陪都——铁了心待在重庆了。

在这样的背景下，1938年8月1日，李宏锟市长终于把重庆市长的宝座，交到了中央系的蒋志澄手里。

◎ 中央系的五位重庆市长

这期间，属于中央系的重庆市长一共五位，他们是：蒋志澄（任职时期1938年8月—1939年5月)、贺国光（1939年5月—12月）、吴国桢（1939年12月—1942年12月）、贺耀祖（1942年12月—1945年11月）、张笃伦（1945年11月—1948年4月）。

蒋志澄，浙江诸暨人。蒋市长是高才生，北大毕业后留学德国柏林大学，回国后当过书店经理，后从政，担任余杭县县长、庐山管理局局长，估计就是在管理庐山的时候，被到庐山避暑的蒋委员长瞧上了。1936年，蒋志澄被空降到成都，担任四川教育厅厅长，1938年8月调任重庆市长，成为第一位中央系的重庆市长。1939年5月3日、4日，侵华日军轰炸重庆，市中心大火两日，伤亡惨重，蒋以管理不善去职，调任教育部总务司司长。后曾担任国民党中央秘书长、总统办公室主任。

蒋志澄之后的贺国光，和四川大有渊源。

贺国光，1901年16岁时考入上海广方言馆（类似于上海外国语大学），是重庆人邹容的同学。1904年入川，1906年考取四川陆军速成学堂骑兵科，是刘湘的学长（刘湘是1908级，比贺国光低两级），如果贺市长一直留在四川，那是标准的速成系。贺市长从速成学堂毕业后，分配到清四川新军17镇担任见习排长，1911年辛亥革命时，担任管带（营长）——一说是督练公所科长。

成都的辛亥革命，贺国光参与其中，扮演的是一个特殊角色。1911年12月22日，投机分子尹昌衡诱杀了最后一任总督——平定藏边叛乱战功赫赫的赵尔丰。说来令人唏嘘，赵尔丰被捕时，他在川边收留的一位少数民族丫头，为了保护主人拼死反抗被枪杀，而赵尔丰的警卫团长陶泽坤，则投靠尹昌衡，亲手用马刀砍下了这颗白发苍苍的头颅。

当天晚上，对老上司心存怜悯，同时对成都辛亥革命大失所望的贺国光，趁夜色摸到行刑现场，缝合了老领导的尸首。连夜逃离成都，跑到湖北老家，投奔黎元洪。

1926年，时任吴佩孚麾下15军军长的贺国光，向打到了武汉的北伐军投诚，被任命为国民革命军新编第五军军长。这个新五军军长职务，是贺国光一生的重大转折点，此后，他被老蒋青睐，成为蒋的干将。1932年到1934年，贺任南昌行营参谋长、作战厅长，主持江西"剿匪"。在第四次"围剿"中，贺在德国顾问团的帮助下，制定"碉堡战略"，大修碉堡围困苏区，把红军逼得逃离江西开始长征——贺因此得了个"贺碉堡"的外号。

1934年底，贺国光带领参谋团入川，一年左右时间，就摆平捡顺了各路川军军头，成功完成了"川军国家化、川政中央化"的工作，为国府进驻重庆铺平了道路。

1939年5月，取代蒋志澄的贺国光，仅仅担任了7个月的重庆市长（过渡性质），就被老蒋派到成都担任四川省府秘书长并代理四川省长（老蒋亲自兼任四川省长），为其镇守后方。

接任贺国光重庆市长职务的，是周恩来的结拜兄弟吴国桢。吴早年就读天津南开中学时，和周恩来是铁哥们，还结拜为兄弟。1982年，吴国桢女婿从大陆带回一张他和周恩来结拜兄弟时拍的照片，吴市长感慨万分，赋诗一首：

> 七十年事，今又目睹。
> 结为兄弟，后来异主。
> 龙腾虎变，风风雨雨。
> 趋途虽殊，皆同匡辅。
> 我志未酬，君化洒土。
> 人生无常，泪断沙埔。

吴市长南开毕业后，在北京清华大学读书，后留学美国。他是标准的学霸，在美国一直读到普林斯顿大学的政治学博士。回国后，任蒋介石秘书，然后开始了主政各大城市的当官生涯。1932年，任汉口市长，1939年，任重庆市长，后任外交部次长。抗战胜利后，先担任国民党中宣部部长，后出任上海市长，1949年后，出任台湾省主席。

1953年，信奉美式民主的吴国桢和老蒋翻脸，指责老蒋在台湾搞独裁，只身跑到美国。次年被开除国民党党籍。1985年6月6日在美国去世。

吴市长之后，又来一个贺市长。这个贺市长叫贺耀祖，有严重的亲共倾向，他老婆倪斐君居然是中共地下党员。

贺耀祖，曾经担任首任土耳其大使，1937年回国后任甘肃省主席兼兰州行辕主任，这期间他配合延安，寻找红四方面军的遗留将士，同时帮助延安方面运送军用物资，由于他的亲共，1939年被派任苏联特使，主持谈判苏联军援。

1942年12月，贺从委员长侍从室主任任上，调任重庆市长兼重庆防空司令。贺耀祖主政重庆期间，是防空做得最好的时期，他拆掉易燃的棚户，打通大院，大量修建防火墙。数据统计显示：他上任的第二年，侵华日机9次轰炸重庆，出动飞机348架次，投弹151枚，仅炸死市民21人，炸伤18人，炸毁房屋99幢，而这年重庆市人口是91万多人，贺市长的民防措施成效显著。

1949年8月，跑到香港的贺耀祖在地下党老婆的动员下，起义回到内地，后任全国政协委员，1961年去世。5年后，1966年，他的地下党老婆被迫害致死。

最后一位中央系重庆市长叫张笃伦，陆军中将，辛亥革命时期的老同志。抗战胜利纪功碑（现在叫解放碑）就是张市长修的。

张市长是善后市长。他接任重庆市长时，抗战已经胜利，国民政府开始着手还都南京，他的任务就是做好还都南京的组织工作，同时开始陪都的战后重建。

战后建设的一个重要内容，是修公共厕所。

老重庆的市政设施非常差，又脏又乱。重庆主城没有公共厕所，大家乱吃乱屙，城区处处屎尿横行。张市长被熏得受不了，下令到处修建公共厕所——由于是政府修的，所以重庆老百姓亲切地把这些厕所叫作"官茅厕（厕字，在这里正读为司音，写成茅司、茅厮都是错别字）"。到现在，一些偏僻一点还没有拆迁的小巷子里面，都还有官茅厕在。

除了修"官茅厕"和抗战胜利纪功碑，张市长还主持制定了重庆的战后建设计划，这个计划非常庞大，包括以下几项：建设两江大桥、修建朝天公园、刊抗战胜利纪功碑、建抗战胜利纪念堂、把黄山更名为中正山以纪念老蒋在渝指挥抗战（后老蒋拒绝，但张市长还是公布市政府令，把黄山改名中正山）。

这个两江大桥，名字都取好了。长江大桥命名为"中正大桥"，嘉陵江大桥命名为"林森大桥"，可惜后来的三年内战，使经费不足，不但这两座大桥一直未能动工，原定建于较场口的抗战胜利纪念堂也仅仅停留在纸上——这个事情真该做，伤亡惨重的抗日战争，居然没有一个纪念堂！而建设这个纪念堂，不但是重庆的荣誉，更是重庆的责任！

张笃伦在重庆以开明著称，不仅和重庆参议会里面的各派人士关系很好，被誉为"民主市长"，还和重庆的大小知识分子关系很好，经常邀请大学教授、中小学校长去他家里做客，所以他家又被称为"教授之家"，然后，八面玲珑的张市长和当时重庆报界关系也很好，堂堂市领导，居然亲自联系各报的总编、部门主任和记者，搞什么记者聚餐会、记者游园会，又被称为"记者之友"。

1948年，张笃伦调任湖北省政府主席。重庆市长这张宝座，又回到川军系手里——这回接任民国时期最后一任重庆市长的，就是在四川大名鼎鼎的杨森。

民国重庆的市长们（三）
——杨森那些事儿

民国时期重庆的最后一任市长，就是大名鼎鼎的风流将军杨森。这位风流市长的任期，是从1948年4月到1949年11月，只有一年半。

杨森当重庆市长的时间不长，但是杨森的故事，跌宕起伏，非常传奇。

◎ 杨森和重庆是真有缘

重庆成立商埠，他是第一任督办（1921年11月—1922年8月），可以说是重庆这个城市的拓荒者之一，然后又亲自送这个城市告别民国时代。

更有趣的是，杨森此生唯一一次当俘虏，也是在重庆。1913年，杨森兴冲冲从王陵基（外号王灵官，川军"金木水火土"五行之一）部队跳槽到重庆的熊克武手下，准备参加"二次革命"，造袁世凯的反。哪晓得没几天，重庆就被滇军黄毓成联合杨森的老东家王陵基攻破了，熊克武扔下兄弟们仓皇外逃，杨森在重庆被滇军俘虏。话说杨森被俘后，和一堆俘虏兵关在一起。一天，黄毓成点验俘虏，命令军官站出来。滇军、黔军在四川向来以虐杀俘虏出名，所以俘虏里面的军官一个个心惊胆战。这时，只见杨森挺身而出："报告，我是少校营长杨森。"哪晓得，这次滇军没有杀人，黄司令官反而对这个胆大的营长欣赏有加。于是，未来的杨市长被黄司令带回滇军司令部，任命为副官——从此开始了杨森在滇军的闯荡生涯，直到六年后，1919年又跳槽回熊克武手下。

◎ 杨森的12个老婆

在万恶的旧社会，那个时候的军阀，不娶几个姨太太，基本上就没有办法出来混，杨森自不例外。但是，他前后一共娶了12个（最后一个是他90岁时在台湾省娶的），这就算在当时，也是一时无两的。

杨森是广安人，小平同志的老乡。杨森第一个老婆，是他年轻时候家里明媒正娶的，杨森在成都读四川陆军速成学堂时，这位杨夫人在家暴病而亡。杨森的续弦，也是家里安排的，姓谭，和杨森同岁。谭氏给杨森生了一儿一女，后来，没良心的杨森发达后，和大部分没良心的军阀一样，把这位发妻扔在农村老家守祖屋，1976年，这位老太太以92岁高龄去世。

杨森的第三个老婆刘谷芳，是他在漂泊云南时娶的。当时，杨市长还是杨副官，奉命给黄司令修别墅当监理（专业真心不对口呀）。

包工头刘柱卿（一说是开茶馆的），估计学过相术，不知怎么一眼相中了杨副官，非要把大女儿嫁给他不可——杨森的这位天上掉下来的岳父，这一注押对了。后来，女婿发达后，没有忘记这位慧眼识女婿的老丈人，把他先后派到武汉、成都担任20军代表，很发了一些财。可惜，这位杨太也英年早逝，抗战时期因肺病死在重庆。

杨森的第四个老婆田衡秋是阆中人，大户人家出身。田家是阆中的酿醋大王，田家大院据说至今犹存。杨森和田衡秋的故事很是奇特。1919年杨森反出滇军重新投靠熊克武后，被任命为混成旅长，很快又升为第九师师长。据说，这位田夫人，就是杨师长驻扎阆中时娶的。话说那一天，杨师长在阆中城里闲逛，和美艳不可方物的少女田衡秋面对面相遇，这一刻，花心的杨师长一瞬间就决定了：此生必娶这个小美女回家——他骑马遥遥跟着美女，一直跟到美女的家里。找到田衡秋家后，杨师长立即派人上门提亲，哪晓得田家本是有钱人，不屑攀杨师长这根高枝，当即拒绝了杨师长的求婚。执着的杨师长一没有灰心丧气，二没有派丘八上门抢人，而是开始了将近一年的追求。杨师长谈恋爱也用上了兵法——兵分两路，一路由本人直接不间断约会田美女，一路则不停委托各路神仙找田老板沟通。数月后，杨森带兵赶跑滇军攻进泸州，被任命为泸永镇守使，哪怕打仗之余，杨师长也没有忘记这事。都到泸州当官了，他对田大小姐的恋爱攻势并未稍歇。杨森的恋爱故事告诉我们，干什么都要坚持——杨森坚持的结果是，田老板主动把田大小姐送来泸州，成为杨森的第四位太太。杨森对这位田夫人恩宠有加，不但委任为当家太太，还经常带其出没于各种社交场合。1949年，杨森逃离大陆前，也是这位田夫人携带细软，先行去台湾探路。可惜红颜薄命，几年后，田夫人去香港探亲，突发脑溢血，卧床二十余年，后去世于美国。

杨森在介绍后宫管理经验时说："我实行的是军事化管理，不然那屋子人，咋个镇得住嘛。"杨森规定众位老婆，每天早上必须早起，穿军装，扎腰带，还专门安排了一名副官带队出操，风雨无阻。杨森还给老婆们请了各种家庭教师，学英文，学古文，学钢琴，学得不好就要打屁屁，叫作打"满堂红"。

但是，就是这么严格的管理下，还是有两个小老婆红杏出墙。一个是七姨太曾桂枝、一位是九姨太蔡文娜。这两位都在14岁出头就嫁给杨森，而且有着相同的命运：都是被杨森送出去读大学时，爱上了大学同学，结果双双毙命，死于杨森之手。杨森事后说："不守妇道，没办法，那我也就舍得下手。"

杨森喜欢文化人，好几个小老婆都被他送出去读大学。里面不但有给杨森戴了绿帽子的七、九两位姨太太，八姨太汪德芳也被他送到上海读国立音乐大学。汪毕业后在杨森创办的成都天府中学当校长。但这个八姨太有了文化，就要和军阀杨森断绝关系，生的孩子也不准姓杨，而是改姓汪，平时下手挺狠的杨森，不知道为什么放过了汪姨太（估计是这位汪校长没有给他戴绿帽子吧）。可惜，"文革"时，这位反军阀的前八姨太，在乐山被逼自杀。

1949年，杨森仓皇出逃，随他出逃的，只有田衡秋和他60多岁在重庆娶的一位杨家老仆之女——14岁的胡洁玉。杨森86岁时，胡为其生下一女，后和女儿远走美国定居。

杨森身体非常好，70岁学会驾驶飞机，90岁时爬上台湾省最高峰——4000米的玉山。最传奇的是，杨森90岁时，还娶了一个17岁的台湾妹妹张灵凤，并在92岁高龄，生下一个女儿——貌似这是男人高龄生子的世界纪录。

◎ 杨森两度主政重庆

杨森是一个非常新派的老军阀，走到哪里都离不开四件事：修马路，建公园（或者修体育场），办教育，搞朝会。估计这与他的学历有关，杨军阀可是正派的顺庆府（现在叫南充）联合中学堂毕业生，在读顺庆中学堂之前，杨森在广安紫荇书院就读。一路从书院到中学堂，他的老师是著名文化人张澜老先生。在当年，这学历怎么也算正经的读书人了，所以，后来杨森一向瞧不起那些大老粗军阀同行。

1920年底，熊克武手下的张冲第二混成旅，从滇军手中收复重庆（第一个突入重庆城的这位团长叫刘伯承，而当时守重庆的这位，就是后来大名鼎鼎的国民革命军陆军二级上将李烈钧）。

第二年，杨森被任命为重庆商埠督办。这次在重庆，杨森待的时间太短，但是也不乏大手笔。比如杨督办就突发奇想，试图在鹅岭这个地方，打通嘉陵江和长江，把重庆变成一个易守难攻的江心孤岛——这也是1800年前蜀汉江州都督李严的梦想。可惜需要的经费和时间都太多，此事被搁置。

不过，杨森也给重庆人留下了一个遗产，就是现在的人民公园。当时的人民公园一带叫后祠坡，杨督办大搞拆迁，大兴土木，开始在这里修一个公园，可惜，刚刚修好30米高的堡坎，杨督办就奉调离渝打仗去了。留个半拉子工程在这里，直到1927年，潘文华市长上任后，才接下来继续修这个公园，1929年竣工——命名为中央公园。

◎ 杨森和吴佩孚

杨森和吴佩孚，二人本来毫无渊源。一个是北洋政府的主角，一个是西南偏远山区的土军阀，偏偏二人又是民国时代军阀内部少见的一对好朋友。

杨森和吴佩孚牵扯上关系，还得上溯到1921年。是年，刘湘率川军东征湖北，一路打到宜昌，哪怕遇到了吴佩孚的嫡系部队三师，几番大战下来，川军也毫不逊色。要知道，三师可是玉帅（吴佩孚字子玉，被称为玉帅）的起家部队，在直、奉、皖三系军阀中号称第一雄师，打遍中原无敌手。最后吴佩孚险胜——这帮川军的战斗力也不是吹牛皮的，要不是武器太差，玉帅还真难啃下这块硬骨头。

大战期间，远在泸州的杨森不知道为什么，突然想起要和素未谋面的玉帅搞好关系，于是在刘湘背后搞了个小动作，托在北京的广安同乡，给玉帅寄了一封效忠信。莫名其妙的是，不知道出于什么心理，杨森居然在信里夹带了一张他的玉照——身穿猎装（不是军装），手拿马鞭。收到效忠信和照片的吴佩孚，也居然从这张照片里，读出了杨森愿为本大帅执鞭随镫之意，真真是妾身本无意，郎君自有情呀。从此，吴大帅就把杨森当做了自己人。

据说，玉帅的自作多情症状非常严重。秀才出身的玉帅，曾经考证出他老吴家和日本天皇是亲戚，按照辈分，他还是裕仁天皇这家伙的大伯。抗战初期，他毫不客气地以大伯身份，教训他那个远在日本的天皇侄子，要他停止侵华，当然，这侄子没有理睬来路不明的吴大伯。

第二年（1922年），被吴佩孚赶回重庆的刘湘，会同杨森，和熊克武的一军打了起来（史称"一、二军之战"）。这当口，朱德总司令一行正好从云南逃难到重庆。没能留下朱德帮忙，刘、杨二位自然不是熊克武的对手，何况彼时熊克武手下有员骁将叫刘伯承。几番争斗，刘湘、杨森被赶得鸡飞狗跳，熊克武很快占领重庆。刘湘躲进南岸王家沱日租界逃得性命，杨森则被刘伯承一路撵到夔门，只身脱逃，奔往宜昌——穷得口袋里只剩下一枚印章。穷困潦倒的杨森，无奈之下，跑到洛阳投靠吴佩孚混饭吃，哪晓得吴佩孚对杨森一往情深，一见光杆司令杨森，热情的玉帅当即给了一个16师番号，并封为森威将军、上将衔。在吴的支持下，杨森收拢部下，强抢了川汉铁路存在汉口银行的一百万铁路款作军费，招兵买马，打回了四川，并一口气打到了成都——自此，杨森对吴佩孚可谓感恩戴德。

不过，杨森的败仗还没有打完。

1925年，杨森不知好歹，发起所谓"统一之战"，妄想统一四川。四川这个泥塘，哪里是那么好统一的嘛。结果不出所料，那些被杨森妄图"统一"的四川大小军阀，联合起来，推出刘湘为首，群殴杨森。杨森以一己之力，根本不是这些家伙们的对手，不出意外，打群架杨森打输了，被赶出四川，灰溜溜又去投靠吴佩孚去了。

这回，在吴佩孚的帮忙下，杨森联合刚刚还打得死去活来的刘湘，一起去打占领了重庆的贵州军阀袁祖铭（半年前打杨森的时候，袁是刘湘的同伙。当年的四川军阀们非常有人情味，今天张三和李四联合起来痛打王二麻子，但是，绝对不会把王二麻子往死里揍，因为要不了多久，李四又会和王二麻子称兄道弟，勾肩搭背一起回头打张三）。赶跑袁祖铭后，杨森老老实实窝在万县（现在的重庆市万州区）修马路、搞建设——至今万州人对杨森印象颇为不错。

风水轮流转这句老话诚不我欺。杨森在万县，小日子本来过得挺滋润，没想到1927年夏天，一个人的到来搅乱了杨森的生活——这个人就是玉帅吴佩孚。

1927年春，吴佩孚在洛阳被风头正健的北伐军打得找不着北（真是找不着北，北边是玉帅最恨的冯玉祥），玉帅无奈带着一大家子人和2000多卫队，狼狈西行，投靠杨森来了。

讲义气的杨森，也不顾自己才归顺国民政府不久，毫不犹豫就接纳了玉帅一行，把玉帅"行辕"先安置在白帝城，再接到万州小住，最后，出于安全考虑，杨森把吴佩孚送到老部下范绍增驻防的大竹云雾山笠竹寺，隐于山野。

但是吴佩孚的死对头国民政府坚决要痛打死老虎，勒令杨森交出"万恶军阀"吴佩孚，耿直讲义气的杨森，硬着脖子把国民政府的命令顶了回去——没有玉帅就没有我杨森的今天，俺杨森不是忘本的人。人家玉帅都下课了，按照我们四川的规矩，双方打得再凶，只要一方认输就行，何必赶尽杀绝嘛。于是，这事儿闹大了。

事实上，吴佩孚在川3年多，除了游山玩水，一直盯着国内政局，不停寻找东山再起的机会。但是，玉帅有一点值得表扬——再狼狈，也绝不接受外国援助。他初到白帝城，日本人就派一少将、一大佐前来拜见，表示愿出钱出军火资助玉帅，还包邮到白帝城，结果被玉帅踢了出去。

1928年1月，老蒋命令把杨森一撸到底，解除本兼各职，任命他部下9师师长郭汝栋接替军长职务，郭汝栋可就没有老领导耿直，当即把部队拉了出去和老领导作对。同时，川军军阀罗泽洲等人包围吴住处，缴了大帅卫队的械。杨森也不是省油的灯，6月，在万州自行宣布恢复20军军长职务，于是四川就出现了两个20军。3个月后，蒋委员长看实在奈何不了杨森，只得承认既成事实，宣布杨森"免于查办"。

为了报恩，杨森拒不交出吴佩孚，还为此丢了军长职务。此事，让杨森一直扬扬自得，毕竟在那个时代，敢为了义气丢官的人，实在是少数——后来，1949年，杨森依然拒绝了解放军要他抓蒋委员长作投名状的要求。

◎ 抗日铁军——20军

杨森的20军，正式建军于1926年10月，是川军中第一支列入国民革命军序列的军队。不过，那个时候的20军，还是老川军的底子，庞杂无序。1935年，国府整军，贺国光（贺也曾经担任重庆市长）带参谋团入川主持川军裁军，川军被裁掉五分之二，杨森的20军被整编成3个师（133师、134师、135师），后驻防贵州，倒霉的是，1937年，20军被缩编为两师制的乙种军，而且穷得很，一个团只有4门迫击炮，一个连只有3挺轻机枪。

1937年8月13日，淞沪大战爆发。

9月1日，杨森部从贵州徒步出发。10月9日到上海，20军划归名将薛岳指挥。薛岳毫不客气，20军一到上海，第二天就被投入血肉磨坊——大场、陈家行一线。这地方是淞沪大战的主战场，集中了中日双方50个师的兵力。

整个淞沪会战，20军作战时间只有区区7天（一说5天）。

但是，这7天，却是血肉横飞的7天。最先到达陈家行战场的是134师的804团和802团。804团在10日晚上第一个到，一到就二话不说往前冲，试图收复友军失去的阵地。一夜激战，阵地是收复了，一清点人数，一个团就剩下120多人——这一仗，打出了20军的威风。在大场一线，丢阵地的部队多，收复阵地的部队，那就屈指可数了。连蒋委员长都专门为此战给杨森打电话表扬804团向文彬团长，并奖励大洋6000元。

804团打光了，802团正好赶到。没想到的是，802团刚到，团长林相侯就中炮而亡。一天后，802团也只剩下200来人。一天一夜，杨森的两个团就被生生打成一个营。

接下来的战斗更残酷。次日133师赶到。3天战斗，133师794团某连只剩7人，整个794团仅剩40多人，也就一个排多一点。

到换防的时候，20军全军阵亡3706人，伤7049人，失踪241人，全军只能缩编为一个团。但是阵地不但没有丢失，还收复了一些丢失的阵地，当时报纸使用了《20军屹立如山》这样的标题来报道20军。

淞沪大战战后，军委会对参战的100多个师按照战斗力进行评比，20军133师（师长是杨森侄儿杨汉域），名列第11（也有说是被评为淞沪大战最能打的5个师之一）。

由于淞沪一战表现出色，杨森的20军一下进入主力部队行列，得到优先补充，所有装备全部由军政部调拨，火力得到大大加强——其实呀，说老蒋借抗战收拾军阀异己，这话也不全对。只要你能打，老蒋还是舍得下本钱的，比如杨森的部队就是例子。蒋委员长并没有趁机把只剩下一个团的20军撤销番号，反而强化了20军的力量。当然，你要是不听招呼，又不会打仗，被收拾也是必然——话说这种部队留着也是废物。

1938年1月，杨森升官了，被任命为27集团军总司令兼20军军长，之后积功升为战区副司令长官。

淞沪会战后，杨森部参加了武汉会战和著名的三次长沙会战，战功显赫，往往在关键节点起到主要作用。第三次长沙会战，他率部围歼了日军一个建制大队——这是得到日本战史承认的战果，殊为不易。

1944年夏季，长衡会战后，杨森离开部队，去贵州当省长，他的老部队20军则交给了他的侄孙杨干才。

◎ 杨森此人，很难盖棺论定

不算他在泸州的"尼姑太太"和贵州的"苗族皇后"，单单入了杨家门的大小老婆就有12个，但是他在成都等地又力主妇女解放，提倡妇女读书，禁止裹脚。

他是军阀，连年征战。但是，每到一处，他又和四川那些土军阀不同，热衷修马路、搞体育、办教育，嗯，还有搞强拆——成都春熙路就是他强拆出来的。

他处在一个新旧交接期间。他胸有抱负，但是又没有从旧体制挣扎出来。

他试图摆脱旧军阀的宿命。他试图在自己的防区实践自己的政治理想，可惜混乱的旧四川没有给他时间——事实上，在当年的四川，他是唯一一个有着自己执政目标的老一代军阀。

现在，关于杨森的文章不少，但是有很多臆测，甚至有不少是打胡乱说。

好在杨森的后代在四川散布不少，希望杨森后人能够站出来，把真实的杨森告诉世人。

美国总统致重庆人民亲笔信

历史上,众多美国总统写过很多封信,但是,美国总统给一座城市的人民写信,而且是亲笔写的致敬信,我只查到过一次:那就是1944年5月17日,时任美国总统的罗斯福在一幅卷轴上,亲笔写给重庆人民的致敬信。

据说,此信原文一直埋藏在抗战胜利纪功碑(现名解放碑)下面。

让我们看看在下辛苦找来的原文和译文吧。

原文

In the name of the people of the United States of America.I present this scroll to the City of Chungking as a symbol of our admiration for its brave men, women and children.

Under blasts of terror from the air, even in the days before the world at large had known this horror. Chungking and its people held out firm and unconquered.

They proved gloriously that terrorism cannot destroy the spirit of a people determined to be free. Their fidelity to the cause of freedom will inspire the hearts of all future generations.

译文

余谨代表美利坚合众国人民，敬致此卷轴于重庆市民，以表示吾人对贵市勇毅的男女老幼人民之赞颂。远在世界人士了解空袭恐怖之前，贵市人民迭次在猛烈空中轰炸之下，坚毅镇定，屹立不挠。此种光荣之态度，足证坚强拥护自由的人民之精神，绝非暴力主义所能损害于毫末。君等拥护自由之忠诚，将使后代人民衷心感谢永垂不朽也。

◎ 罗斯福的美援

七七事变后过去才3个月，1937年10月5日，罗斯福总统在芝加哥发表了著名的"隔离侵略者"演说。罗斯福把日本比喻成一个无法无纪的"传染病患者"，认为国际社会应该把这个"传染病患者"隔离开来。第二天，美国国务院发表声明，指出日本对中国的侵略违背现行《国际法》。

可惜被一战血雨腥风吓怕了的美国佬，大部分跳出来反对罗斯福。甚至举行了2500万人的抗议签名请愿，连美国工人阶级也反对罗斯福的表态，一点没有国际主义精神。美国劳工联合会发布决议，宣布"美国工人不想卷入欧洲和亚洲的战争"。

早在1935年，害怕卷入各种战火的美国国会，通过了一个临时中立法案，要求美国对所有交战国，实行为期半年的武器禁运。1936年和1937年，分别制定了变本加厉的中立法和永久中立法。禁止向各交战国贷款，甚至不许美国商船航行到交战区。这也是中日大战打了好几年，都不彼此宣战的原因。

但是，罗斯福一直没有关上援助中国的大门。

1937年，中国把白银卖给美国，得到1.38亿美元，其中4800万用于购买战争物资，包括279架飞机。

太平洋战争爆发前，美国累计贷款1.7亿美元给中国，并通过租借法案帮助中国（租借法案一项，就以各种战争物资的形式，援助中国8.46亿美元）。美国参战后，1942年春，又对华贷款5亿美元。这些援助中，只有1945年的一笔2000万美元的纺织品要还，其余都是赠送。

有统计数据表明，整个抗战期间，罗斯福总统领导的美国，前后向中国援助了总价值16.2亿美元的战争物资、劳务、商业援助等。这些援助包括了著名的飞虎队、重庆的中美合作所（中心工作是对日敌后作战和情报搜集）、驼峰航线等。

有人认为，美国佬的援助太少，整个租借法案总额502亿美元，中国才分到16.2亿，太不够哥们了。

美国人则认为，欧洲才是二战主战场，在欧洲战场打赢了，回头消灭日本人不过是分分钟的事情，所以分配给中国的任务也不过是顶住日本人就行。

再说了，分配给你再多物资，也得能够运进来呀？1942年日本占领缅甸，截断滇缅公路，之后就只靠一个驼峰航线了。驼峰航线不计损失、不计人命（1579名年轻的美军飞行员消失在青藏高原），从开通到1945年，也只运进来65万吨物资。

在援助中国的同时，罗斯福也在一圈一圈地往日本人脖子上套绳子。

除了1937年罗斯福在口头骂几句外，接下来，罗斯福干了许多让日本人恨得牙痒痒的事儿。让我们列张时间表吧：

1940年7月，美国宣布全面禁止对日出口废钢铁，并禁运一切军事装备；

11月30日，发布财政援华声明；

12月，罗斯福扩大对日禁运项目，包括日本急需的铜；

1941年3月，通过租借法案，宣布无条件援助英国、苏联和中国等国；同时，明确拒绝日本人提出的签订《日美互不侵犯条约》，美国国务卿赫尔告诉日本人，美日谈判的基础是日军全部撤出中国；

7月22日，美国终止和日本的全部谈判；

8月2日，美国宣布对日全面禁运石油，同一天，英国、荷兰也加入禁运队伍；

8月7日，美国冻结日本资产；

11月26日（离日本偷袭珍珠港还有11天），美国国务卿赫尔把最后通牒交给日本人，要求日本不但从中国全面撤军，还必须放弃所有在华权利；

12月7日，差点被逼疯的裕仁天皇，发动了珍珠港袭击，直至把日本送上审判台。

◎ 中国人民站起来了

有人认为，罗斯福的这封信，还证明了一个历史事实：中国人民早在抗日战争中，就顽强地站立起来了。

大清后期，泱泱天朝被列强按在地上一次一次狠揍——还有人认为，大清朝很多时候是自取其辱。明明可以不挨打，那帮龟孙偏偏要把脸凑上去挨顿大的。

这一通狠揍，揍出了一堆不平等条约。这一堆不平等条约，从中国身上吸了不少血。吸血最凶的两个国家，一个叫俄国，霸占我们150万平方公里土地至今不还，另一个就是日本，用中国的钱大办教育、大办工业、大办海军。

主要就是这些不平等条约，压得中国一直直不起腰，站不起来。

直到抗日战争激发了国人的血性。

本来，从国力、军力、物力等等方面看，一串串冰冷的数字，都证明积弱已久的中国毫无胜算。但是，从抗日战争一打响，军阀混战散沙一盘的中国，却奇迹般地一步一步硬撑了下来。我的个人观点是，当时的老蒋对中国的底子相当明白，在整个抗日战争，靠中国自己，能够死撑下去就是胜利，他从来没有想过，靠中国一己之力就可以打败日本人，不亡国是他的底线。

早在1939年8月，他就派戴笠前往西昌开展营建，并成立西昌行辕，作为重庆万一陷落，国府的下一个安身之所。

他的策略就是八个字：死不投降、死撑待变。

从1937年七七事变开始，坚持剃光头的蒋委员长，在重庆死死硬撑了四年半。直到太平洋战争爆发，中国终于等到了国际局势的大变化，亚洲和欧洲两个战场被美国人连通。

四年半的中日大战，让列强终于开始平视中国——靠着无数生命的牺牲，中国就此站了起来。

中国站起来的重大标志是：不平等条约被一一废除。

事实上，清垮台后，北洋政府一直把"废约"作为一件大事，废除或修改了相当数量的不平等条约。1928年，北伐刚刚成功，国民政府外交部也在7月6日发布《关于重订新条约之宣言》，提出要么废约、要么修约、要么重新订约的主张。仅仅18天后，罗斯福领导下的美国就积极响应,同意正式修订关税条约,并主动提出磋商修改其余不平等条约。当月25日,宋子文和美国代表签订关税新约,美国承认中国的关税自主权。

有美国带头,其余国家就好办了。国民政府只花了2年时间,就全部收回了关税自主权——日本赖到最后才签约,签约时间:1930年5月6日。

但是,由于死心眼的老外们不承认中国的司法公正性,治外法权等特权一直没有收回。

直到1942年10月10日,英美政府同时宣布废除包括治外法权在内的不平等条约。1943年1月11日,英美两个大国同时和中国政府签定平等新约!这也表明了国际社会对中国的正式认可和接纳。

让我们看看从1941年底开始的另一张时间表吧:

12月7日,日军偷袭珍珠港;

12月9日,国府对日德意三国正式宣战。中日大战打了这么久,终于宣战了;

12月15日,美英两国在华盛顿拟定《联合国家宣言》;

12月23日,中美英三国联合军事会议在重庆举行,也邀请了苏联,但斯大林拒绝派员出席(就在上半年,4月13日,日苏签订了互不侵犯条约,苏联重申承认伪满洲国,并把抗联撤回到苏联。同时,斯大林停止对华援助。这种针对日本人的军事会议,斯大林不派员参加,也在情理之中);

1942年1月1日,《联合国家宣言》正式发布。一共有22个盟国在宣言上签名,其中美、英、苏、中四国为领衔签字国。签字结束,罗斯福总统走到中国签字代表——外交部长宋子文面前,恭喜中国从此成为世界四强之一;

1月3日,同盟国宣布蒋介石为中国战区最高统帅,重庆成为二战中远东的盟军总指挥部;

6月24日，在重庆庆祝"联合国日"之际，英国驻华大使薛穆爵士发表广播演说，狠狠表扬了重庆一番，他说："足以象征中国不屈不挠意志与决心之重庆，乃成为全世界家喻户晓之一名词。为各自由民族而言，重庆乃联合国家所为振奋精神之象征；为独裁者而言，重庆乃若干民众甘冒危险忍受痛苦不接受侵略者之束缚之象征。"

抗日战争中，包括重庆人民在内的中国人民，向全世界展现了自己的斗志和韧劲，赢得了全世界的尊重。

到抗战结束后，中国政府收回几乎所有外国的治外法权和其他特权。除香港和九龙，所有租界和租借地也全部收回。

这一切，除了中国人民的艰苦努力外，我们还应该记住这个人——美国第32任总统罗斯福！

1945年4月12日，在胜利前夕，罗斯福突发脑溢血去世。

感恩的重庆人民，修建了国立罗斯福图书馆（现重庆图书馆的前身）以纪念这位他国的总统。

2005年，在美国举行的一次"最伟大的美国人"评选中，罗斯福被选为美国最伟大人物中的第十位。

公儿没得狗儿乖年年夏付画

抗战时期的苏援、德援和英援

上篇文章,以罗斯福总统给重庆人民的一封致敬信为原点,比较清楚地介绍了美国人对中国抗战的支持。文章写好后,有朋友留言,希望我全面地介绍一下抗战期间的整个外援情况。

好吧,我们就谈谈苏援、德援和英援——算是上一篇的续文。

◎ 大赚特赚的苏联援助

对于中国的抗战,我个人认为,斯大林是非常支持的,绝对是发自内心的支持。我甚至相信,在七七事变那天晚上,斯大林同志在克里姆林宫一定举杯庆祝——终于打起来了!

诸多史实证明(比如德国和日本签订的《反共产国际协定》),

日本人架在中国东北黑土地上面的那把三八大盖，一直瞄准的是北极熊的屁股。这黑洞洞的枪口，让一门心思倾注在欧洲的斯大林同志坐立不安。如何让这把三八大盖的瞄准口移开，这个问题让斯大林同志非常揪心。

就这个意义而言，中日大战绝不只是涉及中日这两个国家，苏联是重要当事人之一。斯大林的目标是让中国人和日本人纠缠在一起，让力图避免两面作战的苏联，腾出时间、军力处理欧洲事务。现在慢慢浮出水面的一些历史资料，在一定程度上证明了这个猜测的合理性。当然，决定性的原因还是在中日两个当事人。

不知死活又不知餍足而且智商明显低于100的日本少壮派军人，和民族主义情绪高涨、急于摆脱帝国主义压迫的中国人，急匆匆地打做一团。

所以，当贫弱的中国冲上去缠住日本人之后，开心的斯大林马上答应援助中国，以保证中国不至于很快被打倒在地。七七事变后第二个月，1937年8月21日，中苏签订互不侵犯条约，条约中保证不给予第三国以任何直接或者间接的支持。

年底，苏军飞行员驾机来华，参加南京上空的对日空战。1938年10月，苏军飞行员进驻重庆白市驿机场。抗战期间，1091名苏军飞行员（一共8个航空兵群）活跃在中国领空，参加对日作战，牺牲了200多人，其中5位牺牲在重庆。

牺牲在重庆的苏军飞行员，包括一名轰炸机大队长库里申科（轰炸武汉回程被击中，降落在万县长江，不幸淹死），他被安葬在万州。1958年，周恩来曾邀请其夫人去万州（当时叫万县）扫墓。此外，鹅岭现在还有苏军飞行员卡特洛夫、司托尔夫的墓。

除了飞行员，苏军还组建军事顾问团，参与前线战事指挥和军官培训。

现在的历史学界基本认可一个史实：苏联对华军事贷款一共三次

（都在1937年底和1938年初），签约金额2.5亿美元，实际到账1.7亿多美元（这个数字能够精确到小数点后两位），培训中国航空人员10206名，利用这笔贷款，中国政府从苏联购买了1285架各种飞机，以及部分坦克、大炮、轻重武器等。

需要说明的是，这些军事贷款都是需要偿还的，并有利息。按照约定，国民政府在三年内用钨、铜、茶叶等物资进行偿还。

还需要说明的是，苏联援助的武器中，相当部分是旧货，其中甚至还有苏军从波兰军队那里缴获的枪支。

特别需要说明的是，1945年，苏军攻占东北后，从东北强运回国的物资总价值，就超过10亿美元——对华援助，仅仅算经济账，斯大林就赚了个盆满钵满。

当斯大林确信日本人不会朝他的屁股开枪后，1941年4月13日，在莫斯科签订日苏中立条约。然后，苏联马上停止一切对华援助，撤回所有顾问和飞行员，最可恨的还不是这一点，在日苏条约中，两个狼心狗肺的国家相互承认对方从中国夺取的利益：苏联人承认伪满洲国、日本人承认蒙古国。事实证明，愚蠢的日本人再次被苏联人玩弄了，1945年4月5日，刚刚兵临柏林城下的斯大林，转身一把撕毁了这个日苏条约，把坦克开到了黑龙江畔。

◎ 发生在上海的"德国战争"

下面我们谈谈德国。

有种极端的说法，如果没有德国人的帮助，抗战就不可能撑下去。

中国和德国，从辛亥革命后，关系一直很不错。我看到个统计数据，从1911年到1928年，中国军火市场是德国和日本的天下，德国造占比36%（一说超过一半），日本造占比32%，剩下的32%则是万国造。国民革命军北伐成功后，日本军火退出中国市场，德械一家独大。

蒋介石统治初期，是中国和德国关系的"蜜月期"。

1928—1938年，这十年间，德军顾问团帮助国民政府完成从军事管理体系、军事战略等各个方面的大跃进。重点有三个方面的工作：一是组建以30个德械师（一说50个）为主力的野战机动部队，其中全德械装备、全德式管理的样板师有三个：88师、89师和36师；二是参与建设东南纵深防御阵地；三是组建兵工体系。

德国和中国，当时究竟好到什么程度呢？

德国"国防军之父"、前德国国防军总司令塞克特上将亲自来华担任顾问团团长，1935年因病卸任后（次年去世），推荐法肯豪森继任（法肯豪森后因反希特勒入狱，曾在担任比利时总督时解救犹太人和比利时人）。在塞克特和法肯豪森推动下，德国政府陆续向中国政府提供了超过1亿美元的武器装备（其中有一笔每年两千万、总额一亿马克的信用贷款）。

1936年11月25日，德意日三国签订《反共产国际协定》，三国结盟。

传说七七事变后还发生了一件事，1937年11月，德国从现役德军装备中，紧急调集了价值5300万马克（价值1000多万美元）的军火来华，以满足中方的加急订货。

奇怪的是，1937年"八一三"淞沪抗战，以德国名将法肯豪森上将为首的德国军事顾问团，竟然不顾希特勒禁令，跑到上海参与对日作战指挥（此前，七七事变后，法肯豪森上将专程前往华北前线，筹备华北抗日。七七事变前两天，即7月5日，有先见之明的法肯豪森就给蒋介石交了份报告，建议国军快速占领华北军事要地以备战）。

有报道称，"八一三"大战中，共有约70名德国顾问亲自上前线指挥作战（估计是88、89、36三个德械师和前线司令部里面的德军顾问），以至于外国媒体把这场战争称为"德国战争（The German War）"。

尤其是"庙行大捷"，德国顾问指挥的国军，打得日本人遗尸三四千具。已经和德国结盟的日本人气得火冒三千丈，跑到希特勒那里哭诉。

1938年2月，希特勒承认伪满洲国；4月，戈林禁止对华出口军火；6月，希特勒命令德军顾问团解散回国，并称如果不回国，视为叛徒。可爱的法肯豪森上将，甚至一度想放弃德国国籍留在中国。在回国之时，法肯豪森上将向蒋介石承诺：绝对不会泄露中国军事机密。

在这样的背景下，德国还是把以前中国的军火订单继续完成，只是希特勒命令不准再接新的订单。

◎ 被忽略的英援

顺便介绍一下长期被忽略的英援。

英国人，尤其是陆军，在二战的表现实在不怎么样，在东南亚战场，几乎是一触即溃。

这个极其自大的国家，在抗战中，在其自身难保的状态下，对中国也伸出了援助之手。

英国对中国的援助，始于1937年。七七事变后，英国成立了很多反日援华民间组织，如著名的"英国援助中国委员会"，经常捐款捐物，支援中国抗战。

1938年，由伦敦市长领导的"英国对华救济基金委员会"，一年中就募集了15.3万英镑、数十万件衣物。

1938年6月13—19日，英国发起"反日援华周"。从1937年到1938年底，一年多的时间，英国民间就向中国捐款超过200万英镑——在当时，1英镑兑换约4.7美元，这笔捐款，接近1000万美元。

在太平洋战争爆发前，来自英国政府的贷款也有1550万英镑（约7200万美元），如果加上民间捐助，这个数字超过了苏联贷款的一半。太平洋战争爆发后，1944年5月，英国向国民政府又提供了一笔812万英镑的贷款。

1941年4月10日，美国援助中国100架飞机。这100架飞机，原计划应装备急需飞机应付德军空袭的英国空军，在英军同意后，美国人把这批飞机以低价转售给中国。

自身也捉襟见肘的英国，在抗战期间，对中国的援助居然也有1.2亿美元，仅比高调地满世界嚷嚷的苏援少5000万美元。

不管怎么样，我们不能选择性遗忘他们——血洒中国长空的苏联军人、为中国抗战呕心沥血的德军顾问、向中国人民捐款捐物的英国市民，他们为中国抗战事业作的贡献，都值得我们世代铭记。

老重庆青楼往事

繁华的老重庆，青楼到处都是。

清末以前，青楼、娼妓完全市场化运营，流莺满天飞，实在有碍观瞻。于是，1908年，重庆第一次实行公娼制，由政府对娼妓集中管理，把这些散布大街小巷的娼妓个体户，统一弄到金沙岗（就是现在重庆饭店旁边节约街）、朝天门、陕西街一带，形成青楼聚集区。

关于重庆青楼的户数和娼妓的人数，一直就没有统计清楚过，尤其是私娼，更是无法统计。

据《四川月报》1932年第三期记载，"重庆神女窟宅逐处皆是，公娼约2100余，私娼不知其数"。

到1934年，仅仅两年时间，公娼大规模增加。这年的《四川月报》第三期刊登了一篇"重庆乐女调查"的文章，里面称，"在警备司令部登记的乐女有5613人。并鉴于散娼制之弊端极大，实行集娼制（这句话的意思是，娼妓个体户要不得，还是要公司化经营）。登记在册的乐社分甲、乙两等23家"——这个23家，实在是个假数据。按照这个数据，每个青楼就有244个小姐做业务，不可信。

在当时，一户青楼有二三十个小姐，已经是大堂子了，所以，实际情况是，当时重庆的青楼总数，当在300家以上，再加上私娼，重庆的娼妓总数，绝对不会低于一万人。

抗战期间，来自外地的难民增加，不少衣食无着的可怜女子，也沦为娼妓。当时的文章，对此记录非常多。娼妓也从集中营业，又变回个体户。1945年12月颁布的《陪都十年建设计划草案》中，附有一张《重庆市人口职业分析统计表》，里面统计，重庆当期人口124.5645万人，其中乐户才1474人。不管你信不信，反正我是没有信——真实情况应该是，集中的娼妓，在大轰炸的混乱中，很多青楼被炸毁，失去组织的小姐们，又逐步分散到四处街头巷尾揽客。

另一个极端的数据，则是1946年5月2日的《国民日报》的夸张报道："渝市之娼妓问题尤为严重，人数已逾十万之众，其专靠妓女为生者，尚未计划在内"——这个数据，显然是记者不负责任，打胡乱说。但是，娼妓满街都是，已成积患，则是共识。

1949年底，解放军解放重庆。第二年春，在初步完成对散兵游勇的整治收容后，新政府开始着手清理街面，大规模集中收容乞丐、游民和妓女。从1950年到1952年，两年时间共收容2万多此类人等，其中娼妓超过4000人。加上之前回乡的、隐匿民间的，娼妓总数不低于1万，应是相对准确的实际数字。

◎ 丝弦堂子

老重庆的青楼，很有几分旧上海的影子。

最上等的青楼，叫丝弦堂子，主要集中在金沙岗（现节约街，即重庆饭店背后）一带。这里的小姐，分为扬州帮、苏州帮、沙市帮和成都帮，多少有点文化。生意最好的，就是来自下江（现在江浙上海一带）的几个大班子，如蓝少全、伍琴舫、阿芳等的下江堂子，以苏州、扬州、上海姑娘为主。

泡丝弦堂子的客人，不但要有钱，还得要有点文青范儿。

丝弦堂子，是讲究文艺范儿的。进得门来，先要做"花头"，就是点几个姑娘，唱几曲戏，讲究点的，要听越剧、昆曲，再从包席馆（一种老派餐馆，只做高档的外卖业务）点一桌精致席面，听戏、浅酌，顺便调调情。这地方可不兴站一排美女，你点哪个，哪个就必须来伺候你，而是讲究一个你情我愿。钱花得多的凯子，不一定当天就可以当入幕之宾，有些手段高明的青楼女子，可以把你玩得颠三倒四，最后依然摸不到一下小手手。

丝弦堂子的套路，就是玩格调。当时，金沙岗有家丝弦堂子挂出一副对联："满街人都是那话，唯有我清白传家"，横批"独不傲众"。这是什么意思？意思是，你们这些堂子，都是打肉搏战的地方，只有我这里是清清白白唱戏玩文艺。总之，越是有名的丝弦堂子，越要像文艺场所，绝对不能搞得一看就是风月地界。

这些青楼，主要收入来自做"花头"。一桌上好席面，可能就是几十上百个大洋、一台折子戏，也是几十大洋，而当时重庆最贵的度夜之资，也不过二三十大洋。所以，高端的青楼也罢，小姐也罢，从来都不是靠挣皮肉钱过日子，而是靠情怀挣钱。不"砍足斧头"（就是在做"花头"阶段挣够钱），小姐是不会开口留客的，因此，在前部分花钱越多，这样的客人就越受欢迎。欲擒故纵，欲拒还迎，就成了会唱戏的青楼女子的绝招。

有朋友说，以前读书，总看到一些有钱人在青楼花光盘缠，最后被扫地出门的悲惨经历，心里就纳闷，找个小姐都搞得家破人亡，是不是太夸张了？其实不是，当青楼也主打情怀，嫖客居然被逗出真情，这个套路的结尾，一定是被掏空口袋。

据老重庆通肖能铸老师介绍，金沙岗一带，不但是青楼聚集地带，清末民初，重庆青楼还有自己的行业协会——花帮公所，就在从金沙岗下到千厮门正街的路上，这栋极有意义的建筑，二十世纪六十年代还在。肖老师还介绍，金沙岗的小姐们居住的地方，就叫花巷子，也在金沙岗到千厮门的路上，后来修公路，拦腰挖断了金沙岗到千厮门的大量小巷，花巷子也就消失了。

查老重庆还有个花街子，据说也是青楼集中地（也有文章说是卖花的地方，但我听说是另一处花街柳巷）。这个花街子在凤凰门上面，现在的中兴路旧货市场往右走几百米就是，和花街子比邻而居的，是当时的清军绿营驻渝部队某部（川东总镇左都督府，后来的重庆镇守使府也在这里）。

◎ 闲门堂子

丝弦堂子之下，就是闲门堂子。

闲门堂子的姑娘，不会吹拉弹唱。这地方比较直接，业务相对灵活，可以有"花头"——就是吃饭、打麻将，也可以"一见钟情"。

重庆最有名的闲门堂子，由鸡婆和鸭婆两位大名鼎鼎的花界名人所开。巫鸭婆（又叫巫鸭儿，本名童玉卿）的店开在百果巷（就是现在的鲁祖庙花市面前这条路），往来的多是军阀上层人物，比如当年占领重庆的黔军司令袁祖铭就长期在巫鸭婆的院子留宿，甚至在这里办公，黔军将领纷纷到青楼给领导汇报工作。

有意思的是，来到重庆的黔军、滇军将领，都公开嫖院子——川军刘湘则禁止部下嫖妓，还抓过好几次。"五省联帅"，云南王唐继尧也好这口，他在重庆的相好叫唐嫣，因为和唐继尧走得近，以至于好多想升官的滇军将领、想发财的重庆商人都来走她的路子。唐继尧离开重庆后，唐嫣还得了个外号叫"唐联帅"。

姬三姐（外号鸡婆）开的店先在大阳沟，后迁鸡街（现在的五四路），最多的时候有20多个姑娘，往来的多是军界要员和袍哥大亨，以及商界老板。

这种闲门堂子，陈设华丽。姬三姐为了装修她的院子，专门去上海考察学习，从上海采购了一大批时尚家具、化妆品回重庆，风头一时无两。

闲门堂子以下，就是"私门头"和"台基"。私门头，用现在的话说，就是单干的个体户。一个小姐，租个小院子，雇两个轿夫、一个老妈、一个丫鬟，就开业上班——这是私门子的标配。台基，则类似于一些情趣酒店、小酒店，专门为冒充良家女子的小姐提供业务平台。有些台基还有自己的小姐，叫作养"小花"，这类台基的老板，多是被抛弃的姨太太、舞女、交际花。当然，台基也是不少外遇人士的苟合之地。

私门子以下，就是不入流的流莺。较场口、临江门、一号桥一带特别多。一夜只需一两元，而二十世纪二三十年代，嫖妓的行情，除去做花头的费用，丝弦堂子是一夜10~20个大洋，闲门堂子是4~10个大洋不等。

除了娼妓以外，老重庆还有男妓，专业术语叫"幺童"——民间戏称为"屁巴虫"。

最出名的男妓组合，是抗战时后祠坡（现在的人民公园一带）的川剧摇旦潘玉琴的团队——摇旦是川剧旦角一种，类似京剧的彩旦。多扮演中年妇女，如媒婆、老鸨之类，看过戏的朋友就知道，那种一手拿手帕、一手叉在腰间，走路一摇一晃的，就是摇旦。潘的团队有男妓10多人，为男女客人提供服务。当时著名的心心咖啡馆，也是男妓出没之地。

◎ 日本妓院"又来馆"

大重庆还曾经有所日本妓院，名叫"又来馆"——大约是欢迎您来、欢迎您再来的意思。

据王家沱王家大院后人曹老师回忆，这家日本妓院开在弹子石王家沱日租界。但是，更多的文史资料显示，这家妓院是二十世纪三十年代初开办的，地址在当时的重庆总商会（现在的道门口）旁边，一个叫永龄巷的小巷里面，准确地址是永龄巷7号。永龄巷现在更名为永宁巷。

又来馆的门匾，据说还是四川五老七贤之一的清翰林、荣县人赵熙题写。

又来馆，进门后是天井，天井右侧下房是日式浴室风吕。日式餐厅在左侧，楼上是客房。

这家日本妓院的老板是个叫加藤率的日本女人，30多岁的中国通，说一口流利的重庆话。茶房、厨师则是中国人。

又来馆有10多个日本姑娘，不过据说多是朝鲜人，业务范围是陪洗澡、陪吃饭、做日式按摩，也可过夜。费用每次10~18块银元，算是高档场所了。这里，也时不时有从上海过来串台的日本妓女，这些上海来的日本妓女，做一段时间业务就会离开，往往会带上用小费买的"砒子"——鸦片提炼品，一种毒品——回上海倒卖。

当时重庆是鸦片出产地和转口贸易地，重庆出去的鸦片，占到重庆对外贸易总额的30%左右，是大宗贸易货物。

1937年，加藤率领姑娘们离开重庆。又来馆关门。

◎ 鸡婆姬三姐

姬三姐，本名王贞孝，北碚澄江镇人。父亲是街上摆杂货摊的，她17岁嫁给重庆姬家。姬家是破落户，老公又是浪荡子，家里穷得揭不开锅。十七八岁的，就干过收鸡鸭毛、浆洗缝补等活。19岁，被赌输了的老公以80块银元的价格，卖给神仙口一家妓院鸨母陈大脚板（神仙口在现在新华路中间，和文华街交界的地方），从此堕入风尘。在这个妓院，陈大脚板把王贞孝小妹妹的名字改为陈月卿，在院子姐妹中排行第三，加上老公姓姬，慢慢江湖上就开始称她"姬三姐"，外号叫鸡婆，和鸭婆童玉卿齐名。

和所有初出道的妓女一样，姬三姐最初的梦想是从良——事实上，姬三姐这一辈子都在为从良努力——曾经看中一个恩客，家住五福街（现在金汤街下面）的商人彭某。彭用几百银元为其赎身，养作外室，哪晓得两三年后，姓彭的家伙玩腻了三姐，提出"开笼放鸟"，和三姐分了手。

无奈之下，二十六七岁的三姐重操旧业，在米花街（现在八一路的一段）租了半边小院，开起了私门头。聪明的姬三姐，一手抓服务，一手抓营销，不但交结上一些中级军官，还认识了一些姨太太什么的，结拜了好几个姐妹，业务慢慢做大。

1922年，姬三姐在大阳沟租下有20多个房间的鄢家院子，开始做大产业。房间分为上中下三等，上等房间华丽精美，有名人字画，中等房间清雅舒适，下等房间则主要招待普通人和卫士司机。小姐也有各种档次，而且合作方式多元化。有包房（就是承包房间，每月固定交钱）、合班（就是按单结算，按比例分成）等，由于经营手段灵活，加上装修有格调，客源越来越稳定，前来搭班的小姐越来越多，这些小姐的名字也很有趣：正常的有陈玉娥、陈天宝、吴小兰；还有叫韩二、黄四、飞燕、毛块、土碗、小幺妹的，别看人家名字很有泥土味，这可都是当时的名妓，比如飞燕就曾经被大袍哥唐绍武包断，为此唐绍武的老婆还打上门来。

姬三姐在江湖口碑很好，因为她很耿直，也很会为人处世。

妓女陶某病重，她出钱送陶某回家养病；贫病而死的妓女金葡萄，她出钱安葬。一些商人在她这里请客，她也从来不乱"砍斧头"。姬三姐后来的老公朱某，就是她仗义结的缘。

一次，一位来院子的客人，闲聊中谈起朱某在汉口求职未果，衣衫当尽，回家的路费都没有了。三姐恻隐之心大发，当即通过银行寄过去200大洋，雪中送炭。朱收到这笔钱，前往上海谋到工作。1930年，朱回重庆，下船第一件事就是去看望姬三姐，张口就是："三姐，今后你就靠我了，啥子事情我都给你负责到底。"通过接触，二人慢慢产生了感情，但是，向来花天酒地惯了的姬三姐（她还有个抽鸦片的恶习），如果不开妓院，失去生活来源，小小打工仔朱先生，是断然养活不了她的。二人只好作罢。

1939年，日寇轰炸重庆，姬三姐的妓院也被炸为灰烬。在宜昌的朱某听说此事，马上赶回重庆，面对一片废墟徘徊不已。多方打听，找到在黄沙溪一寺庙寄住的姬三姐，三姐哭道：现在我什么都没有了，今后怎么办？朱当场表示：现在才是我们真正在一起的时候了，我就是为实践诺言来的。一、如果你还要开妓院，我出钱，你去操作；二、如果你要就此收手，那么我们同居，一切开销我负责，让我们从此幸福地生活在一起吧。

已经年近50的姬三姐潸然泪下，表示愿意从此同居。同居后，姬三姐恢复学佛（在鸡街的时候，她拜入佛门）时的名字王云裳。1949

年后，她在家主持家务，朱某在航运机关工作。

　　姬三姐一生无后。当年收养了三个幼女，都送入学校读书，1949年后陆续婚配嫁人。

第六部分
这才是袍哥

红黑十条口江增儿哥
袍哥公廉绍炮袍袍
唐范老洋哥
袍范老洋
袍洋丐
乞女

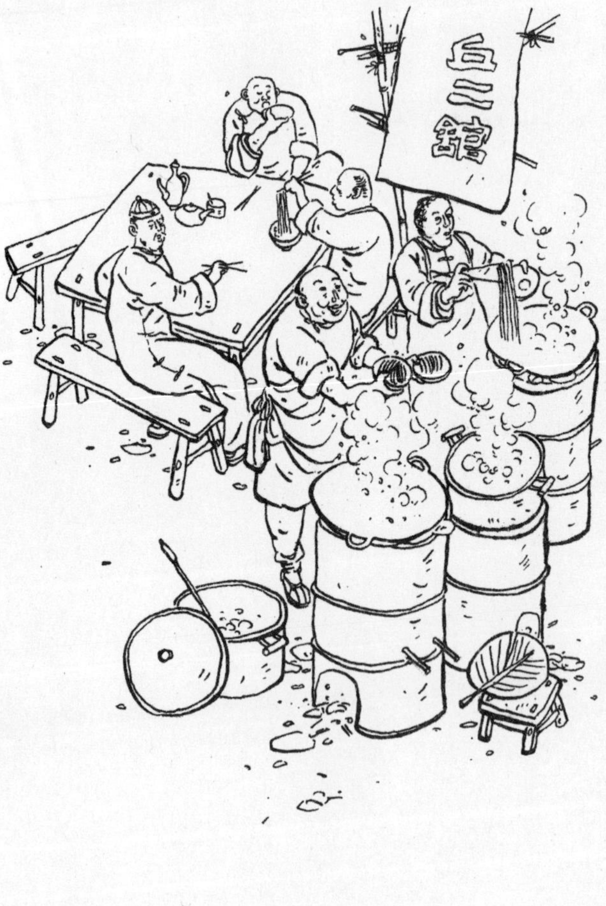
白二館

袍哥人家规矩多

清末民初，袍哥绝对是四川民间的第一大社群组织。由于袍哥是革命党人在四川依赖的主要民间力量，辛亥革命成功后，原来处于半地下状态的袍哥，纷纷洗白上岸，强力渗透进政府、军队。各行各业，处处都有袍哥大爷的影子，最兴盛的时候，号称"有地皆公口，无人不袍哥"。

俗话道"袍哥能结万人缘"，是指袍哥势力大。大到什么程度呢？"上齐红顶子（指当官的），下齐讨口子（指乞丐）"，袍哥无处不在。袍哥自吹"千里不要柴和米，万里不要点灯油"，意思是天下袍哥是一家，走到哪里，都有袍哥兄弟招待，吃住一律免费。

那么，袍哥是怎么招新人的呢？

◎ 仁、义、礼、智、信

袍哥共有"仁、义、礼、智、信"五堂，天下袍哥都在这五堂里面，所以，必须选一个堂口加入。

请注意，这五个堂口有辈分区别。仁字袍哥辈分最高，义字其次，礼、智、信更低，义字袍哥看到仁字袍哥要喊"叔伯"，礼字看到仁字，要喊"爷、公"，以此类推，所以后来"礼、智、信"三堂袍哥基本不和前面两堂往来，辈分太低，见面很尴尬。

好嘛，仁字袍哥辈分最高，当然大家都想加入，但是，各堂袍哥各有规矩，人以群分，不是想进就能进的。

这些堂口到底有哪些区别？有几句俗话说得很清楚："仁字号谷子多、义字号银子多、礼字号锭子（四川话拳头的意思）多"；还有"仁字讲顶子（清廷的官帽子）、义字讲银子、礼字讲锭子""仁字旗士庶绅商、义字旗买卖客商、礼字旗耍刀弄枪"。

仁字袍哥，主要是三类人，一类是官员，一类是读书人，然后是绅粮（各地的大户人家、大地主），算是清末民初的社会主流精英群体。当官的嗨袍哥，叫"官带皮"（嗨皮，就是嗨袍哥，皮是袍哥的自称）；有钱人家嗨袍哥，叫"金带皮"。仁字袍哥的主力在川西、成都一带。

仁字袍哥社会地位高。如果其他袍哥公口扯皮闹矛盾，相持不下的，往往请本地仁字大爷出面组织协调。一些地方，仁字袍哥如果今天开会，其他袍哥堂口就不能同时开会，必须回避。

义字袍哥，主要是各类大、小生意人，也包括烟赌毒这种地下经济的经营者；其主力在重庆、川东一带（重庆从清朝开始，一直是西南经济中心，清末开埠以后，西南唯一的海关设在重庆，重庆更是四川乃至整个西南最有钱的地盘，所以占领了重庆的刘湘才有财力最后统一四川）。义字袍哥，是五堂袍哥中人数最多的。在重庆，义字袍哥也远比仁字兴盛，尤其是1945年重庆成立义字总社一统义字江湖后，更是了得。当时的重庆警察局6个侦缉队，5个队长是义字袍哥，重庆十八个区的十六个区，正副区长都是义字袍哥。

礼字袍哥，主要是清末民初的军队官兵、各地土匪棒老二等。如著名袍哥军阀范绍增就是混礼字袍哥的，由于在袍哥里面的辈分低，范绍增发达后，对袍哥的活动一向不那么热衷。1944年，重庆礼字袍哥成立礼字总号，邀请范担任总社长，范也是一推再推，实在推不掉，也不过只当了一年多，就跑到上海自行组织益社。范绍增范哈儿和杜月笙是铁哥们儿（杜月笙的吗啡厂当年就开在范哈儿的邻水防区），在杜月笙帮助下，搞了一个不分堂口的袍哥组织。

"智、信"两堂，主要是社会底层的体力工作者，如纤夫、脚夫、挑水工等。

总之，从仁字到信字，等级划分非常明显。当然，随着时间推移，"仁、义、礼"三堂，也不那么纯粹了，义字袍哥里面也有不少军警人员。

需要说明的是，成都只有"仁、义、礼"三堂，重庆是全川唯一一个"仁、义、礼、智、信"五堂齐全的地方。

除了"仁、义、礼、智、信"五堂，每堂袍哥又在各地有不少公口。民国初年《中华民国临时约法》规定结社自由，于是很多袍哥堂口不再叫什么什么堂，而是叫什么什么公，或者什么什么社，也有自称公社的，老大就叫社长什么的。

这些"公""社"，相互平行，互不管辖，大约以地盘划分。

◎ 身家清、己事明

清末民初的成都著名文人刘师亮，写了一本《汉留史》，里面有这样一句："如身家清、己事明，俱有入汉留资格。"汉留，就是袍哥，意思是汉人遗留，与清势不两立。

"身家不清各自走，己事不明早回头"，只要身家清白、己事明了，"没有夹灰卷口（指不清不楚）"，对组织要坦白，不隐瞒自己的出身，然后合乎要求，就可以申请加入袍哥。

不过，以下人等，不得加入袍哥。

一是投降清廷，残害汉人的坏人不得加入，但是，在清政府、军队的各级工作人员，只要没有害人的，又可以加入。其实，随着袍哥组织的扩大，根本不可能考证加入者是不是好人，不然，那么多掌红吃黑、称霸一方的袍哥大爷，你以为是哪里来的呢？

二是"待诏"、裁缝不得加入。"待诏"，就是理发匠。大概是因为当年清廷下剃头易服令，理发匠、裁缝是执行者，所以也不许他们加入神圣的袍哥组织。进入民国后，这条规定被废除。

三是青楼的有关从业人员不得加入。无论是直接做业务的青楼女子，还是为他们服务的龟公、老鸨都不许加入。

四是各种艺人不得加入。唱戏的艺人，历来地位比较低，不过，民国后，这条禁令基本废止，但是，唱旦角的男子，还是不能加入。

五是跳大神的端公，不得加入。

六是小偷不能加入，袍哥有个奇怪的规矩，叫"认盗不认偷""禁偷不禁抢"，小偷被称作"黑脑壳"，不许嗨袍哥。你抢劫杀人都可以，就是不能偷东西，所以有些混进袍哥组织的小偷，在行窃时被抓，都宁肯认一个更严重的抢劫罪名，也不肯承认自己是小偷，就是怕被清除出袍哥队伍。

七是妇女不能加入，不过民国后这条禁令被废除，四川、重庆涌现了一大批彪悍的女袍哥。据说单单重庆，就有200多个女袍哥堂口，在编女袍哥1万多人。四川的女袍哥甚至动刀动枪，带领袍哥兄弟姐妹们攻占过县城。

八是其他如老婆偷人、母亲再嫁者，都不能加入袍哥，有些地方甚至连母亲如果是小老婆，也不能加入。重庆广阳坝就出过一个命案：当地一个叫赵璧辉的兄弟想嗨袍哥，仁字大爷吴金山以赵母是妾为由，说赵的身家不清，不许他嗨，赵兄弟气得不行，袍哥的有关文件里面可没有明文规定妾生子不能嗨袍哥，这位吴大爷摆明了是欺负人。血气方刚的赵璧辉，一气之下重金聘请杀手把吴大爷杀了，本人远远跑去浙江避难。这官司一打就是几年，最后，赵家花钱消灾，赔偿年租80石谷子的田地，才把事情搁平。

民国后，这些禁令慢慢松动，比如前面说的理发匠、裁缝等，都可以加入袍哥组织了，不过只能在"礼"字以下的堂口加入。

◎ 恩、承、保、引

"身家清、己事明"，只是具备了资格，要真正加入袍哥，还得有入袍介绍人。

袍哥规矩大，一两个介绍人不得行，必须四个。这四个介绍人，分别是"恩、承、保、引"四大拜兄。

引兄，就是接引你进入组织的拜兄，这位拜兄一般是"执事幺大"。就是袍哥堂口里面，排行最小的，嗯，就是基层袍哥工作人员。

所谓执事，就是有岗位的、主要跑外勤的袍哥小兄弟。所谓幺大，也叫幺满大爷，这个大爷可不是排行第一的大爷。袍哥老幺，在袍哥的组织机构里面，级别最低，因人们满江湖看到的主要是他们，所以也被称为大爷，但是前面一般要加一个"幺"，叫作"幺大爷"，简称"幺大"。要加入袍哥，直接介绍人，就是这位幺大爷。

可不要小看幺大爷，袍哥组织部门有个政策，叫作"尾掉头"——老幺长期在外面工作，没有得到提拔（袍哥叫"超拔"），但劳苦功高，对组织上有突出贡献，经研究决定，可以直接提拔为排行第一的大爷。

保兄，则一般是排行第五的红旗管事，又叫红旗五爷，红旗五爷主要分管外联公关和组织人事工作。保兄，顾名思义，要起担保作用，保证这位新兄弟"身家清白、己事明"，如果有问题，保兄要承担连带责任。重庆最有名的红旗五爷，就是自掏腰包，组织数百袍哥兄弟参加重庆辛亥革命，然后功成身退的那位况青云况五爷。况五爷，是老一代重庆仁字袍哥大爷、留日学生唐廉江的手下兄弟，在会仙桥开了一个鞋庄。他在袍界资历非常老，如果能够请到况五爷做保兄，那袍哥兄弟们必然刮目相看，你的江湖地位立马升三级。

承兄，一般是排行第三的钱粮三爷。这位三爷，主要管财政，是组织上的核心人物。三爷，负责复查新进弟兄的来历，要保证不混进一个异己分子。三爷一旦复核清楚了，就点头承认这位兄弟"身家清、己事明"，所以叫承兄。

恩兄最后出场，老大都是这样。经过前面的复杂流程，堂口的一把手，舵把子大爷——简称"舵爷"——认为你合乎各方面的条件，可以加入光荣的袍哥组织了，就恩准你加入，所以叫恩兄。

恩兄点头后，事情还没有完。

先得举行仪式，仪式后，得给四位拜兄各包一个大红包以示感谢，再给所在堂口交"会费"，叫作"神底大片"，也叫"山价钱"或者"码头钱"。这笔钱多少不论，有钱的多出，没有钱的少出，但是都不能离"108"这个数，意思是不忘梁山结义108位好汉。然后由负责对外公关事务的红旗管事，通告本码头的各个袍哥堂口，经过当地的"仁、义、礼、智、信"五堂堂口都认可了，才算正式加入袍哥组织。

不过，只要你底子硬，也可以例外。比如重庆著名袍哥石孝先（辛亥革命老将石青阳的三儿子），自己在弹子石独立开堂口"三合公"时，他的"恩、承、保、引"四位拜兄来捧场，名动一时。因为这四位拜兄的名头太响了，分别是田德胜（80来岁的老袍哥，重庆袍界最资深的老大、仁字袍哥大爷）、唐绍武（重庆最有号召力的大袍哥，沙利文的老板之一）、熊青云（贵州袍哥的总舵把子）、陈国章（从小跟着石孝先的老跟班，一辈子都是红旗五爷）。石孝先的"恩、承、保、引"四位拜兄，除了老跟班陈国章，其余都是有独立堂口的舵把子大爷。

◎ 入袍仪式

审批流程走完，就要热热闹闹开香堂，喝血酒、拜把子。

加入袍哥的仪式，会在袍哥的正式集会上举行。袍哥每年三次正式聚会。

第一次是春节前几天，腊月二十以后、正月初一以前的团年会（也有说腊月二十以前的）。除了开香堂，团年会上，当家的钱粮三爷做年度财政预决算报告，红旗五爷做组织工作报告——报告组织新进人员、顺社人员（其他地方的袍哥把组织关系转到本机构）、升职降职情况、功过奖赏等，最后由当家舵把子做年度工作报告。

第二次是单刀会。每年农历五月十三日，纪念关公单刀赴会。

第三次是中元节。农历七月十五日，悼念死去的老兄弟。

这三次大会，都要开香堂接引新兄弟。会上有一些很好玩的仪式，仪式感非常强。

清朝时期，由于袍哥属于严打对象，所以搞聚会、开香堂，大多选择人迹罕至的深山古庙，事先要巡风排查，设置明卡暗哨。民国后，袍哥活动公开化，袍哥的这类组织生活，就大多在城市茶馆举行。

开香堂时，从老大开始，每个领导都要发言，有固定的发言内容，一般是一首或者两首半文不白的五言、七言顺口溜。

比如分管组织人事工作的红旗大管事要念《设禁门令》：

  从早拜兄传下令，命弟前来设禁门；
  禁门之内非凡品，天下英雄到此行；
  ……
  ……
  谁人保举谁引进，谁是承行谁的恩；
  履历从头讲清顺，然后方许入禁门；
  倘若糊涂把山进，开除袍界不容情；
  非是小弟宣言硬，不枉拜兄一片心；
  交割办完一声请，依次而入莫停留。

  （办交割一词，就来于此处）

分管执法工作的黑旗大管事，要念《行巡查令》：

  巡查令出如雷吼，满堂哥弟听从头；
  今日此地作方手，协力修成光汉楼；

身家不清早些走，己事不明早回头；

自知身份有不够，自讨方便把身抽；

清查出来要出丑，当着人前把底丢；

非怪愚下来得陡，事到头来不自由。

老大舵把子给新兄弟赐鸡血酒（福酒）时，要念《赐福酒令》：

福酒原来自古传，弟兄共饮乐无边；

今日谊结同袍后，生死祸福永相连。

最后是拜把子。拜把子一词，就出自于这个仪式。什么是把子？把一捆青香捆在一起，称为把子香。老大把数根青香，用红布拦腰捆住，称为"捆把"，插在香台之上，然后新进兄弟和大家一起，对着这把子香跪拜，同时大家齐唱《拜把令》：

今朝拜把结同心，斗口星君做证盟；

谨守十条和十款，自然事事吉星临。

一连串的顺口溜念完后，这把子香传到新加入社团的兄弟手里，再把这把子香交给拜兄，点燃香插入香炉，当神立誓：

某某某自入汉留之后，遵守山堂十条十款。如有口是心非，神明鉴察，死于刀下。

于是礼成，袍哥从此又多了一位同仁。

红黑十条

当年的袍哥，是个很庞杂的组织。各级人员数量众多，数以百万。

人一多了，必然良莠不齐，所以定了很多规矩，而且很齐全，有奖有罚，并且有专门的执法机构和执法人员。袍哥的执法机构叫刑堂，刑堂老大一般排行第五，称作黑旗五爷——和红旗五爷并列。红旗五爷管对外接待等公关事务，黑旗五爷就对内管执法。

袍哥的这些规矩，统称"红黑十条"。其实不止十条，而且前后期、不同地方流传下来的，都有不同，重点都是一些所谓的江湖道义、江湖规矩。

◎ 红黑十条

最早的"红黑十条",据刘师亮写的《汉留史》介绍,是郑成功留下的《海底》一书所载——国人的老习惯,总要拖个名人背书,不管你信不信,反正我不信。郑成功哪来那么多闲工夫,帮你黑社会编黑话嘛。

《海底》里面,除了"红黑十条"以外,还有很多内部黑话、切口,所以袍哥之间打黑话叫作盘海底——经典场景详见《智取威虎山》中座山雕盘问杨子荣那一段。

"红黑十条",其实是"红十条""黑十款"的总和。《海底》里面的"红十条"是这样的:

> 第一父母须当孝,尊敬长者第二条;
> 第三要分大和小,有仁有义第四条;
> 第五拜兄要敬道,红面杀兄第六条;
> 第七兄嫂莫言笑,第八莫把弟媳瞧;
> 第九为人要正道,越礼犯法第十条。

"黑十款":

> 不忠不孝遭恶报,不仁不义该下毛;
> 灭弟灭兄斩头脑,嗟娘骂母割舌条;
> 越礼犯法自拔叼,奸淫恶霸刀上抛;
> 暗箭伤人斩为要,丢人卖客罪不饶;

皆地议论刑打拷，败坏纲常罪难逃。

这个是非常早的袍哥法规，"黑十款"里面使用的方言"下毛""舌条""拔叼""皆地"等，都不是近代四川方言，我怀疑是清代中叶四方移民杂居时，四川话尚未定型时期的语言（如舌条也是安徽话）。"下毛"，不是下面的毛，而是把身上的毛都拔掉；"舌条"，舌头的意思；"拔叼"，和"拔屌无情"的前两个字雷同，意思是越礼犯法，就自己把自己阉了。"皆地"二字，可能是"背地"的错字——背后讲老大的坏话，当然要遭理麻（理麻，重庆话，修理的意思）。

这个早期版本的内容明显含混不清，比如"红十条"的一、二、三条，意思都差不多。整个都啰啰唆唆，同义反复，一看就是没有什么文化的江湖人编的。

民国初年，这个"红黑十条"版本有所变化。

汉留原来有十条，编成歌诀要记牢；
言语虽俗道理妙，总要遵行才算高；
第一要把父母孝，尊敬长者第二条；
第三莫以大欺小，手足和睦第四条；
第五乡邻要和好，敬让谦恭第六条；
第七常把忠诚抱，行仁尚义第八条；
第九上下宜分晓，谨言慎行第十条；
是非好歹分清楚，牢牢谨记红十条。

以上是新版"红十条"，风格是苦口婆心的劝导口吻。下面是新版的"黑十款"，则是处罚性条款：

出卖码头挖坑跳，红面视兄犯律条；

> 弟淫兄嫂遭残报，勾引敌人罪难逃；
> 通风报信有关照，三刀六眼谁恕饶；
> 平素不听拜兄教，四十红棍皮肉焦；
> 言语不慎名除掉，亏钱粮饷自承挑。

还有一个版本，是讲袍哥日常行为规范的：

> 袍哥原来规矩大，在缘哥弟要详查；
> 还有十款更值价，范围谨守始堪夸；
> 汉留章法要文雅，不是山蛮野性家；
> 一不许前后把衣扎，二不许帽子戴歪斜；
> 三不许翘脚把腿挂，四不许口内乱开花；
> 五不许当堂把架打，六不许胡扯与胡拉；
> 七不许谈言无上下，八不许吵闹与喧哗；
> 九不许栽瓜和逗把，十不许灭股并卡娃。
> 同人学得修身法，身名早著大中华。

这个版本，里面的方言："值价"和"章法"，现在还在用，但是"栽瓜、逗把、灭股、卡娃"四个词的意思，已不考。还有个版本叫《议戒十条》，和前面这个差不多：一不准翘脚把腿架，二不准前后把衣扎，三不准吃酒乱说话，四不准胡言乱开花（即说脏话），五不准栽瓜和逗把，六不准打条想办法（打条，重庆话现在还有"编方打条"，就是想方设法的意思），七不准烟赌娼玩耍，八不准抛室不顾家，九不准故意做虚假，十不准休妻把妾纳——袍哥发展到后面，要混进正常的人类社会，必须梳洗打扮一下，用正常社会的一些正常价值观粉饰一二。

我还查到个《帮规十条》，怎么看怎么是浑水袍哥（土匪、棒老二）的东西：一不准泄露帮务，二不准同帮相残，三不准私自开差（抢劫，叫开差），四不准违反帮规，五不准引见匪人（大约是不许和其他山头的土匪打交道），六不准戏同帮妇女（意思是如果要调戏外面的妇女，请便），七不准扒灰倒灶（就是乱伦，《红楼梦》里面叫"爬灰"），八不准吞没水头（抢来的财物，叫水头），九不准违抗调遣，十进帮不许出帮。

还有很多版本，就不一一罗列了，意思都差不多的。

除了"红黑十条"，袍哥的各种规矩也不少，比如"只能兴袍灭空，不能兴空灭袍"，意思是要袍哥帮袍哥，遇到袍哥和"空子"（就是没有加入袍哥的普通人）发生纠纷，不问青红皂白，不管有理无理，都只能帮袍哥自己人，否则就是不讲义气，是"卖客"（指出卖袍哥弟兄的人）——这个罪名很严重。这些规矩，十分地反人类。

袍哥的"红黑十条"，核心价值观就是"义气"两个字。

当大爷的要讲义气。大爷的义气该怎么讲呢？那就是拿钱出来花差花差。重庆义字袍哥总社的社长冯什竹冯大爷，当年在官府内混过很多肥缺（军需处长、江津征收局长），后来嗨大爷，把贪污来的钱都嗨出去了。于是冯大爷贩毒聚赌，又挣了不少钱，除了维持自己花天酒地的生活，钱都花在兄弟们身上了——这样的大爷，当然就是"好"大爷（冯大爷在重庆袍界口碑非常好），不然，舍不得在兄弟们身上花钱的，就叫"狗大爷"，混不动的。

当兄弟的，更要讲义气。兄弟的义气怎么讲？就是帮大爷滚案（即大爷犯了事，兄弟出来顶起），当时有两个重庆袍哥中著名的滚案案例——廖敬之为唐廉江滚打洋人案、唐绍武为邓国璋滚吗啡贩毒案，就是当时被川渝两地袍哥交口称赞的袍哥义气典型案例。

从这些例子可以看出，袍哥标榜的所谓"义气"，其另一面就是与法律的对抗。

◎ 处罚措施

袍哥人家"做得受得",犯了错,就要按袍哥规矩处罚。处罚措施,从批评与自我批评,到严重的死刑,很是齐全。

第一类是赔礼道歉,这就是批评与自我批评了。轻一点的,在茶楼请各路袍哥兄弟们到场,请大家喝茶,当众道歉,做沉痛的自我批评;重一点的,请客吃饭,请大家狠狠批评我,然后放鞭炮以示被批评得很高兴。

再严重一点,就要磕头了。比如不孝父母、打骂兄长等以下犯上的,就要"矮起说"(罚跪),严重一点,要磕"转转头"。就是对所有在场人员,不分男女老少,见者有份,向每个人磕头,磕得头破血流,表示自己错了,请原谅。

第二类是通报批评、开除袍哥但留袍察看,这叫"搁袍哥"。还有一种叫挂黑牌,就是直接开除出袍哥队伍。

宣统元年(1909年),重庆袍哥刘天成(浑水袍哥,土匪)抢劫官银,案子发了,重庆府悬赏重金捉拿。刘天成跑到江津德感避风,投靠老朋友吴建初。哪晓得老朋友并不可靠,贪图赏银,转个背就把刘天成卖了,跑去江津县衙密报,于是刘兄被抓。此事传到重庆袍界,激起重庆广大袍哥群众的众怒,江津袍哥兄弟还遭了误伤——相当一段时间,江津袍哥到重庆办事、拜码头,都被拒绝,重庆袍哥宣布不接待江津袍哥。江津袍哥们一下慌了,调查后发现原来是这么回事,急忙派代表到重庆发布声明:江津和德感隔了一条江,各是各的码头,吴建初这个害群之马,不代表江津广大袍哥,江津袍哥表示强烈谴责吴建初这种无耻行径。这样,吴建初就被袍界挂了黑牌,无人

275

搭理，据说后来眼瞎落拓而死。

义字袍哥赵银山，操扁挂的（就是练武之人）。他结拜兄弟刘某参军在外，这家伙居然先诱奸其妻，再奸其女！这下犯了江湖大忌。1938年某一天，义字袍哥大爷李祝三的老爸，在马桑溪老家过七十大寿，重庆各堂袍哥大爷都去拜寿，赵银山这混蛋也去了。义字红旗管事高天一，一见赵银山，马上站起来，当众公布赵干的丑事——顿时全场激愤，大家一致通过给予"挂黑牌"处分，永远开除出袍哥队伍，并通告重庆全城（对这种严重的生活作风问题，袍哥一向处理得很重，仅仅"挂黑牌"，这是很轻的了）。从此赵小子在重庆完全混不动了，甚至托人找到义字袍哥总社的杨少宣大爷，希望重新入袍，但是大家坚决不许。后来，赵只好背井离乡，去贵州当"跑滩匠"了（就是流落江湖，没有固定公口收留的无根之人）。

第三类就是肉刑体罚了。

常见的是"打红棍"。"红棍"，又叫"天平""家法"，三寸宽，三尺六寸长，暗合三十六天罡之数。红棍上面扁平，下面圆形且缠有红布，所以叫红棍。

"打红棍"，很有仪式感。

执法的打手上前，向主持仪式的大爷"丢个拐子"。"丢拐子"，袍哥礼节，又叫"歪屁股揖"。见面时，左脚虚往前点，右脚微弯，身体稍稍前倾，这样屁股就自然歪起了。然后拱手作揖，作揖时也有规矩，两根大拇指竖起，这叫绝不倒旗。重庆人喝酒划拳，至今还有"大拇指不倒桩"一说，就是源于此。在清朝，还要同时把头一甩，将发辫甩到右肩前面，两手捧辫尖，以示不忘强迫蓄辫之耻。

丢了拐子后，就开始背诗了——袍哥的组织活动，都离不开各种打油诗：

……

……
　　天平生来没多长，一无爹来二无娘；
　　外用红绫来裹起，放在世上无处藏；
　　专打江湖浪荡子，打尽天下无义郎。

然后在场兄弟们一起大声齐诵：

　　我们兄弟要忠义，无义之徒坏东西；
　　今天兄弟来相聚，红棍要打欺兄的。

挨打的这位兄弟必须趴在地上，行刑者一边打一边继续背诗——就是"一打你什么什么、二打你什么什么"等等等等，打完念完。

肉刑里面，最严重是"吹灯"（剜去眼睛）、"砍丫枝"（砍去四肢），这是对严重违反帮规的处理，比如奸淫袍哥兄弟的老婆、乱伦等——前面那个赵银山，按规矩就该这么处理。

光绪末年，重庆仁字袍哥大爷唐廉江，有个璧山马坊的刘姓兄弟，其老婆被刘的叔叔奸淫。唐得知此事，决定执行帮规，就派田德胜、况春发两位著名的兄弟带领执法队前往璧山。当时，田德胜在清军绿营当哨官，正准备出差，得知大爷要他去执法，立马把公事抛一边，和况春发带领十多位袍哥执法队队员，连夜赶到。在知会马坊当地袍哥大爷后，于半夜翻墙进入这位倒霉大叔家里。大叔会武术，闻听有人，惊起下床，况春发迎面一包石灰扔去——很有几分韦小宝的风范——大叔的眼睛顿时就不好了，田德胜随即上前，按住这位坏大叔，两刀就把他眼睛剜了出来，但未伤其性命（规定上说只"吹灯"，不取命），然后又连夜赶回——回来的时候，重庆袍哥码头披红挂彩放鞭炮，迎接二位执法英雄。这件事和他参加过重庆辛亥革命，成为田德胜最得意的两件事。田德胜在之后的岁月里，得空就要拿出来吹嘘半天。

第四类处罚，也就是最严重的——死刑。执行死刑的地方，有个专用术语，叫"草坝场"——"家有家规，国有国法，哥老会（即袍哥）有草坝场"。草坝场一般于深夜设在荒凉之处，龙头大爷抹红脸，当家三爷、黑旗五爷抹花脸。宣布判处死刑立即执行后，被处死的袍哥提出照顾家小等要求，然后开始执行。

袍哥的死刑种类繁多，基本都是残忍的自杀。常见的有以下四种：

自己挖坑自己跳——严重触犯帮规，依规判处此项死刑的袍哥朋友，自己去挖一个坑，自己跳进去，再自己把四周的泥土刨到坑里，自己活埋自己。还有种说法更恐怖，这位倒霉的兄弟，自己挖坑，然后把石灰和水放进去，再眼睛一闭，自己跳下去烧死；

自己安刀自己剽——这比日本的剖腹自杀残忍多了；

三刀六眼自己找——这种一般人都做不到，所以大部分是执法大爷上前帮忙完成；

洪门转清，剥皮抽筋——哥老会（袍哥）和洪门是一家，干的是反清造反大业，而青帮（也叫清帮），则是清政府投资的国营帮派，是哥老会的死对头。后来，清政府虽然垮台了，但是青红两帮依然不对付。

抗战时期，青帮也向重庆转移，和重庆袍哥发生了不少争执。来自上海的青帮大爷张树声，有点瞧不起重庆这帮土包子袍哥，到重庆后积极发展组织，和重庆袍哥发生了面对面的冲突。一次，他居然说动重庆仁字大爷杜云卿加入青帮，被田德胜知道了，这下不得了，田德胜马上通知全市各堂袍哥在百货业公会开会，把杜云卿弄到现场，勒令杜"矮起说"，田说：你公然转到青帮，按照有关规定，洪转青，剥皮抽筋。你啷个说。杜吓得魂都掉了，急忙认错，表示马上退出青帮。

从袍哥的这些规矩，以及部分执法案例可以看出，袍哥的内部刑法非常严苛，但是执法标准却又弹性很大。同样的罪过，有的人只是开除了事，有的人却要被处以肉刑。

这种滥施肉刑，自己充当执法者，就把自己放在了法律的对立面。

板鴨架子綳起在

壬午冬 仲嚴

老重庆的袍哥公口

老重庆是袍哥重镇，从清末到1949年，重庆大街小巷遍布大大小小的袍哥公口。

抗战前，据1936年2月重庆市公安局发布的人口统计数据，重庆市区有32.8805万人，其中男性19.572万人。另据大袍哥唐绍武在1949年后撰文回忆，当时的重庆袍哥则有300多公口，六七万人。扣除老人小孩，超过一半的男性人口都加入了各个袍哥公口。

什么是袍哥公口？

简单地说，袍哥公口就是某地袍哥的基层组织，前清的时候叫堂口，很有几分水泊梁山的架势——当年袍哥集会，开香堂的地方就叫忠义堂，这和土匪的山寨差不多，充分表现了当年袍哥和山寨土匪的血缘关系。不过这个忠义，可不是对皇上的忠义，而是对大哥的忠、对兄弟的义，自己人之间，就靠忠义为纽带。无法无天的袍哥们，眼里哪里有朝廷，所以，从袍哥一冒头，就被朝廷列为严打对象。

不过，袍哥这个组织，确实黑白不分，里面固然有士农工商，但在前期，土匪流氓黑社会居多，名声并不大好，堂口这个词，容易让人联想到山大王的"忠义堂"，所以在城里面的袍哥基层组织，都回避了"堂口"这个词，往往叫什么什么"公"、什么什么"社"，看上去挺无害的。

大的袍哥公口上万人，小的则几十、百把人不等。

◎ 抗战前的袍哥公口

重庆的袍哥公开化，是从清末开始，辛亥革命后达到高潮。

现在已经查不到第一个公开的袍哥公口是谁搞的了，不过，第一批公开大操大办搞袍哥的，一定是那批反帝反封建的革命党人。

这批以孙中山为首的革命党人，在清代就和袍哥打得火热。四川的辛亥革命，袍哥参与程度非常深，在成都附近，以袍哥为主力的保路同志军，就直接参加了和清政府军队的作战，后来被整编为川军第二师，师长是四川武备学堂毕业的彭光烈。

重庆辛亥革命成功后，在重庆成立的蜀军都督府副都督夏之时，就带头搞了个袍哥公口——大汉公，和成都大汉军政府尹昌衡都督搞的大汉公遥相呼应。这个时候，重庆仁字袍哥老大唐廉江也趁势站出来，组织了一个"重庆袍哥联合会"，在梅子坡（现在重庆饭店斜对面）萃芳园召开第一次哥老会（哥老会就是袍哥）全市代表大会。会上，大汉公的代表提出议案，要求由24岁的夏之时担任重庆袍哥的总舵把子，被唐廉江拒绝——唐向来对咋咋呼呼的革命党人不感冒。

除了夏之时，杨沧白的学生、老同盟会员石青阳也搞过袍哥公口。石青阳1906年在日本加入同盟会，第二年回重庆闹革命，闹革命的重要方法之一就是加入袍哥，所以在1908年农历五月十三日单刀会这天，石青阳加入重庆仁字袍哥，而且一步登天，直接当上五爷管事。没隔多久，石青阳自立门户，成立"体安社"公口，自己操起了大爷。同时，石大爷投资实业，在巴南界石办了个蜀眉丝厂（四川第一家蒸汽缫丝厂），有袍哥帮忙，生意自然做得不错，这就是后来四川国民党"实业派"的滥觞。1911年9月，石大爷不知道从哪里搞来200多支快枪，组织了一支敢死队，这支袍哥敢死队，参加了重庆辛亥革命——石大爷就此踏上了武装革命的道路，和杨沧白一起，成为四川国民党孙中山派的骨干大将，在四川和一帮军阀打来打去，嗯，也和国民党自己人打来打去。

辛亥革命后，袍哥自恃有功于社稷，大肆扩张。尤其是成都，仁字公口就多达374家，满街都是头上打着英雄结，鬓边插朵蝴蝶花的袍哥人物招摇过市——袍哥没有统一制服，又不愿意穿清廷服装，一个个就把川戏里面的英雄人物服装搬到现实中。这种搞笑的魔幻场景，在辛亥革命后，全国很多城市都出现过。

袍哥势力大涨，以至于省外不少地方的国民党人把成都的四川军政府视为袍哥政府。加之袍哥越来越无法无天，严重影响安定团结的大好局面。成渝两地军政府合并后，新政府开始抑制袍哥发展，巡警总监杨维发布公告，要求限期撤去满街的公口招牌。

但是袍哥已经树大根深、尾大不掉了。直到抗战前，政府对袍哥实在是头疼异常，放任不管吧，袍哥们无法无天；严打控制吧，又有过河拆桥之嫌——当年同盟会反清，国民党反袁的时候，袍哥可是战友。孙中山曾经开金口，亲封前往日本拜见他的义字袍哥大爷佘英为"西南大都督"。袍哥为了革命大业死了不少人，连"西南大都督"佘英都被清廷杀害，现在当权了，总不能把"西南大都督"的兄弟们都灭了吧。

于是，既然禁不下去，国民党对袍哥就采取怀柔政策，加强管

283

理、控制，争取为我所用。

重庆试图一统袍哥江湖的"国民自强社"应运而生。

1932年，四川威远人曾扩情以国民党中央党务特派员身份来到重庆。曾扩情这个人不简单，李大钊亲自介绍其报考黄埔军校第一期，以第二名成绩入学（第一名是共产党人蒋先云）。1931年当选国民党候补中委（他是黄埔同学中第一个当上国民党中委的人），1932年组织复兴社，旋即被派入渝做袍哥工作。

在重庆，他约见仁字"紫云公"大爷余仕高、义字"永和公"大爷鲁海林，让他们牵头统一重庆袍哥，完善法律程序，去有关部门登记注册，把黑社会洗白，成为合法的民间社团。"国民自强社"这个名字也是他想出来的。

中央大员如此重视重庆的袍哥事业，让重庆的袍哥大爷们受宠若惊。除了余、鲁二人，参加筹备工作的还有仁字李炳云、田德胜；义字谢德三；礼字巫平清、向占云；智字罗海清、牟三和；信字范化南等。大家一致表态，坚决拥护中央曾特派员关于统一重庆袍哥江湖的重要指示，并由刘湘手下著名袍哥师长陈兰亭担任首倡发起人，共五十位重庆各堂袍哥大爷依次签字画押，申请登记备案。

申请当然很快被批准。1932年夏天，重庆五堂袍哥共同的组织——国民自强社成立大会在机房街（现五一路）召开，参加会议的除五十位发起人外，还有各堂公口大爷石荣廷（江北巨商，曾任区长，盘溪石府现在犹存）、杨巨卿、郭九皋等袍哥代表数百人。会上，陈兰亭被推举为名誉社长、余仕高为首任社长，再设有总干事、副总干事、干事、组长等，不再使用大爷等旧职务，以示改头换面、与时俱进。国民自强社办公室设在龙王庙街章华大戏院楼上（现民族路罗汉寺对面棉花街口）。

按照五堂袍哥大爷的约定，国民自强社权力不小，是重庆所有"仁、义、礼、智、信"五堂袍哥兄弟共同的总社。余仕高是重庆五堂所有袍哥的总舵把子，所有公口都要受其管辖。余仕高何许人也？此君是胡景伊的舅子。胡景伊是那个时代典型的小人，当过一年袁世凯政府的四川督军，为川人所不齿。不过，余仕高毕竟曾经是省部级高官的亲戚，加上读过书，比出身草莽的大多数袍哥大爷有文化，所以余仕高当上了总舵把子。1934年，有个拳师余鼎山，未经同意，擅自成立了一个仁字公口，被余仕高发现。余社长不高兴了，把重庆的袍哥高干们约起，在飞来寺（现在的文化宫对面、三院那一带）召开了严肃袍哥法纪的重要会议，会上重申，未经组织许可，不得擅自开设公口。当着众位领导的面，余社长勒令余鼎山"矮起说"——袍哥规矩，就是下矮桩，下跪认错，然后取消公口。

但是，由于余仕高体弱多病，缺乏魄力，各堂袍哥大多阳奉阴违，不怎么买账，以至于统一重庆袍哥江湖这个看上去很美的蓝图，一直未能真正实现。

◎ 抗战时期的重庆袍哥公口

1937年底，国府迁渝。重庆进入抗战陪都时代。

1938年，国民自强社的余仕高社长去世，去世前，国民自强社已经空有虚名。余仕高在死前，把社长位置传给了石青阳的三儿子石孝先。石孝先刚刚从意大利学山地步兵回来，不去带兵打日本人，偏偏爱上了袍哥工作。他看上了国民自强社的牌照——这是重庆当时唯一一个正式注册的袍哥官方组织。当上社长后的石孝先，利用老爸的余荫和杨沧白的威望（杨沧白1938年回渝后，一直住在石孝先家里，由石孝先赡养这个太老师），大办分社，把国民自强社办得风生水起，这下引起了戴笠的注意——当初，搞国民自强社的目的，是把重庆袍哥掌握在官方手里，而不是给石孝先提供他个人一统袍哥的工具。加上石孝先不知收敛，还借办袍哥银行为名，在四川到处串联，于是，1939年，兴致勃勃的石孝先被抓，虽然很快被释放，国民自强社也就此垮台。

这个期间，重庆著名的袍哥公口有三省公、正伦社、树德社、礼渝社、蓝社、正诚社、宗汉社、正汉社等。

三省公：仁字老公口。舵把子唐绍武（老袍哥，军火商。著名的沙利文西餐厅、大华酒店、盟友舞厅、冠生园餐厅的股东之一），副手蒋相臣（瑞华玻璃厂、瑞丰烟草的老板）。有袍哥三四百人，多为工商界人士，也有少数军警和地方保甲人员。

正伦社：仁字老公口。舵把子田德胜（重庆最老的袍哥之一），地点在和平路。

树德社：义字老公口。陈兰亭为首、冯什竹为副，有40来个分社，是重庆袍哥最大的公口。

礼渝社：礼字袍哥老公口。何占云为首、廖开孝为副。廖曾是范绍增部下。这是重庆最大的礼字袍哥公口。

蓝社：石孝先的国民自强社垮台后，先在弹子石成立三合公，后改为蓝社，"仁、义、礼、智、信"各堂袍哥都可加入，很快成为重庆最大的袍哥公口之一。

正诚社：抗战期间新成立的公口，有军统背景。系由仁字袍哥周迅予（军统特务）、义字袍哥贺鳌（曾任南纪门警察分局局长）、礼字袍哥李樵一、智字袍哥牟三和共同发起，不分堂口，都可加入，发展很快，甚至辐射到全川。这个公口的袍哥，大多数是军警宪特人员。

宗汉社：仁字老公口，舵把子周懋植。该社成员主要是山货、药材和重庆的出口商人，有袍哥五六百人。

正汉社：仁字老公口，舵把子仇秀敷。该社成员主要是颜料、布匹、棉纱三个行业和重庆的进口商人。有袍哥七八百人。

现在流行的圈层、社群概念，在八九十年前，就被重庆袍哥大爷们玩得不爱不爱的了。

既然已经进入全面抗战时期，陪都重庆的袍哥自然当仁不让。

1942年，重庆帮会（主要是袍哥）集体捐款，为前线购买了18架飞机，这批飞机被命名为"忠义号"。1943年初，在珊瑚坝机场专门搞了"忠义献机"仪式。田德胜带领重庆众袍哥参加仪式。

1941年夏天，才由杜月笙、戴笠牵头，成立了所谓的"中国人民动员委员会"，把哥老会、青帮、洪帮等黑社会组织都拉了进去。成立大会在莲花池江苏同乡会礼堂举行，重庆袍哥代表田德胜、唐绍武、石孝先、冯什竹、何占云；青帮代表张树声；洪门代表杨虎等各大帮派都出席。这个"人动会"的宗旨是"联合全国帮会抗战建国""服从三民主义，拥护蒋总裁"。"人动会"设在戴家巷27号（现在的重医附二院旁边），这是袍哥公开投靠国民党政府的一个标志性事件。

◎ 抗战后的袍哥统合和覆亡

抗战期间，重庆人口剧增至百多万，袍哥也得到了大发展的机会。重庆的袍哥全部浮出水面，尤其是抗战后期，"官、商、军、警、宪、特"进入全面袍哥化的时代。

抗战胜利后，袍哥喊出了"袍哥要操亮，必须把官当"的响亮口号，重庆进入了无官不袍、无商不袍……无人不袍的全民化时代。

隐性社会彻底显性化，这在全世界的人类历史上，都是绝无仅有的。这也说明了政府对民间的掌控全面失效，反过来，民间力量以这种特殊的方式，替代了政府的相当部分权力。

这个时候的袍哥公口，大多数都打破了"仁、义、礼、智、信"

五堂的分野，向所有袍哥敞开大门，而且基本上取消了"恩、承、保、引"这类严格的审批制度，只要申请，谁都可以加入。

抗战后出现的这类官袍一体的公口，有当时重庆最后一任市长杨森的武圣山、重庆警察局长唐毅的融志社、义字袍哥刘野樵的群义社、中统特务卢俊卿的大道公、三青团的四权公等等。

武圣山：由杨森手下师长夏炯（外号夏马刀，华蓥山游击队就是他在1935年"剿灭"的，当年杀得华蓥山200里无人烟）和军统特务罗国熙发起，后来加入了礼字袍哥的廖开孝（十处打锣九处都有他。由于他在礼字辈分高，又在范绍增手下当过旅长，所以不少袍哥公口都邀请他去当领导，他也来者不拒）。武圣山其实不是纯粹的袍哥，而是一个洪帮堂口。夏、罗二人当年在上海参加过武圣山，现在搬到重庆。由于洪帮和哥老会可以相互交叉——青帮则不行，洪帮、袍哥是严禁转投青帮的，否则"袍转青，剥皮抽筋"——加上杨森市长这块招牌，所以，从洪帮到"仁、义、礼"各堂袍哥纷纷加入。1948年，罗国熙调任泸县行政督察专员，武圣山也被传到泸州。

融志社：这个公口是警察局三个中队长（社长曾成武，副社长寇忠大、李如海）牵头成立，背后就是唐毅撑腰。也是不分堂口，"仁、义、礼、智、信"都可以参加，主要成员是军统、警察以及部分社会闲杂人员。这个公口在重庆名声极坏，估吃霸赊、敲诈勒索。一次，该社流氓嫌某戏院赠送的票位置不好，居然拉了车大粪去戏院门口，号称要粪洗戏院。戏院老板吓得不行，请义字大爷冯什竹出面，好说歹说，重新安排座位，才把这帮流氓搁平。

群义社：义字袍哥、中统特务刘野樵在1945年底搞的公口，公口设在著名的"凯歌归"饭店。著名的"较场口血案"，就是他的杰作。

大道公：1946年成立。老袍哥卢汉臣的侄儿、中统特务卢俊卿当社长。这个公口的特点是赌博，在陕西街设有一豪华赌场，刘航琛、康心如等大银行家都在里面输过巨款。

四权公： 这是三青团的公口，义字袍哥高允斌当社长，高还是重庆《商务日报》社长。这个公口也是不分"仁、义、礼、智、信"，是袍哥就可以加入，主要人员是媒体从业人士，以及部分工商业企业主。

除了这几个公口，1945年后，重庆袍界的大事件，就是"义""礼"两堂袍哥成立总社。

义字袍哥在重庆人数最多，虽然只有一二十个公口，但是每个公口都有几十个分社，全市共有200多分社。义字袍哥从清末开始就很团结，加上有陈兰亭、冯什竹两位有地位、有人缘的中心人物，所以很容易就以陈、冯二位的"树德社"为基础，于1945年10月2日，在瓷器街（现在得意世界和八一路之间，大轰炸惨案纪念遗址这条路）回园召开义字总社成立大会。树德社冯什竹任社长，孝义社杨少宣任副社长，总社设在米花街（现在的八一路一带）竞业茶社楼上。

义字总社搞得非常不错，还开办了一个五福公司，有各方袍哥照应，生意很红火。总社每个月办公费用300万法币，就由五福公司账上支付。除了办公司，义字总社还办有一所私立中学：正中中学（即现在的渝北区实验中学）；还有一所私立医院：重庆医院（现在已不可考）。

除了经商办学开医院，义字总社在政治上也很不得了。总社成立前，全市十八个区，只有两个区长是义字袍哥，总社成立后，有组织就大不一样。在区长和市参议员两级选举中，义字总社统一策划，集中力量投票，副社长杨少宣亲力亲为，坐一辆破吉普车，跑遍全市十八个区，他说"基础选举是我们袍哥在政治上生死存亡问题，非拼死力争不可"——结果，十八个区，有十六个区的正副区长、十四个市参议员落入义字袍哥囊中。

义字袍哥牛到什么程度？总社成立时，重庆卫戍司令王缵绪亲临。杨森就任重庆市长，第二天就上门拜访冯、杨二位社长。义字袍哥旗下一位商人，被政府扣留了一笔资产，杨少宣给杨森一个电话，第二天就全部发还。

礼字总社比义字总社成立时间晚一些，人数、影响力都远不及义字。重庆礼字袍哥历来都是礼渝社统一领导，成立总社不过多一块牌子而已。

重庆礼字袍哥，成员多是普通市民、小生意人、码头力夫、军警底层人员，还有部分流氓土匪，总舵把子何占云。礼字一直想让礼字袍哥出身的范绍增当社长，但是范哈儿则一推再推——他嫌礼字辈分太低。实在推不掉，才勉强答应，但很快就跑去上海，和老朋友杜月笙打得火热，在上海成立了一个不分堂口的益社（老袍哥田德胜曾经想当益社老大，没有争赢范哈儿）。1949年，范绍增回渝，重新领导礼字总社。范哈儿哪里哈嘛，他聪明得很。他的主意是通过礼字总社，在手里掌握一支有力队伍，找老蒋要官当。哪晓得，老蒋只给了他一个纵队司令，范绍增嫌官小，干脆跑回老家大竹、渠县拉队伍，后被封为挺进军司令（好像比纵队司令大一点），范哈儿比较满意了，于是，转身就以挺进军司令的名义宣布起义，部队开往湖北沙市被解放军整编——范哈儿如愿以偿"平安降落"，他比大部分川军老前辈都混得好，新中国成立后居然当上了厅级干部（河南省体委副主任。郑州体育场就是他主持修建的）。1977年在郑州以83岁高龄去世。

回过头来说说仁字袍哥。重庆仁字袍哥一直不团结，几个巨头互相不买账，所以，虽然一直说要成立总社，一直都没有搞成。田德胜最想当老大，但是他口碑太差，没有人理他，石孝先资历太浅，唐绍武一门心思赚钱，不想担虚名，结果，多次协商都没有搞定。

新中国成立后，袍哥这个特殊历史时期的特殊产物，被新政府取缔。重庆袍哥从此成为历史名词。

唐廉江：才情卓绝的重庆袍哥一把手

到了清末民初，一向给人流里流气、土里土气印象的袍哥界，终于出了一个才子型的人物——唐廉江。

但是，一入袍界误终身，有好下场的袍哥大爷真心没几个。曾经风华绝代的唐廉江，最后贫困潦倒而亡。

◎ 年轻的袍哥大爷

26岁，唐廉江就成为重庆仁字袍哥公口"维新园"的舵把子，并成为重庆18个仁字袍哥公口公认的一哥。

按照袍哥的规矩，在同一个字辈里面——比如都是仁字袍哥，各个公口的大爷级别都一样，谁也别想盖过谁。不过，总有那么几个大爷比其他大爷更加大爷。小小年纪的唐廉江，就是全重庆仁字袍哥（仁字袍哥也是五堂袍哥中辈分最高的堂）大爷中的大爷，在重庆袍哥圈威望很高，堪称重庆袍哥界的一把手。他手下人才众多，武有田德胜（绿营军官）、况青云（武林高手）等人，文有刘道安、李绪也等人，力量非常雄厚。

唐廉江是巴县蔡家场（现在的北碚区蔡家）人，读书人出身，有胆魄，善决断，很讲江湖义气，如前文所述，他派人去璧山找刘大爷"拿梁子"一事便是佐证。

唐廉江口才好，极有煽动性。据温少鹤（重庆著名大商人温家后代，曾任二十世纪初叶重庆总商会主席，教育家，出版人）回忆，有次他去米花街（现在的八一路）他老师家，看到老师的丫头从外面回来，花枝乱颤，一副激动得不得了的模样。温少鹤好奇之下，打听原委。原来是听了唐廉江为反清北伐搞募捐的演讲，感动了，哭得稀里哗啦。一冲动，小丫头就把自己好不容易攒下来的银耳环取下来捐给了唐廉江。

重庆辛亥革命成功后建立的蜀军政府，邀请唐廉江当革命宣传员，到各个庙会巡回演讲反清革命的大道理。唐廉江从早站到晚，慷慨激昂滔滔不绝。唐本来知名度就高，口才又好，为蜀军政府拉了不少人气。

你不知道吧，唐廉江还是中国话剧的奠基人之一。袍哥大爷和话剧名角儿，二者好像很违和，但唐廉江是袍哥界里面话剧演得最好的，话剧界里面黑社会操得最有成就的。

当年，唐廉江出逃日本，就和李叔同（后来出家叫"弘一大师"）、欧阳予倩这些中国话剧史上大名鼎鼎的角儿一起，于1907年在东京组织了中国人最早的话剧社——春柳社，在日本演出《茶花女》《热血》《黑奴吁天录》等。后来，欧阳予倩回到上海，成立了"春柳剧场"，名噪一时。所以，唐廉江在中国话剧界的地位，属于拓荒者那一类。

能者无所不能，唐廉江的本事还多着呢！他还会植桑喂蚕，这个跨界就跨得有点大了。在日本，他不学军事，不学法律，跑去学冷门蚕桑。学蚕桑之余，唐廉江又演话剧。演完话剧，唐廉江又自学了另一门冷门技术——造炸弹。据说，他会用黑火药（老式火药）、白火药（新式炸药），做发发都响的好炸弹。当时的文艺青年，大多热衷于学造炸弹，比如北大校长蔡元培老先生，也学过造炸弹。可惜，蔡校长没有唐廉江的天赋，造炸弹的技术实在不怎么样，要么炸不响，要么一碰就炸。无奈之下，蔡校长只好改行学做毒药，据说是要毒杀清廷大员，但是一直没有解决毒药口感不好的问题，造出来的毒药实在味道太浓烈，难以下咽，以至于半途而废。

回到重庆，唐廉江一边继续操袍哥，一边跑到佛图关，去后来的国军陆军上将石青阳开的蚕桑学校，当了一年教书育人的蚕桑老师，为建设重庆新农村培养新农民。

◎ 痛打洋人　跑滩日本

1900年（也有人回忆是1902年），唐廉江带领田德胜、况青云、廖敬之、沙国清、董云卿等兄弟伙闲逛，逛到陕西街八腊庙巷口（此庙在现在的曹家巷旁边，主要用于祭祀农神，早已消失），正好看到一个教堂司铎（天主教的神父）在殴打一个中国人，旁边的当坊把总（以前重庆主城有若干坊，类似现在的社区。当坊把总，就是管这个坊的警察）很不像话嘛，偏向洋人，也要责打这个倒霉蛋200大板。

那个时候，洋人可不像现在这么受欢迎，义和团见洋人就杀的英雄事迹正在到处流传，打洋人就是英雄。很有豪杰气概的唐廉江，当即义愤填膺，你把总不打老外，怎么打中国人？于是振臂一呼，应者云集，唐廉江亲自带头，痛打洋司铎和汉奸把总。这一打，就打出祸事了。

教会要求抓人、处理，清政府遂下令抓捕唐廉江。按照袍哥规矩，老大出事，小兄弟应该站出来顶案。唐廉江手下的小老幺廖敬之当即站出来，让唐廉江跑滩日本避难（跑滩，就是跑到其他地方。一些到处漂泊的江湖人士，也被称为跑滩匠），他则到政府自首，称是他打的洋人。于是，廖敬之被抓，判处无期徒刑，押回原籍遂宁服刑。

遂宁出了一个痛打洋人并为老大顶案的大英雄，全城袍哥引以为荣。廖敬之被押回遂宁的当天，遂宁袍哥大办筵席，送到狱中给廖敬之压惊接风，同时全城布告，超拔廖敬之，把他从排名最后的小老幺直升大爷，并在狱中为其单独开设一个公口，从此，廖敬之就是狱中的掌旗老大了。

几年后，唐廉江从日本回到重庆，第一件事就是跑去成都活动，希望营救廖敬之，然后他专程去遂宁狱中看望这个当年的小兄弟。为此，唐廉江还被遂宁官方关押了三个月，最后由遂宁袍哥集体作保，才放了出来。唐廉江离开遂宁时，遂宁各堂袍哥为其办席送行，大吃大喝。因为大家一致认为，重庆的袍哥最讲义气。

话说唐廉江跑滩到了日本，一边求学、演戏、学造炸弹，一边在日本继续搞袍哥活动。

在日本，唐廉江成立了一个袍哥公口"神州山海国堂"，四处发展袍哥，试图依赖袍哥干革命。这是袍哥组织走向世界的第一步，可惜也就只走了这一步。他称，内地到处都是袍哥，袍哥的势力非常大，而且人家袍哥绝不拉稀摆带，亡命徒多，只要好好引导，就会发挥无穷的力量。他认为，清政府在内地的政权影响力已经非常薄弱了，很多地方甚至还不如袍哥，连清军里面都潜伏着大量袍哥，所以，在内地依赖袍哥干革命，可以里应外合，事半功倍。

1907年，唐廉江在东京参加了四川广安人张百祥任会长的"共进会"。共进会是一个由各地会党分子组成的革命机构，头头脑脑都是诸如袍哥、孝义会、三合会等帮派的老大。他们质疑同盟会的行动力，对同盟会到处暗杀的小打小闹不满，计划利用国内帮派会党的力量，在长江流域搞大规模革命。

共进会后来在内地很是干成了一些事情。比如，武昌起义的主要领导者之一孙武，就是共进会大佬（任共进会军务部部长）。武昌起义，共进会出了大力。湖南长沙起义，则几乎全是共进会的功劳。长沙起义是共进会另一位大佬焦达峰，依靠帮派，一手主持的。焦达峰后任湖南军政府都督，可惜没当几天都督，就被杀害了。

◎ 对孙中山说不

唐廉江是个固执的人。在日本，无论同盟会怎么做工作，连其他共进会大佬，都大多在同盟会里面兼了个职，而他则是死顽固，坚决不参加同盟会。他的理由是，孙中山只会煽动血气方刚的青年耍炸弹、手枪，暗杀几个清官吏，在沿江沿海城市搞搞小暴动，容易失败。

1909年前后，他从日本回到重庆。由于他的社会地位摆在那里，重庆同盟会一直试图争取他，唐廉江却不为所动。他的态度是，可以和同盟会员私下交朋友，但是绝对不和同盟会发生组织上的关系，这是唐廉江一生最大的败笔。

1910年，他在佛图关蚕桑所当教员。期满后，没有继续任教，而是跑到较场口百子巷（现在的日月光商场一带）住起，继续嗨袍哥，当大爷。

　　1911年，重庆同盟会计划在重庆暴动，派人反复动员唐廉江，连唐的兄弟伙况青云都出马为同盟会说情，唐不为所动。实在推托不了，唐廉江就狮子大张口，要1万元袍哥安家费，意思是袍哥出来闹革命，都是提着脑袋来的，不给家人留点安家费，心里不踏实。同盟会重庆支部答应给钱，但是表示要等到革命成功后才有钱，现在拿不出来，唐廉江则坚持一手交钱，一手革命，于是不欢而散。

　　唐廉江告诉手下兄弟伙，同盟会这帮人，在国外搞了大笔银子，在国内东一榔头西一棒的，从来没有成功过。暴动失败，他们往国外一跑，屁事没有，但是我们袍哥不一样，家小都在重庆，还要流血流汗；可一旦成功，同盟会只会出来组织军政府，坐享其成。这种替人出头的事情不能干。我不是不知道现在正是革命的高潮，但我们袍哥不能给同盟会当枪使。要干，也得我们袍哥自己干。

　　这充分说明了唐廉江的局限性。他也反清，但是，他却试图用反社会的力量袍哥来反清。殊不知，那时的袍哥自身，只能算一个黑社会组织，并不是政治组织，没有孙中山那样相对先进的政治纲领、政治理想，是注定要失败的。

　　而且，他也过高估计了清政府的力量，坚信同盟会的暴动不会成功，但是，他自己虽然没有站出来，对手下大将田德胜、况青云带领众位兄弟参加起义，却未加阻拦。

　　11月22日这一天，正是同盟会重庆起义的日子，他带着一个小兄弟，跑到鸡街口（现在的五四路）看热闹。哪晓得，预想中的清军镇压并没有出现，重庆起义就这么一枪未放地成功了。

　　当晚，况青云来到唐廉江住处，下跪告罪，称未得大哥指示就参加革命，虽然没有出卖袍哥，但总是不对，请大哥责罚。唐廉江不但没有责罚，反而好言相劝，动员况青云继续革命。第二天，田德胜也来了，这家伙骑着大马，带着十几个小兄弟，跑到唐廉江这里来自吹自摇。

重庆辛亥革命的胜利,给了唐廉江极大的刺激。唐廉江也动了起来……

重庆革命成功的两天后,11月24日,唐廉江就带着兄弟伙赶到璧山,成功策动了璧山起义。然后,捐弃前嫌,就任蜀军政府的革命宣传员一职,四处发表演说。

◎ 晚景凄凉的唐大爷

虽然积极参与了辛亥革命,但是,坚持袍哥路线的唐廉江并不改初衷,他还是认为嗨袍哥才是出路。

为此,唐廉江在梅子坡萃芳茶园(过去的千厮门花巷子旁边,现在的重庆饭店斜对面)举行了全市袍哥代表大会,试图统合袍哥力量,夏之时当老大的"大汉公"也派代表参加了。夏之时的代表在会上提出,要夏担任全市袍哥总龙头,唐激烈反对。唐廉江提出,袍哥要壮大,必须办袍哥学校、袍哥工厂、袍哥报纸等,虽然在会上得到通过,但是除了后来办了一张四开小报《国是报》外,其余动议无一得到执行。

意识到单靠袍哥这条路行不通后,唐廉江又走出了另外一条路。

1912年3月6日,中国社会党四川支部在重庆酒帮公所成立,唐廉江任部长。

这个社会党又是何方神圣?

中国第一个以"党"命名的组织——中国社会党,成立于1911年11月,发起者是江亢虎。江亢虎也是留日生。该党主要宗旨是无政府主义,提倡恋爱自由、教育平等和不切实际的破除遗产世袭,目标是建设一个"个人自治、世界大同"的无政府世界。1920年，江亢虎甚至还去莫斯科参加了共产国际第三次代表大会，见到了列宁同志。可惜江晚节不保，后来被汪精卫拉去当了伪政府的国务委员、考试院副院长，成了大汉奸。

所以，唐廉江这一步又走错了。他试图把社会党和袍哥结合，为袍哥寻找一条政治出路，结果失败了。当时中国，稍有政治抱负的人，他们来自不同的出身、有着不同的背景，都在试图寻找救国道路，但是，他们的这些探索，无一例外地失败了。

失败后，唐心灰意冷，告别重庆，前往成都投靠四川督军胡景伊。而这又是一步错棋，胡在四川的口碑极差，而且没几年后（1915年），胡就被袁世凯免职，调往北京闲置了。

从此，唐廉江一蹶不振。能够查到的关于唐廉江的最后的记录是：二十世纪四十年代，他回到重庆，在临江门一带组织了一个小规模的袍哥公口，靠包揽词讼混口饭吃。65岁的唐廉江，由于激怒了当事人，左臂被刺了一刀。当时重庆医疗条件最好的宽仁医院（现在的重医附二院）就在附近，但是他却无钱就医，只好躺在床上苦挨。

这位才子型的重庆袍哥老大，连同他曾经的探索，就这样从历史上消失了。

重庆老炮儿——老袍哥的三个大腕

四川袍哥，清末民初的大本营在成都，进入二十世纪三十年代后，随着国民政府西迁重庆，袍哥的大本营也逐步迁移到重庆。

交接会党——这是孙中山式的革命统一战线。诸多会党中，四川袍哥是无比重要的一支，孙中山在日本，还亲自接见过泸州袍哥佘英、重庆袍哥张树三等，大批川渝两地的革命党人也加入袍哥，比如著名的熊克武就是经佘英介绍嗨袍哥的。年轻气盛的义字袍哥大爷佘英，被孙中山忽悠得头脑发热，回来后就组织起义，转战川南，最后悲壮牺牲。所以，辛亥革命后，袍哥也就从过去的地下黑社会洗白上岸，公开活动，党政军商学各界人士纷纷加入袍哥组织。

抗战期间，重庆袍哥更是大举出动，成了政府之外最大的民间组织。这个组织，不黑不白，既黑又白，袍哥大爷们，在几乎所有的机构、行业，都拥有强大的影响力。

本文向大家介绍当时重庆的三个极有代表性的袍界风云人物：田

德胜、唐绍武和石孝先。

◎ 老袍哥田德胜

当过清廷绿营基层军官哨长的田德胜，是参加了重庆辛亥革命的老一辈袍哥大爷。

1911年11月22日，中学校长杨沧白等人在重庆举事，勒令重庆知府钮传善等在朝天观（位于现在的小什字）交权。一群袍哥大爷给杨沧白扎起，当先领头的就是田德胜。在游行队伍中，一辈子喜欢出风头的田德胜，舞动一杆黄色缎子大旗，得意扬扬走在队伍最前面。

田德胜当时还只是仁字袍哥大爷唐廉江手下的当家三爷，但已经暴露出人品不好。

重庆蜀军政府成立后，田德胜以功臣自居，跑去军政府要钱，理由是杨沧白革命时，他组织啦啦队花了不少钱，连哭带闹，赌咒发誓，甚至不惜下跪，终于成功从军政府手里搞了两万大洋。对重庆辛亥革命居功甚伟的另一位仁字袍哥红旗五爷况春发（他自掏腰包组织了300多人，还策反了军队中的兄弟伙），则分文未取，革命成功后继续回到会仙桥（现在的解放碑王府井百货附近）开他的"步青云鞋庄"。

田德胜的名声极坏，他自己的堂口叫正伦社，位于和平路，一直到抗战前规模都不大。他经常在附近馆子请客吃饭，有时候包席几十桌，吃完饭，嘴巴一抹，说一声菜做得不好，转身就走，是出名的估吃霸赊型袍哥。

国民政府迁来重庆后，此人积极向政府靠拢，对抗日也作了贡献。1942年，杨森、王缵绪从抗战前线回渝，他组织袍哥六七百人前往迎接，并大办欢迎宴会。

当时，政府动员百姓为抗战募捐飞机，田德胜积极性非常高，募集了大批款项。好玩的是，田兄募捐上了瘾，后来动员手下袍哥给自己募捐养老金，袍哥们当然积极参与，哪晓得田大爷把大家给他募集的养老金，全部捐献政府，为前线购买了飞机一架，称为"忠义献机"，国民政府当即授予勋章、绶带。

虚荣心得到满足的田大爷，胸佩勋章、肩披绶带，扬扬得意，从民族路到七星岗水市巷，一路打马游行，围观者甚众，搞得路上水泄不通。献机所得的勋章和绶带，成了田德胜一辈子离不得的宝贝，每逢大型聚会，勋章、绶带一定披挂整齐——后来文人写袍哥轶事，大多把田德胜的勋章、绶带当做笑话，却只字不提人家为抗战献机的事情。

后来，田德胜和川军将领王缵绪结拜兄弟，江湖地位剧增，这家伙野心膨胀，试图一统江湖，在重庆发起成立袍哥仁字总社，想当仁字袍哥的一把手，但是，由于田大爷的江湖口碑不佳，虽然拼命靠拢政府，无奈袍哥兄弟们不买账，此事不了了之。

田德胜没有当成总社长，一点也不影响他对老蒋的忠诚度。1942年，田德胜还和国民党重庆党部主委方治策划，准备搞一次重庆各堂袍哥集体加入国民党的活动，后因军统方面反对，此事未果。

1949年11月中旬，解放军都打到重庆大门口了，他居然不识时务，和石孝先等人一起，组团欢迎蒋委员长最后一次光临重庆。

◎ 唐绍武和轰动一时的吗啡案

几十年过去，很少有人记得重庆仁字袍哥大爷唐绍武了。

但是，他当年开的餐厅，知名度非常高，一直延续到1992年（现在好像又复出了，不过我严重怀疑这家新开的老餐厅的水准）。

这家餐厅，叫作沙利文西餐厅。在重庆，沙利文西餐厅的地位，就仿佛老北京的莫斯科餐厅。沙利文，二十世纪三十年代后期在重庆开办，股东除了唐绍武，还有十几个袍哥军人和袍哥大爷，背景深厚。

唐绍武，当年在熊克武手下当兵，后靠贩卖军火起家。最开始本钱少，小打小闹，算是军火界的小商贩。唐是这样创业的：去宜昌拿货，到重庆出手，每次两三条枪，以手枪为主。每支枪配100发子弹，宜昌进货价100银元，销售价250银元，客户主要是袍哥舵爷、土匪等。

1920年，唐绍武认识了邓锡侯手下土匪出身的军阀邓国璋，借此打进了邓锡侯的部队，有军阀做后盾，军火生意想不发都不行。唐绍武就此发财了，和邓国璋等人也越裹越紧，最后被卷入邓的吗啡案，轰动上海、武汉、重庆三地。

这个吗啡案，简直就是一部步步惊心的情节剧。

1932年，时任国民革命军24军（军长刘文辉）独立旅旅长的邓国璋，在防区白市驿办了个吗啡厂（那时，办吗啡厂敛财，是军阀们的重要财路，连杜月笙都在范绍增的防区邻水搞了个吗啡厂）。1935年，邓准备把吗啡生意做大，就勾结法国军舰"白林"号的翻译余方体，把1000斤吗啡夹带上舰，运往上海。半路上，余翻译起贪心，想偷一点吗啡，被舰上法军军官发现。到了上海，"白林"号舰长向上海缉毒机关报案，余被抓，警方同时起获了一张20多人的接货人名单。余翻译被抓后，很快供出他的上家——邓国璋的军需处长罗明良，罗随即被抓。

此时，邓国璋在峨眉军训团受训，脱不开身。闻知此事，马上派副官找到唐绍武，请他帮忙处理。义字当头的袍哥大爷唐绍武，二话

302

不说，就接下了这个祸事儿。

唐绍武最初的主意是找个人顶岗，把罗处长替换出来，很快就找到这个愿意顶岗的家伙。这时，罗处长已经被重庆警察局探长贺德荣（也是袍哥）押送上船，解往武汉行营。唐找到贺探长，说起这个主意，被贺否决。贺说：你用来冒名顶替的家伙不是袍哥，进去大刑一上，肯定会拉稀摆带，要不得。

一计不成，唐大爷又生一计。他找到贺探长，干脆让贺和罗处长一起跑路，承诺贺、罗二人的下半辈子由邓国璋买单。贺支支吾吾，不肯答应。实在不行，唐绍武就让贺探长带他见罗处长，见面时，唐绍武直接把话挑明：罗兄，事已至此，算你娃倒霉。你一家人都在永川，我们都找得到，你必须自己把这个事情扛下来，不要连累家人。然后，唐拿了一包水银给罗，说："要是实在顶不住，你就自杀吧。"罗处长晓得这回怕是凶多吉少，招也是死，不招也是死，就接过水银，绑在胯下。据唐绍武后来回忆，罗处长最后的遗言是："升官发财是你们，搞出祸事就该我去抵命。"

当晚，船到汉口。罗明良马上被戴上手铐脚镣投入大牢。罗见事不对，借口上厕所服毒自杀——这下不得了，事情闹大了。贺探长随即被抓，不耿直的贺探长一进去就把唐绍武卖了，当天，唐被捕。

好在唐绍武耿直，在里面一年多，无论怎么上刑，他抵死不招，只说和罗明良同船是偶然，不过出于袍哥的江湖义气，一路出钱委托贺探长照看罗明良而已。

在狱中，唐绍武名气越来越大，不但犯人敬重他，连看守都服了他，甚至看守所长曾某人都找他，说：老唐呀，你是个硬角色，在下佩服之至。你们袍哥确实霸道，我也想加入袍哥，你老人家是不是把我也收了？

里面唐绍武牙关紧咬，外面邓国璋以及重庆袍哥界大力营救，此案最后以"帮助杀人"罪名，判了唐绍武五年，但是只关了三年，唐就出狱。

出狱后，唐绍武在重庆名声大震，很快就跻身袍界大佬。除了沙利文西餐厅外，唐绍武还在民族路开了个三民茶社作为他的堂口。据说当年毛泽东、周恩来在重庆谈判时曾经吃过的白玫瑰餐厅，也有唐绍武的股份。白玫瑰餐厅，曾与著名的凯歌归餐厅同时推出名菜"轰炸东京"，并连续免费请大众试吃三天。白玫瑰餐厅的干烧岩鲤、烤乳猪和枣糕是其经典菜式。

唐绍武滚案一事，是典型的当时袍哥价值观的体现。为了兄弟义气，连贩毒这样的事情也去顶起，简直不把法律当回事儿。这种价值观，对正常的社会有很强的腐蚀作用。

◎ 官二代石孝先

石孝先，南岸区大石坝人，黄埔军校三期生，曾留学意大利学山地作战。他老爸是大名鼎鼎的石青阳。

石青阳，杨沧白的学生兼战友，和杨沧白一起，算是同盟会中孙中山派的铁杆人物。杨、石等人组建"实业团"，和黄兴派的熊克武"九人团"唱对头戏，两派水火不容，甚至拉出军队大打出手。石青阳后任国民政府蒙藏委员会委员长，陆军中将军衔，1935年去世后被追授陆军上将衔。现南岸大石坝还有青阳大庄园（后为涂山乡政府）和石青阳女儿石海霞的"霞庄"（后为南岸区机具机械厂）。

杨沧白1938年底回渝归隐，就一直住在老战友老兄弟石青阳的青阳大庄园里面，由石孝先负责赡养，后搬到霞庄，1942年在霞庄去世。

背后有石青阳和杨沧白这两尊大神，石孝先从小就不知道"低调"两个字是怎么写的。这家伙政治上似乎从来没有成熟过。他常说:"国民党只有两个委员长:蒋委员长和石委员长。"石孝先在家排行第三,江湖人称石三,他公开说:"蒋委员长排行老三,是蒋三,我是石三,大家辈分一样大。"

黄埔三期生石孝先,对打仗毫无兴趣,从小就是个问题儿童,立志献身袍哥事业,十多岁就从小老幺开始嗨袍哥。按照袍哥规矩,这种从基层一步一步嗨上去的,叫"插柳上山",是根子最正的,那种直接捐钱,或者仗着官大有势力,一来就当袍哥高干的,叫"上山插柳",算不得根正苗红。石孝先嗨了多年的小老幺,又嗨了十来年的"三排",底子非常厚。

他独立开袍哥堂口,阵仗也不得了。他的堂口名叫"三合公",设在弹子石。"恩、承、保、引"四个拜兄,分别是重庆仁字袍哥最牛掰的大爷田德胜和著名的唐绍武,还有贵州袍哥的总舵把子熊青云,以及石孝先最早的入袍介绍人五哥陈国章。

石孝先石大爷生猛到什么程度呢?这么说吧,生猛到蒋委员长办不到的事情,他石大爷就办得到。

抗战期间,重庆人口多至300万,粮食供应非常紧张。1939年夏,重庆面临断粮。老蒋安排买粮,但是,哪怕出高价,在重庆周边也买不到粮食,重庆城人心惶惶。住在石家的杨沧白吩咐石孝先出手,让他为桑梓地方出一把力。石孝先跑到委员长面前大拍胸口:只要给我钱,三天内粮食保证到重庆。蒋委员长当即安排款项,石孝先接过钱,转手就招呼大堆袍哥兄弟出发,奔赴各产粮区,一路高调声称石大爷要买米,果然,不出三天,有各地袍哥的扎起,粮食源源不断进入重庆。

石孝先在小什字打铜街一座三层楼房,挂出"重庆民食供应处"的招牌,全城袍哥奔走相告。"石大爷的米来了",此外,重庆主城各地,到处都堆上"石大爷的米",石孝先一时声望四起。

1932年夏，在中统支持下，重庆"仁、义、礼、智、信"五堂袍哥，成立了一个共同的总社"国民自强社"，仁字大爷余仕高任总社社长，经政府批准登记后，成立大会在机房街（现在的五一路）召开，总社办公室设在龙王庙街（现在的民族路）章华大戏院楼上，袍哥兄弟扬眉吐气："现在袍哥出头了，政府许我们嗨了。"1938年，余老爷子去世，石孝先继任总社长。

高调的石孝先，从来没有想过韬光养晦，一接任，他马上着手在全城开设分社。第二年，在范绍增等军方袍哥支持下，石孝先开始筹备袍界银行——海丰银行（这个名字据说是杨沧白帮忙起的），他亲自到四川各地找当地袍哥大爷、驻军军阀募股，得到广泛响应，石孝先影响力大增。正好这个时候发生了"石大爷买粮事件"，蒋委员长顿时警惕起来——陪都重庆出现如此了得的人物，非党国之福。于是，石孝先被军统密捕。

石孝先被抓，杨沧白不答应了。当过孙中山秘书长的杨老人家，提笔给蒋委员长写了封亲笔信：委员长呀，听说你把石青阳的儿子石孝先请去喝茶了，这是好事情，这娃娃早就该被教育了，有委员长亲自教育，我们都很高兴。不过，你能不能把这娃娃喝茶的地方告诉我们呀，家人好给他送点衣服书籍过来。

老蒋只好发了部《曾文正公家书》给石孝先，送他回家闭门读书。但，"国民自强社"被解散，海丰银行也随之偃旗息鼓。

石孝先清静了几年。抗战后，国民政府还都南京，开始筹备反动的资本主义普选。石大爷静极思动，想参选"国大代表"，无奈时任重庆市长的湖北人张笃伦不买账，张市长说：石兄呀，你是我党党员，要服从党组织安排嘛，党没有安排你参选，说明党组织另有考虑，你就等下一次吧。石大爷不干了，把老妈妈带起，以给老爸扫墓为名，跑到南京找委员长帮忙，讨了张委员长的手令回来。张市长没有办法了，只好同意安排石孝先参选。

这下，石孝先又嗨了起来。他直接导演并主演了一场竞选闹剧：在渝中区各个重要路口，搭上彩台，请画家画上自己的大幅肖像，让袍哥小兄弟们抬着满城乱转，后面跟着汽车队，高音喇叭整天播放他请作曲家谱的"选举之歌"，兄弟们一路高喊："请投石大爷一票"——当然，石大爷如愿当选。

国大代表石孝先，把自己的双脚从此牢牢绑在蒋介石的战车上。1949年11月中旬，解放军都快解放重庆城了，石孝先还和老袍哥田德胜一起，组织10万人去欢迎蒋委员长，在解放碑一带举行"迎蒋示威大游行"，真是嫌命长了。

半个月后，11月30日，解放军进城。当天，石孝先吐血不止。

第二天，军管会来人通知石孝先到军管会问话，问话之后，放他回家。回家后，石大爷继续吐血，次日身亡（一说服毒自杀）。石死后，夫人自杀，子女流落四方，一些失踪了，一些现在还在。

不过，据石孝先五弟石孝殊老人家回忆：1949年底，他奉二野有关部门之命回渝策返石孝先，亲耳听三哥石孝先多次说蒋介石坏话。他认为，石孝先不可能在这个时候参与组织"迎蒋示威大游行"。

背起樺ニ滿街站
好ッ重慶城山君跤ハ不平
高ノ樺ニ平ノ越想重慶人

范绍增：把袍哥嗨到大上海

在西南盘根错底上百年的袍哥，在1946—1948年，竟然冲进了大上海，还在上海成立了自己的袍哥组织——益社。益社在上海混得风生水起，上海以及苏杭一带的袍哥成员，曾经超过1万人。

益社的一把手，就是著名的川军将领、礼字袍哥范绍增，因其一脸憨相，人送外号范哈儿——哈儿，四川话傻子的意思。那时候的川军将领，和全国各地的军阀有一个很大的不同，就是基本上人人都有个不那么雅驯的外号，开会的时候，大家一见面，彼此喊外号，非常接地气。

◎ 范绍增其人

范绍增，一辈子际遇之奇，完全可以写几本小说了。

此君小时候是典型的问题儿童，13岁就敢和爷爷打架，还居然把老太爷打伤了，然后离家出走，跑去给人家看赌场——这是他的第一份职业。

范哈儿赌场出身，自然赌技高明，据说和上海滩的杜月笙不分上下。杜月笙是范哈儿的亲家（范老婆多，子女多，自然亲家不少，很多都是一方老大）。在上海，杜月笙和范哈儿一起上牌局推牌九，都是杜负责上半场，范负责下半场。

当年在赌场，相当于小学六年级年纪的范哈儿参加了礼字袍哥，他的袍哥老大叫张作霖（不是东北那个。一说叫张作林），不过，叫张作霖的家伙好像都和绿林有关，这位也不例外，除了开赌场，自己在山上还有一彪人马。估计范哈儿在赌场表现好，于是被张作霖大爷提拔为头目，上山带着众土匪兄弟打家劫舍。张作霖被熊克武剿灭后，范独自带着几百人继续占山为王。

这期间，范哈儿和达县警备队的王队长打得火热，王队长一直希望范哈儿下山从良，不要再干土匪勾当。没多久，警备队王队长投奔革命，找到了熊克武的对头颜德基（孙中山派、四川国民党实业团成员），当上了王团长，王团长顺手收编了土匪范哈儿，给了范一个营长当当。没多久，王团长扔下部队跑去上海，范哈儿接了王团长的班，成了范团长。

世事难料。谁也没有想到，山上下来的范哈儿，后来居然在国民党军队这边混到集团军副司令一级，更没有想到的是，新中国成立后，此君又当了副厅（河南省体委副主任）。而这位王团长呢，后来则跑去苏联，成了中共中唯一一个见过列宁的老革命。这位团长姓王，名维舟，资格之老，党内无出其右。他1920年就入党——对的，就是1920年，在中共成立前一年，他就在上海加入共产党，不过是朝鲜共产党，同年被朝共派去苏联学习，第二年，中共才成立。但王直到1927年才转入中共，被称为"入党比建党还早的老革命"。王维舟最厉害的时候，是八路军129师385旅旅长（1938—1941年），按照后来的授衔标准，起码也得是个上将，抗战后，王维舟被调任尚未被解放军占领的四川任省委副书记，从事地下工作，后来，最高职务为全国人大常委。

再说当上团长的范哈儿，发了财，良心就突然跑了回来。这家伙心血来潮跑回老家，带着大洋，挨家挨户地跑到当年他打家劫舍时抢过的苦主那里，一个一个挨着还钱、道歉……是不是挺可爱的？

范团长被派到夔门驻扎。颜德基被打垮后，范哈儿这支孤军成了没娘的孩子。没几天，就遇到熊克武派来攻占夔门的第二混成旅第一团，范团长聪明，知道自己有几斤几两，要打是肯定打不赢的，就和这个团的刘团长谈条件：我撤出夔门，你给我5万发子弹。刘团长也耿直，当即成交。从此，范团长和刘团长也交上朋友。这位刘团长名字叫伯承。

范哈儿后来几经辗转，投靠到杨森手下。范团长没有后台、没有文凭，全凭打仗肯玩儿命，在当时的川军中，范部以能打著称。

在杨森手下，由于肯打硬仗，很快从团长升为旅长、再升师长，并全员更换新武器，一下从杂牌变成主力部队。讲义气的袍哥范哈儿从此对杨森忠心耿耿。杨森几次被赶出四川，几次卷土重来，而每次，范哈儿都一定率军来归。其中一次，范带兵投到赖心辉麾下，之前先说明白：我是杨森的人，老杨不回来，我就跟你老赖干，老杨什么时候回来，我就什么时候去投他，很有几分关公降汉不降曹的架势。以至于后来，连脾气好的刘湘都受不了了，说杨森部下，其他的人都可以维持原状，范哈儿的部队必须打散。

抗战军兴，范哈儿拿到一个88军的番号，自己招募了4个团的兵力（真寒酸，相当于正常国军一个师），还自己掏钱配备武器。带领这支新军，范哈儿出川抗日。在抗日前线，这支新军很是打了一些硬仗，还打死了一个日寇中将。这下，这支部队被何应钦瞄上了。何把范哈儿升为32集团军副总司令，然后派自己的侄儿何绍周来当军长。说句公允话，虽然有走后门之嫌，但何绍周自己也是一个狠角儿，打日本人真不是吹的，著名的云南松山大战就是他指挥的——这种仗，没有文化的范哈儿不一定打得下来。

没有了部队的范副总，干脆回到重庆。在上清寺的范庄过上了偎红倚翠的日子，据说他有7个老婆（网上传他有40个小老婆，那是黑人家范哈儿的，其实没有这么多）。整天和孔祥熙、杜月笙这些坏人厮混，到处打亲家（孔、杜都是范的亲家）。由于范副总非常大方，所以各方关系都混得非常到位。

范哈儿的性格，下面这个传说可见一斑：

范一个小老婆偷人，被发现。范哈儿大怒，派人把这对可怜的人儿捉将回来，跪在堂下。范怒气冲冲，吹胡子瞪眼睛一通好骂。想了半天，范坐在椅子上，对前小老婆说：这样吧，你也跟了我这么久了，杀你呢，我也舍不得了。干脆，我认你当干女儿，把你嫁给这个小子吧。于是倒贴嫁妆，把前小老婆、现干女儿嫁了出去。

◎ 益社开张

闲得发慌的范哈儿，又开始重操旧业，和袍哥打成一片。

抗战后期，重庆礼字袍哥酝酿成立礼字总社，邀请德高望重的范绍增当总社社长。老范虽然答应了，但是心里总有阴影。

这个阴影来自袍哥的辈分规定。

袍哥分"仁、义、礼、智、信"五堂，仁字辈分最高，义字袍哥见到仁字袍哥，要口称叔伯，礼字辈分更等而下之，属于孙子辈。

堂堂国民党军队集团军副总司令、大名鼎鼎的范哈儿，偏偏当年加入的就是孙子辈的礼字袍哥，这让发达了的范哈儿内心非常不爽。

所以抗战胜利后，范哈儿干脆跑去上海，参与筹备益社。益社的第一个宗旨就是不分"仁、义、礼、智、信"五堂，所有益社袍哥的辈分一样大。这也符合当时袍哥的改革方向。抗战后期开始，重庆袍哥已经出现这种不分五堂的现代袍哥组织。

改革总是会遇到阻力。这种不分辈分的新型袍哥组织，一开始就受到重庆袍哥辈分最高的田德胜的反对。田是参加过重庆辛亥革命的仁字老袍哥，属于袍哥旧规矩的既得利益者，当然反对这种小字辈居然可以和大爷我平起平坐的新规矩。

顽固的旧势力代表田德胜田大爷，也开始竞争益社一把手位置。

这个时候，正逢军统在上海搞一个所谓的"新中国建设会"，试图拉拢天下黑社会为军统所用。四川的黑社会袍哥，也组团参加这个"新中国建设会"的成立仪式。四川袍哥代表团共12人，重庆10人、成都2人，以田德胜为团长。为了谁当益社老大，这个代表团分裂成两派争权夺利，一部分支持田德胜，一部分支持范绍增。事情闹大了,范哈儿的亲家杜月笙都跑来劝范:"绍增你有势力,也有人缘,你又是个军人,哪个不佩服你,你去干它有啥好处?"

于是范绍增宣布退出。哪晓得军统又不干了,军统还是属意军人出身的范绍增,开始公开表态支持范,并在四川代表团里面做工作。知道了军统态度,杜月笙也转向,表示支持范绍增,同时,上海黑帮另一位老大,"全国海员总工会"的一把手杨虎也站出来支持范绍增。

众望所归之下,范绍增正式担任益社的当家大爷。从此,袍哥进驻大上海。

益社能够在上海成立,一个最主要的客观原因,是抗战胜利后,被就地解散的大量川军官兵滞留上海和周边苏杭地区。这些官兵,为了抱团发展,自发地组织了一些小规模的袍哥组织。这些袍哥组织扰乱社会,很让当局头疼,这也是军统出面筹备益社的原因——与其让民间自发搞袍哥黑社会,不如成立一个官方组织,好控制。

益社在上海丽都花园成立时,阵仗相当大。由在川人中口碑非常好的前清四川劝业道周善培题写招牌,行政院长孔祥熙、上海市长钱大均、上海警备区司令宣铁吾等要员出席。益社成立后,很快在上海、杭州、苏州、萧山、绍兴、上饶、无锡、芜湖等地成立分社,各地川籍官兵、其他川籍人士踊跃入会。事实上,这时候的益社,实际上并不能算一个袍哥组织,更像一个范绍增任会长的四川同乡会组织和范绍增任董事长的贸易公司。

益社成立后,在黄金地段五马路买了一栋大大的洋楼,当时叫中央花园,拥有184个房间。此楼现在还在,叫中央小区。这栋七层的洋楼,比杜月笙的总部还气派。

为了买这栋楼,重庆各银行家、实业家,川军各大小军阀纷纷解囊相助,连远在西康的刘文辉都掏了腰包。

办公楼有了,就要开始做生意。范哈儿胆子大,什么生意都敢做。比如,他居然敢和共军做生意。

1947年冬，国共双方已经打得鲜血四溅了。范哈儿却开始和中共华北解放区做开了以货易货的大生意。解放区给的条件非常好，范哈儿不需要出一分钱本钱，解放军负责把国统区紧俏的棉花运出来，范哈儿收到棉花，卖了之后，再去买纸张和药品送回解放区。

让人哭笑不得的是，给这个生意牵线搭桥的这位中介，是军统派到益社监视范哈儿的角儿，而配合范哈儿给棉花让开大路的，是国军32集团军总司令、天津警备区司令上官云相。抗战时，范是这个集团军的副总司令。老首长要做生意，老兄弟们当然要支持，于是，仗可以不打，先让老首长把生意做了来——腐败如此，国民党焉能不垮台！

◎ 益社的工作

范绍增在上海，也确实帮了流落他乡的川人很多忙。

抗战胜利后，大批在前线拼死拼活的川军被复员，其中相当部分浪迹东南，几文复员费几下就搞光了。很多川军袍泽和川籍学生，下苦力、跑码头甚至沦为乞丐。

范哈儿就找杜月笙等人募捐，再找刘航琛（刘湘的川军21军前财政处长，非常擅长理财）帮忙，联络四川旅沪的军政、金融、工商和知识界人士，成立了一个"四川旅沪救济委员会"，各方化缘，居然搞到了两三个亿，用于对这些川军退伍官兵的遣送活动。

范绍增花了很大力气，把滞留上海的大批官兵、学生，免费送回四川、重庆，不但不收路费，还倒贴回乡津贴。

有一件小事，可见范哈儿对家乡人的维护。

1946年夏季，国民党中央银行的金库保管员陈元亮，从金库偷了一块400两之巨的金砖,拿到重庆银行上海分行(不是现在这个重庆银行,而是首任重庆市长潘文华的兄弟潘昌猷所办的老重庆银行),抵押了一笔巨款。按照当时的金融政策,不允许用黄金抵押贷款,但是重庆银行的经办人贪小便宜,还是办了这笔抵押贷款。事后,被黄金荣手下发现,就找到重庆银行的一位客户经理朱芝菲,勒索3亿元,不然就威胁告发。

朱经理吓得不行,辗转找到范哈儿,范哈儿胸口一拍,这事我管了。范绍增找到正在上海驻扎的川军146师师长戴传薪,请他扎起,戴见大名鼎鼎的范哈儿亲自出面,这个面子必须给。有了驻军扎起,范哈儿当即找人转告黄金荣,做事不要过分,否则,哼哼。范哈儿几声"哼哼",黄金荣当即"下矮桩",请杜月笙出来打圆场,几场酒一喝,此事就不了了之——事后,肯为老乡不惜得罪地头蛇黄金荣的范哈儿,在上海的川人中顿时声名鹊起。

再讲个关于范绍增帮卢作孚脱困的小故事。

抗战开始的时候,为了阻止日寇沿江而上,政府征集了长江中下游几乎所有的民船,全部自沉于长江,防止日军兵舰上行。中下游的民营航运公司,毁家为国,很多员工都因此失业。而上游重庆的卢作孚,虽然也损失严重,但是毕竟还是保留很多吨位,几乎独霸长江航运。

这时,上海航运业通过黑社会老大杨虎,向卢作孚提出,让其帮忙解决这些海员就业,卢作孚向来不喜欢和黑社会打交道,当然拒绝。上海海员工会(这是一个打着工会招牌的黑社会组织)就阻扰民生公司新造的一艘大轮船"民裕轮"下水,双方闹得不亦乐乎,僵持了几个月。

民生公司的副总经理童少生找到范。范哈儿答应出手帮忙。他也简单,直接找到杨虎,几下勾兑,杨虎打了让手,同意只在这艘轮船上安插几个海员,给个台阶就算了——而之前的要求是,此船上至少三分之二的海员必须用上海人。

嗯，还有个事情必须提提。

1948年，美国举行世界马拉松比赛，中国选手是个拉黄包车的哑巴娄文鳌（有的资料上是"楼文敖"）。娄家贫，而政府又没有这笔预算，娄迟迟不能成行。范哈儿得知此事，立即吩咐益社的财务，拨款5000美元，并派专人陪同娄前往美国参加比赛。

抬滑竿

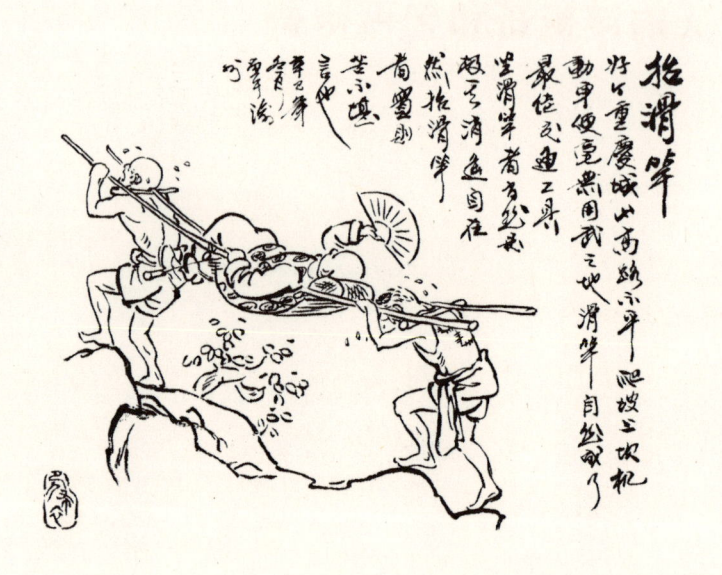

特に重慶城山高路不平 爬坡上坎机
動甲便覚累困用武之地滑竿自然成了
最佳之運乙具
坐滑竿者方必兵
趣き消遙自在
然抬滑竿
者實か
苦不堪
言也
筆者
曽貧
骨滋
味

重庆的洋袍哥和乞丐袍哥

进入民国后，尤其是抗战以来，重庆袍哥大门广开，审查不再那么严格，连洋袍哥、乞丐袍哥都混了进来。

◎ 洋袍哥巴巴达

巴巴达不是么么哒。

巴巴达是希腊人，二十世纪初叶，来到重庆混江湖，后加入袍哥队伍。

以前，重庆袍哥多。

据重庆袍哥大爷唐绍武在二十世纪五十年代回忆，抗战前，重庆主城就有6万多袍哥，300多个袍哥公口。

另外有数据统计，1950年，全川统计袍哥人数，达到1500万人，按照人口比例推算，整个大重庆当不低于500万袍哥。

袍哥势力大，无论红白黑黄各道，不嗨袍哥就寸步难行。

所以在重庆做生意的老外们，也加入了袍哥这个看上去大有前途的行业，巴巴达就是其中混得风生水起的一个。

巴巴达是个苦孩子，从小就背井离乡离开老家希腊。先到越南，然后沿滇越铁路走私，慢慢进入四川内地。

巴巴达第一次加入袍哥组织，是在奉节，由湘军将领鲍超的孙子当介绍人。曾国藩手下的悍将鲍超，本是奉节人，后加入湘军，在曾国藩手下组建"霆字营"，打了不少硬仗，身负108道伤。洪秀全的幺儿，就是这个家伙抓到的，鲍超因此被封为子爵。后回奉节，成为当地名人。按照惯例，也就成为当地的袍哥老大。其实，早在湘军时期，他的霆军里面，就以袍哥为纽带，广植亲信。左宗棠就曾经在给皇上的奏折中，密告鲍超以黑社会治军的恶劣行为。

鲍将军对家乡颇为关怀。当年清廷欠他几百万军费，他手一挥，说钱不要了，但是政府得给四川、夔州府（现开州、万州以东）增加14名文武举人名额，并特别专为夔州增加12名秀才名额。

洋人巴巴达，这次加入的是仁字袍哥"进同社"，任三排三爷。

按照袍哥人事部门的相关规定，三排三爷是实权派，分管人事、财务工作，内部称为当家三爷。巴巴达一加入组织就身居高位，说明此君在江湖上那是混得相当不错的。

没多久，三爷巴巴达来到重庆，又经重庆袍哥仁字大爷邱绍芝介绍，嗨大爷。袍哥大爷分为两种，一种是有实权的舵把子大爷，一种是拿钱买的或高官文人被邀请来装点门面的"闲大爷"，巴巴达就是一个"闲大爷"。大爷就不得了了，可以自己开山门、立堂口。

加入了袍哥组织，巴巴达的生意当然越来越好。

巴兄的生意不少。

才开始是做钟表、百货等洋货，他聘请袍哥兄弟李炳南（后来李把自己的姨妹介绍给巴当老婆，和巴巴达成了老挑）当助手，上到成都，下到万县、奉节，一路拿出袍哥公片（类似名片），各路袍哥兄弟一看洋袍哥来了，纷纷帮忙，巴大爷的生意这下发得不能再发了。

有次，巴巴达在内江打麻将，遭人"抬了轿子"（麻将骗局），输了一千多银元，巴巴达输光了，就用自己带的两箱时钟抵账。回来后，李炳南都以为这回要亏惨，哪晓得一算账，还是有利润。

1909年，巴巴达转向，投身娱乐圈，开始玩电影。

他是把电影引入重庆的第一人。巴巴达买了个小型电影机，到处流动放映，吸引关注，借此卖洋货——巴兄的营销手段相当不错。

然后，巴巴达开了个电影院，专门放外国电影。刘湘驻重庆期间，他和刘湘旗下的袍哥军阀范绍增等打得火热，借势拓展生意，在千厮门、龙门浩分别开了华洋旅馆和西餐厅，主要为在渝的帝国主义分子提供各种服务。

据说巴巴达已经彻底重庆化了，一口流利的重庆话，喜欢打麻将、耿直、爱开玩笑，很受当时的各路军阀、袍哥欢迎。

1951年5月，巴巴达黯然离开他生活了40多年的重庆，带着老婆和两个儿子、五个女儿（应该还有大把银元），回到希腊。

其实，在重庆嗨袍哥的老外，不止巴巴达一个人。

美国在重庆的一家保险公司大班（现在叫CEO）开普，也由其翻译胡文钦介绍嗨仁字袍哥，逢人就称兄道弟。

当时很多老外，要在重庆做生意，不管自己嗨不嗨袍哥，都必须和袍哥搞好关系，不管是做洋货，还是倒卖军火，中间都有袍哥和老外勾结。

◎ 乞丐袍哥

这里的乞丐袍哥，指的是一位乞丐出身的大袍哥。袍哥内部不讲成分，只要有本事，心眼活，抓得住机会，加上心黑手黑屁眼黑，就爬得上去。

这位叫花子（重庆话乞丐的意思）出身的袍哥，叫谭照康。

谭兄原本是乞丐，真正的一无所有。然后又从无产者滑到了"流氓无产者"这个黑窝里面，再从流氓无产者变成了黑社会大袍哥——这个堕落过程，是这样的：

开始，谭兄只是一个普通的叫花子，但是，他胸怀大志，不甘心当一名基层乞丐，抓住一切机会挣表现。对于叫花子而言，这些所谓的机会，不外乎人家不敢干，不愿干的，他敢干，他愿干。

比如当"假孝子"。这是乞丐圈的传统技艺，现在大街上都时有所见：一个年轻人，头缠白布、披麻戴孝，手里捧一骨灰盒，呼天抢地，称没钱给死去的老爸老妈下葬，求大家赐点钱钱吧——其实，他老爸老妈说不定正在旁边偷乐。

还有就是打"莲花落"。这个真心讲，需要技术和机敏的应变能力。谭照康，就很擅长这一招。

打"莲花落"，需要的道具是一对快板。这种要钱的招数，一般是这个流程：拿着快板，沿着一条街，从第一个店铺开始，站在店铺前面，边打快板边念白，正规的莲花落套路，全部是好听的话，路过什么店铺就随机应变，马上编一套应景的顺口溜，给老板各种祝福。老板一高兴，就打赏。老板如果是财迷，坚决不打赏，也没关系，走下一家。

恶丐不是这样的，前面几句是好听的，老板如果懂事，打发几文钱，就走到下一家继续。如果老板不给钱，接下来就是难听的话了——这种做法，就是强讨了。

比如走到鞭炮铺，先来两句开场白："一路走来一路瞧，这家铺子实在好。"老板如果稳起不说话，就继续说好听的："火炮（重庆话鞭炮）声音炸得响，老板客人来四方。"要是老板凶神恶煞，一毛不拔，谭兄的话就变了："老板的店子遭水淹（淹，重庆话发"安"音），卖的全部是哑弹。"

通过自己的不懈努力，谭照康秘密组织了一帮乞丐，号称"别帮"，就是别人不敢上的货，他敢上；别人不敢卸的货，他敢卸。专门帮走私贩子装卸走私的银元、鸦片、吗啡等黑货，成为重庆水码头的一霸。

这样，谭在重庆黑社会渐渐有了名气。1932年，礼字袍哥的一位大爷苏炳荣看起了谭照康，超拔他进袍哥，在礼字的礼渝堂嗨"幺大"。礼字袍哥，本来就是社会底层的袍哥组织，重庆警察局侦缉队在礼字袍哥大量征召卧底外勤，谭照康又混进了侦缉队，当上了小特务。没隔多久，又被派到长寿扇沱的缉私卡子——谭兄本就是走私的老手，这回喊他去缉私，岂非正是专业对口。几年后，1939年，谭照康从扇沱回到主城时，早已腰缠万贯。有了钱，这袍哥嗨得就一路顺风，很快就提升为五爷、三爷，一直到自立公口当大爷，成为陪都袍哥中有数的大爷之一。

女袍哥：那些彪悍的姊妹伙

重庆耙耳朵（怕老婆）多，我觉得是有历史原因的。

除了给重庆取名的这个宋朝皇帝赵惇是著名耙耳朵外，重庆出女汉子，恐怕也是原因之一。重庆女汉子，以当年的女袍哥为代表。

女袍哥，是重庆各路袍哥中的一朵奇葩。

◎ 重庆女袍哥的由来

重庆女袍哥，第一种说法是出现于二十世纪二十年代。当时江北城富商江木栖（也是袍哥）的老妈高老太，把各路大姨妈、小姨妈召集在一起，成立了一个"姨妈会"——为什么叫姨妈会，不叫姑妈会或者姑奶奶会，实在让人纳闷。"姨妈会"发展到后来，就演变成女袍哥的公口"坤道社"。

第二种说法，重庆女袍哥的开山祖师爷，不对，好像应该叫开山祖师奶奶，是抗战时期陪都重庆的一位薛姓师长的千金，名叫薛智有，江湖人称"八方搁平"。此女从小胸有大志，立志当一位有益于人类的女袍哥。长大后，薛大小姐终于得偿所愿，自己成立了一个袍哥公口"巾帼社"，专收女袍哥。女袍哥的组织成立后，受到广大人民群众的一致拥护，各路女汉子蜂拥而来，部长、区长、议员、师长、企业家的太太、妹妹、女儿们等名媛，成为女袍哥的主力会员。这些女袍哥，互称"姊妹伙"——你没有看错，"姊妹伙"这个至今风靡的词汇，就源自于此。最昌盛的时候，重庆女袍哥多达1万多人，在重庆各地开设有200多个公口。

除了巾帼社，四维社这个女袍哥公口也很有名。这个公口是义字袍哥、重庆警备司令部的一个探长老婆余某发起的。一次，余美女和几个姊妹伙在和平路的四维茶馆喝茶，聊呀聊，自然就聊到如何对付自己男人这个永恒的话题上了。到底应该怎么对付男人这种容易花心的动物呢？大家一致认为，女人得有自己的组织，要依靠组织对付男人，于是，姊妹伙们兴奋地决定，搞一个女袍哥公口。由于是在四维茶馆喝茶时想出的这个绝妙主意，于是，这群因为找到对付男人的好办法而自豪不已的美女，为了纪念这个有意义的地方，就把袍哥公口命名为"四维社"，同时推举冉某为大姐、余某为二姐，其余各位姊妹分别是三姐、五姐、六姐、八妹、幺妹，和男袍哥的组织结构一样。

在四维社刚刚成立的时候，保守的老袍哥田德胜挺不情愿的，女袍哥一多，俺们男袍哥的老婆都去参加女袍哥队伍，动不动一堆女袍哥找你去吃讲茶，家里会乾纲不振呀。由于四维社的发起人的老公是义字袍哥，所以义字袍哥的老大冯什竹则力挺，四维社最终得以成立并壮大。

抗战时期，女袍哥的总堂口——高玉林茶馆，就开在南岸黄桷垭正街。当年本人就在黄桷垭读高中，经常出没于黄桷垭正街，硬没有发现这个女袍哥们的圣地，真是有眼无珠。女袍哥拜的吕四娘（就是传说中一刀割下雍正皇帝脑袋那个女侠），其庙宇就在南岸，具体地址已不可考，但是我怀疑在现在的黄桷古道上，应该离总堂口不会远，不然不方便祭拜。

重庆自从巾帼社、四维社成立之后，陆续还有什么"懿友社""三民社""坤道社""八德社""同心社"成立，居然还有一个女袍哥公口叫"淑女社"，莫非里面都是羞答答的淑女袍哥？还有个叫"三八社"的，不知道是不是为庆祝三八节而成立的。连当时小小的丰都县，居然也有个女袍哥堂口，叫"平权社"，大约是呼吁男女平等的意思吧——你们臭男人可以嗨袍哥，我们女人自然也可以嗨。丰都这个女袍哥堂口人不多，只有17人，女舵把子叫李志莲，非常嚣张，直接把堂口设在县衙门口的熊瀛山茶馆内。

◎ 飞起来打人的女袍哥

重庆女汉子们，一旦有了自己的组织，不惹事才怪。

现在能够查到的，就有重庆女袍哥四次打群架的故事。

重庆女袍哥第一次打群架的地方，在菜园坝。一次，某官员的老婆在菜园坝和一个女袍哥发生口角，这下不得了，该女袍哥一声吆喝，从全城涌来一百多"姊妹伙"，把官太太打翻在地。事情没有完，这群女袍哥又跑到这位倒霉的政府官员办公室大打出手……第二天，当时的报纸兴高采烈地写道："但见那些女袍哥们，像鹅卵石长了翅膀一样，飞起来打人，肆意狂恣，凶猛异常。"

还有一次，巾帼社一位女社员的老公，喝麻了，半夜回家，莫名其妙对老婆施暴，这位女社员被打得死去活来。第二天，挨了打的老婆不服气，跑去巾帼社告状。好嘛，敢打我们的女社员——巾帼社上下同仇敌忾，如临大敌，气冲冲一群姊妹伙冲上门来，把这个男人打得遍体鳞伤。这还没有完，女袍哥们把这个倒霉蛋剥光衣服，扔进白酒缸——三起三落之后，可以想象那个痛法，身上如万刀齐割——唉，重庆炽耳朵男人，就是这样一步一步被女汉子培养成功的。

不过，这还不算牛×的。更牛×的是，重庆女袍哥竟然参选"国大代表"，还为了选举"国大代表"，在现在的解放碑打过一次彪悍的群架。

1947年，重庆开始选举"国大代表"，有两个女袍哥参选。一个叫王履冰，三八社的女舵把子；另一个叫欧阳致钦，坤道社的女舵把子。这个王履冰，可不是一般人，当年考入重庆第二女子师范学校，积极参加共青团组织的各项活动，后参加共产党，还被送去莫斯科东方大学留学，后来背叛革命回到重庆，混进袍哥队伍当了个女袍哥头子。欧阳致钦则是袍哥师长蓝文彬的老婆，时任"重庆妇女建国会会长"。

这一天，两位大姐大率队来到抗战胜利纪功碑（现解放碑）旁边的新生乐园拉票。王履冰这边，带了一个童子军西洋乐团，欧阳致钦这边，则准备了一拨川剧锣鼓，好嘛，这边咿咿呜呜吹洋号，那边咚呛咚呛敲锣鼓，谁说话都听不清楚。一来二往，两位大姐火气就上来了，先是互相指责，然后开始动手，各率一帮美女，冲上去撕衣服扯头发，打得乌烟瘴气。

这个依然不算最牛×，最牛×的是另外一次800女袍哥内讧事件。

二十世纪四十年代末，一个叫作"懿友社"的女袍哥组织发展得非常迅猛，自然有人眼热，于是，另外有名媛谭世华、张惠森等，眼热之余，也组建了一个女袍哥组织——"三民社"，两个女袍哥组织发展到后来，因吸引会员，冲突不断。

1949年6月12日（都要解放了，不知这些即将被解放的女汉子闹个啥呀），两个社的美女们约到黄桷垭高玉林茶馆"吃讲茶"。开始的愿望是好的，大家都希望在一个友好坦诚的气氛中，就彼此关心的问题交换意见。

懿友社、三民社各来了200多号人，一时黄桷垭上莺莺燕燕美女如云。三个女人一台戏，几百个女人聚在一起，这就是大戏！怎么谈嘛，想起几百个女人在一起谈判的场景，各种病都要发。结果自然是大打出手，你扯我头发我撕你衣服，加上闻讯而来的援军们，双方在黄桷垭共会聚了800来位美丽的女袍哥。800美女一齐动手，粉拳玉腿你来我往，香风阵阵娇喘连连，遥想盛景，春意无限呀。

6月14日《国民公报》以"黄桷垭八百女袍哥　为了社务大打出手"为题进行报道。事件的结果是——茶馆一家被毁、失踪妇女十人、重伤十五人、轻伤无数。警官一人被打死、被抢枪支两支；三民社谭世华失踪、张惠森左膀被折断，内伤也严重……

由于打架的女袍哥大多是官员太太、姨太太以及各种妹妹，最后此事不了了之。唉，多么腐败的政府！幸亏没几天就解放了。

出来混，迟早要还的。这些冲进江湖来的女袍哥大姐，没几个有好下场：薛智友很早就被暗杀，王履冰上吊自杀，欧阳致钦投河而亡……

◎ 四川女袍哥更彪悍

重庆女袍哥虽然厉害，但是和四川的女袍哥一比，重庆女袍哥就温柔得像幼儿园乖宝宝。四川的女袍哥，一个个是真刀真枪上战场。

四川最早的女袍哥是一个叫杜黄（应是杜黄氏。她本名黄铭训，嫁到杜家，就跟老公姓）的女豪杰，这位美女干的是谋反大事。杜黄是湖北人，嫁给四川长宁县的进士杜德舆。杜先生在北京做官，杜黄和秋瑾是朋友，两个不安分的美女一碰头，准备干一番大事，先办女子学堂、办《中国妇女会报》，觉得不过瘾，杜和老公（这位杜先生吃清的饭、造清的反）合谋，召集江湖人士，在北京陶然亭成立一个袍哥公口——乾元公，杜黄氏及其两个妹妹都加入了这个组织。后来，一家人迁居天津，这位美女竟然组织几十位女孩子，设立暗杀部，试图暗杀清权贵。她和一个妹妹一起，把炸弹放在肚子上，伪装成孕妇，十几次进京寻找机会，可惜未果。

这个女袍哥是知识分子客串袍哥，不算江湖中人。

四川那些真正的女袍哥，才叫厉害。

著名女袍哥王三大娘，大邑县人，1830年生。她本姓杜，老公王泽源，是大邑县玉成公的舵把子，因为王泽源在族里排行第三，所以杜大姐也被兄弟们尊称为王三大娘。王三大娘的老公在光绪年间去世，袍哥兄弟们合推王三大娘继任舵把子。1911年，四川保路运动爆发，81岁的王三大娘马上率队革命，带领百多名男女袍哥，攻打大邑县城，她手下有三员女将——斜源乡的徐幺大娘、苏家的晏幺大娘，还有王三大娘的侄孙媳妇熊氏，人称王二大王（瞧这一家子，尽出女汉子）。10月8日，大邑县居然果真被王三大娘打了下来，直到一个月后，清军来攻，王三大娘的袍哥部队打不赢正规军，撤出县城。

还有屏山县的时三妹（不是十三姨），她哥哥是当地犍为、峨边的一位浑水袍哥（袍哥分清水、浑水，浑水袍哥，就是土匪），被清政府剿匪所杀。这位三妹，接过哥哥的钢枪，继续当土匪，发展了上百名女袍哥，1911年秋起义投向保路同志军。

还有一位女袍哥土匪（浑水袍哥），新津的苏二娘（外号大脚板苏二娘）。她老公以前在夹江县拖棚子（嗯，袍哥黑话，还是当土匪老大的意思），苏二娘接过老公的钢枪，率领老公的老部下一千多号人，一律白布缠头，黑布绑腿，啸聚山林。后来也投靠保路同志军，参加新津保卫战。

天全县女袍哥孙三嫂，随时身边都有几十个兄弟伙，打家劫舍，为害一方。

荥经县女袍哥包三嫂，曾经带领袍哥队伍打进天全县，把县长赶走，然后打开监狱，把犯人全部放走。

感觉四川女袍哥更像女土匪，重庆女袍哥，更有市井气和流氓气。

后记：

我为什么要写《水煮重庆》

◎ 一

写《水煮重庆》系列文章，起心动念很久了。

这些年，读了一些关于重庆历史、文化的文章或者书。说实话，越读越失望。

要么新华体，端起架子板起脸，按照教育重庆人民的套路写。把趣味十足的、生龙活虎的重庆历史、文化，写成初中教科书了，读起那个累哦，不摆了。

要么胡说八道，凭想当然写。去网上搜一些不详不实的资料，缺乏基本的判断力，东拼西凑，不考证、不推敲，害人匪浅。

要么点到为止，甚至还没有点到，就为止了。实在不过瘾。

要么就是太粗俗，糟蹋重庆。这方面，以一些微信朋友圈群发的重庆方言段子为代表，怎么粗俗怎么弄，而且往死里弄——其实，我不反对粗俗（我一直坚持认为，粗俗是人的本能之一），我反对的是太粗俗。把粗俗和粗俗反复叠加，就是太粗俗，搞得外地朋友以为我们重庆人说话都是这个调调儿，满口脏话。

所以，我决定挽起袖子，自己写来试试。

这一试，就是七十五篇。于是有了这两本书。

◎ 二

《水煮重庆》，是非专业人士写给非专业人士看的文章。

作者——也就是在下，鄙人我，不是学历史的，也不是学中文的，这么说吧，连大学都没有读过，是自学没有成才兼好吃懒做的典型性人物。所以，这些文章，也都是"野路子"，虽然把吃奶的力气都拿出来码字了，也就这样，将就看吧。

既然是写给非专业人士看的，所以，尽量写得好玩一点。

其实，重庆本就是个有趣的城市，历史、文化同样有趣。我的写法是：抓住一点，把这点尽量写明白，然后围绕这个点，从前后左右做一些延伸。

以蒙古大汗蒙哥之死为例。这家伙的死，一点也没有趣，但是他的死，给世界历史带来的巨大变化，就比较有趣了。我同时把当时的重庆知府吕文德也顺便写了一篇——几乎没有重庆人写过他。吕文德这人，被金庸在《射雕英雄传》里面糟蹋得不浅，其实，吕兄是非常优秀的抗蒙大将，他的故事也很有趣。

再以重庆话为例。重庆方言，被一些段子弄成土掉渣了，其实呀，好多重庆话都大有来头。长期认真研读《金瓶梅》的鄙人，就从《金瓶梅》里面挖掘出来一堆重庆话（现在重庆方言里面还在用）——想想看，西门大官人追潘金莲美眉的时候，时不时冒几句重庆话出来，太有喜感了——然后从《金瓶梅》进行延伸，在《水浒传》《西游记》里面又挖出不少重庆话，最后得出结论：重庆话里面保留了大量元朝、明朝时期人们的口语——重庆话是不是一下子就"高大上"起来了呢？

◎ 三

《水煮重庆》，写得好不好，由读者用销量来投票。作为作者，别的不敢说，有一点可以保证：这些文章，都是真货、干货。

啥子是真货？就是不说假话。嗯，不说假话的意思，就是不虚美、不隐恶。比如袍哥，好多重庆人以此自豪，口头禅就是"我们袍哥大爷绝不拉稀摆带"等等。其实，袍哥也不是看上去那么美。讲义气是一方面，没有原则地讲义气是另一方面。兄弟之间帮死忙、死帮忙，这是袍哥；打家劫舍、估吃霸赊、搞黄赌毒也是袍哥。

还有就是涉及一些历史人物，我也尽量跳出过去的一些框框。比如写刘湘（重庆长期是他的地盘），这个人在川军军阀中口碑很好，以好脾气著称，但是由于是个军阀，还是个军阀头子，所以有些作者就昧着良心乱写。我读过一本刘湘的传记，谁写的就不说了，这本书，简直让人读不下去。文章写得臭还不算什么，关键是一派胡言，以讹传讹，胡编乱造。刘湘固然不是完人，但是也并非一无是处。抗战期间国府迁渝，就是基于刘湘不停地主动邀请，否则重庆能不能成为抗战首都还两说。而且作为当时已经统一了四川的刘湘（1933年刘湘就当上了四川王），主动带兵出川抗战，让出地盘，以消除国府有些人的担忧。不幸的是，在国府宣布迁渝三天后，刘湘将军就重病住院，一病不起，没有能看到抗战胜利。刘湘死前，遗言全是激励川军奋勇抗战的话，没有一句言及私事——这样的人，被有些作者糟蹋得面目全非。真想问一句：可以骂人吗？

啥子是干货？就是尽量不发水。每篇文章，都尽量以史实、史料为依撑，不敢说字字有出处，至少努力做到爬梳材料、细心甄别。但是，作者文化不高、读书不多（用袍哥的话说，叫"兄弟我久在山岗，少在书房"），手头的资料有限，难免有误。比如，写杨森率川军20军参加"八一三"淞沪大战一节，一万多人，几天就被打残了。此战，关于20军的描写、回忆，好多资料都相互矛盾，我只好采用个人认为比较靠谱的说法。

◎ 四

《水煮重庆》，不是一本专业的历史或者文化方面的研究书籍。

说实话，重庆各个大学、研究院（所），对重庆历史和文化，研究得已经够深了，有些研究深得我都拱手叹服。

但是，这些研究成果，和老百姓之间隔着一道深深的鸿沟。

我写《水煮重庆》，还有一个初衷，就是做一个搬运工，把书斋里面的一些研究成果，搬运出来，用尽量有趣的大白话，"翻译"给大家看——我相信，大家和我一样，看着那些引经据典、佶屈聱牙的文章，往往敬而远之，多看几页就要头痛病发作或者瞌睡虫上身。

过去，经常遇到这样的场合：一些重庆朋友和外地朋友聊天，听这些外地朋友大吹特吹什么成都历史、海派文化……一脸自豪，而我的重庆朋友，则面露微笑，一言不发，或者张口就是火锅、夜景、美女三张名片——这是标准的官方新闻发言人的腔调。为什么这样？因为大家对重庆不了解，就无话可说、无牛可吹。

读了《水煮重庆》，肯定不会成为研究重庆的专家，但是，至少在侃大山的时候，不至于无话可说，起码可以噼里啪啦、咿里哇啦侃上一大堆，就算侃不晕对方，也至少兵来将挡、你来我往，绝不输阵。能如此，《水煮重庆》也算善莫大焉。

除了作为谈资，写这些文字的时候，鄙人还怀揣了一个小小的理想——我知道，谈理想要被人笑。

那就是：真心把我了解到的这些让我拍案惊奇的精彩，分享给朋友们。重庆是个了不起的城市：有着了不起的历史，有着了不起的人物，有着了不起的文化。这些东西，不应该被锁在书斋里，更不应该慢慢湮没在岁月的苍凉云烟里——你和我，都是命中注定的重庆人，我们有责任记住祖先的故事，我们有义务传承先辈的文化。

最后，我想说一句：所有热爱重庆的朋友，都是我的朋友。这套书为你而写。

人到雨旁把手摆辛年篆画